Spannowsky/Krämer (Hrsg.)　Plan-UP-Richtlinie

Plan-UP-Richtlinie

Konsequenzen für Raumordnung und
Stadtentwicklung

Herausgegeben von

Professor Dr. iur. Willy Spannowsky

und

Ass. iur. Tim Krämer

Bibliografische Information Der Deutschen Bibliothek

Die Deutsche Bibliothek verzeichnet diese Publikation in der Deutschen Nationalbibliografie; detaillierte bibliografische Daten sind im Internet über http://dnb.ddb.de abrufbar.

© Carl Heymanns Verlag KG · Köln · Berlin · München 2004
50926 Köln
E-Mail: service@heymanns.com
http://www.heymanns.com

ISBN 3-452-25853-X

Gedruckt in der Gallus Druckerei KG Berlin

Gedruckt auf säurefreiem und alterungsbeständigem Papier

Vorwort

»Die europäische Richtlinie über die Prüfung der Umweltauswirkungen bestimmter Pläne und Programme (Plan-UP-RL) und deren Konsequenzen für die Raumordnung und die städtebauliche Entwicklung« war das Thema der Frühjahrstagung 2004 in Kaiserslautern, deren Ergebnisse in dem vorliegenden Tagungsband dokumentiert werden. Vom Anwendungsbereich der Richtlinie erfasst werden auf überörtlicher Ebene die Raumordnungs- und auf örtlicher Ebene in erster Linie die Bauleitpläne. Beleuchtet werden in diesem Tagungsband die für die Praxis relevanten Schwerpunkte der Richtlinienanforderungen und deren Umsetzung im BauGB und ROG 2004. Die verfahrensrechtlichen Vorgaben dieser Richtlinie führen nicht nur zu erheblichen Änderungen im Recht der Bauleitplanung, sondern auch im Raumordnungsrecht. Hieraus ergeben sich zahlreiche rechtliche und fachliche Fragestellungen, die die Planungspraxis vor neue Herausforderungen stellt. Neben der Notwendigkeit einer abgeschichteten Prüfung im hierarchisch gestuften bundesdeutschen Planungssystem resultieren aus der Plan-UP-Richtlinie in fachlicher Hinsicht veränderte planungsmethodische Anforderungen einer Umweltprüfung im Rahmen der unterschiedlichen Planungsverfahren. Neuland betritt der Gesetzgeber im Bereich der Raumplanung mit dem sog. Monitoring, einem auf allen Planungsebenen zu verankernden Überwachungsverfahren, das auf eine Art nachträgliche Erfolgskontrolle abzielt und für das es bislang im Raumplanungsrecht noch keine einschlägigen Regelungen gibt. Auf der Grundlage des aktuellen Standes des Gesetzgebungsverfahrens werden die für die Planungspraxis bedeutsamen rechtlichen und fachlichen Fragestellungen dieser zentralen Regelungsbereiche erörtert.

Kaiserslautern, im Juli 2004   Die Herausgeber

Inhalt

VII

Anforderungen der Plan-UP-Richtlinie an ROG und BauGB und Stand des Gesetzgebungsverfahrens

Wilhelm Söfker

Die folgenden Ausführungen gehen von dem Entwurf des Europarechtsanpassungsgesetzes Bau – EAG Bau – aus, wie er in der Bundestagsdrucksache 15/2250 enthalten ist und damit auch Gegenstand der wissenschaftlichen Fachtagung vom 22./23. März 2004 war. Berücksichtigt werden somit der Regierungsentwurf vom 15. Oktober 2003, die Stellungnahme des Bundesrates vom 28. November 2003 und die Gegenäußerung der Bundesregierung vom 17. Dezember 2003. In der Fachtagung konnten auch die am 1. März 2004 vorgestellten Ergebnisse des Verwaltungsplanspiels zu diesem Gesetz einbezogen werden. Berücksichtigt werden in dieser Abhandlung – mit Rücksicht auf den Erscheinungstermin – auch die inzwischen erfolgten Änderungen des Gesetzentwurfs in den Beratungen des Bundestages, wie sie im Bericht und Beschlussvorschlag des Bundestagsausschusses für Verkehr, Bau- und Wohnungswesen (BT-Drucks. 15/2996) dargelegt sind und im Beschluss des Bundestages vom 30. April 2004 (BR-Drucks. 295/04) übernommen wurden.

1. Zu den Vorgaben der EU-Richtlinie

Die Richtlinie 2001/42/EG vom 27. Juni 2001 über die Umweltauswirkungen bestimmter Pläne und Programme, Abl. EG Nr. L 197, sog. Plan-UP-Richtlinie, die bis zum 20. Juli 2004 umzusetzen ist, bildet den Schwerpunkt des EAG Bau, wobei – im Überblick – die folgenden wesentlichen Anforderungen zu beachten sind.

Die Plan-UP-Richtlinie findet Anwendung auf Pläne und Programme in den Bereichen Raumordnung und Bodennutzung. Dabei sind als Ausnahmen die »Nutzung kleiner Gebiete auf lokaler Ebene« sowie geringfügige Änderungen von Plänen vorgesehen, wobei vorausgesetzt wird, dass damit »keine erheblichen Umweltwirkungen« zu erwarten sind. Diese Ausnahmen können national generell-abstrakt durch eine »Artfestlegung« oder konkret-individuell durch ein »Screening«, also eine Vorprüfung erfolgen. Der Umfang und die Intensität des Prüfungsrahmens werden durch die zuständige Behörde festgelegt (»Scoping«). Die Umweltprüfung umfasst die Elemente »Ermitteln – Beschreiben – Bewerten« der Umweltauswirkungen. Diese Elemente der Umweltprüfung werden im Umweltbericht als Dokument der Ergebnisse der Umweltprüfung festgehalten, mit den Hauptelementen »voraussichtliche erhebliche Auswirkungen« der Pläne und Programme und »vernünftigerweise« in Betracht kommende Alternativen, wobei der Festlegung der Ermittlungsgegenstände (Anhang 1 der Plan-UP-RL) besondere Bedeutung zukommt. Weitere wesentliche Anforderungen sind die Beteiligungsverpflichtungen in Bezug auf die Umweltprüfung, und zwar die Verpflichtungen zur Öffentlichkeitsbeteiligung (»Konsultationen« mit der Öffentlichkeit), zur Behördenbeteiligung – diese schon bei der Festlegung des Prüfungsumfangs – sowie zur grenzüberschreitenden Staaten- und Behördenbeteiligung. Die Ergebnisse der Umweltprüfung sind schließlich in der Schlussentscheidung über den Plan zu berücksichtigen.

Auf Grund der sog. Abschichtungsregelung ist es zulässig, die Umweltprüfung den verschiedenen Planungsebenen zuzuordnen und die Ergebnisse der Umweltprüfung auf einer planerischen Ebene in der Umweltprüfung auf der anderen planerischen Ebene zu übernehmen.

Der Bekanntmachung dieser »Entscheidung« ist eine zusammenfassende Erklärung über die Behandlung der Umweltauswirkungen in der planerischen Entscheidung beizufügen.

Bei der Durchführung der Pläne und Programme sind die Umweltauswirkungen zu überwachen (»Monitoring«).

2. Zum Umsetzungskonzept im Baugesetzbuch

Bei der Einführung der europarechtlichen Umweltprüfung in das Recht der Bauleitplanung wurden die im geltenden Baugesetzbuch vorhandenen Regelungselemente genutzt:

– Die Pflicht zum Ermitteln und Bewerten sowie zur Berücksichtigung der Umweltauswirkungen des Bauleitplans nach Abwägungsgrundsätzen (§ 1 Abs. 5 S. 2 Nr. 7 und Abs. 6 BauGB),
– die zwei-, ggf. dreistufige Bürgerbeteiligung (§ 3 BauGB),
– die Beteiligung der Träger öffentlicher Belange (§ 4 BauGB),
– die Pflicht zur Erläuterung und Begründung des Bauleitplans auch in Bezug auf die Auswirkungen des Plans auf die Umwelt und deren Bekanntmachung (§ 3 Abs. 2, § 5 Abs. 6, § 9 Abs. 8 und § 10 Abs. 3 BauGB).

Die Elemente der Umsetzung in das Baugesetzbuch sind:

– Die Pflicht zur Durchführung einer Umweltprüfung nach den EU-Vorgaben (»EU-förmliche Umweltprüfung«) wird grundsätzlich für alle Bauleitplanverfahren eingeführt (§ 2 Abs. 4 BauGB – neu –). Ausgenommen von dieser Pflicht sind die Bauleitplanungen im vereinfachten Verfahren nach § 13 BauGB – neu –, ebenso die sog. Innenbereichs- und Außenbereichssatzungen nach § 34 Abs. 4 und 5 und § 35 Abs. 6 BauGB – neu –. Verzichtet wird auf das »Screening«, also die konkret-individuelle Prüfung der Gruppe von Planungen, bei denen nicht von vornherein feststeht, dass von ihnen erhebliche Umweltauswirkungen zu erwarten sind, dies aber auch nicht ausgeschlossen werden kann. Damit soll berücksichtigt werden, dass das »Screening« erheblich aufwändig und für die kommunale Planungspraxis eher hemmend als förderlich sein kann. Der Herausnahme des vereinfachten Bauleitplanverfahrens sowie – im Beschluss des Bundestages – der Innenbereichs- und Außenbereichssatzungen aus der Verpflichtung zur EU-förmlichen Umweltprüfung liegt somit eine generell-abstrakte Artfestlegung zu Grunde. Es wird davon ausgegangen, dass bei diesen Planungen im Sinne der EU-Richtlinie erhebliche Umweltauswirkungen nicht zu erwarten sind. Flankierend wird als Voraussetzung für das vereinfachte Verfahren nach § 13 BauGB sowie den Erlass der Innenbereichs- und Außenbereichssatzungen nach § 34 Abs. 4 und § 35 Abs. 6 verlangt, dass solche Planungen und Satzungen nicht zur Zulässigkeit von Vorhaben führen, die einer Pflicht zur Durchführung der Umweltverträglichkeitsprüfung nach Anlage 1 zum Gesetz über die Durchführung der Umweltverträglichkeitsprüfung oder nach Landesrecht unterliegen, und dass keine Anhaltspunkte für eine Beeinträchtigung der Erhaltungsziele und des Schutzzwecks der Gebiete von gemeinschaftsrechtlicher Bedeutung und der Europäischen Vogelschutzgebiete im Sinne des Bundesnaturschutzgesetzes vorliegen.

– Das Verfahren der dem EU-Recht entsprechenden Anforderungen an die Umweltprüfung wird als ein Trägerverfahren der Umweltprüfung ausgestaltet, d.h. die Umweltprüfung erfolgt unter Integration der Umweltprüfung in das bestehende Bauleitplanverfahren (§ 2 Abs. 3 und 4 BauGB – neu –). Damit sollen komplexe, sich überschneidende Prüfverfahren zu den einzelnen Umweltfragen und -bereichen vermieden werden.

– Die Gegenstände der Umweltprüfung, also die zu prüfenden Umweltbelange, werden in das System der Anforderungen des Abwägungsgebots und die bei der Bauleitplanung zu berücksichtigenden Belange integriert und mit den notwendigen Details vorgegeben (§ 1 Abs. 6 Nr. 7, §§ 1 a und 2 Abs. 3 und 4 BauGB – neu – sowie Anlage zum BauGB – neu –). Die Festlegung von Umfang und Detaillierungsgrad der Umweltprüfung erfolgt durch die für die Bauleitplanung zuständige (§ 2 Abs. 1 Satz 1 BauGB) Gemeinde (§ 2 Abs. 4 Satz 2 BauGB – neu –).

– Der Umweltbericht wird als Teil der Planbegründung zum Bauleitplan ausgestaltet (§ 2 a BauGB – neu –), der den Planentwürfen und den in Kraft gesetzten Plänen beizufügen ist (§ 5 Abs. 6, § 9 Abs. 8 BauGB – neu –).

– Um Doppelprüfungen auf den verschiedenen Planungsebenen zu vermeiden, wird nach der sog. Abschichtungsregelung (§ 2 Abs. 4 Satz 4 BauGB – neu –), wenn eine Umweltprüfung auf einer Planungsebene durchgeführt ist, die Umweltprüfung in parallelen oder zeitlich nachfolgenden Plan- und Genehmigungsverfahren auf zusätzliche oder andere erhebliche Umweltauswirkungen beschränkt.

– Erstmals wird eine Überwachungsregelung (»monitoring«) zum Zwecke der Überwachung der in Kraft gesetzten Pläne auf ihre erheblichen Umweltauswirkungen eingeführt (§ 4 c BauGB – neu –).

– Die Planerhaltungsvorschriften (§§ 214 f. BauGB) werden an die stärkere EU-rechtlich vorgegebene Betonung des Verfahrensablaufs angepasst.

3. Überblick über die neuen Regelungen der Umweltprüfung im BauGB

a) Aktualisierung der bei der Umweltprüfung zu berücksichtigenden Belange und Grundsätze in § 1 Abs. 5 Nr. 7 und § 1 a BauGB – neu –

Der Katalog der bei der Bauleitplanung zu berücksichtigenden Belange wird in Bezug auf die umweltrelevanten Belange in § 1 Abs. 5 Nr. 7 BauGB – neu – insbesondere mit Rücksicht auf die grundsätzlich in Betracht kommenden Gegenstände der Umweltprüfung neu gefasst und vervollständigt. Dabei erfolgt eine neue Systematisierung auch unter Einbeziehung des § 1 a BauGB, der in seiner Neufassung die – im neuen Recht erweiterte – Bodenschutzklausel, die Eingriffsregelung und die Verknüpfungsregelung zum Bundesnaturschutzgesetz über die Gebiete von gemeinschaftlicher Bedeutung und der Europäischen Vogelschutzgebiete enthält. Auf diese Regelungen bezieht sich die Umweltprüfung (§ 2 Abs. 4 Satz 1 BauGB – neu –), d.h. diese Belange und Grundsätze sind die grundsätzlich in Betracht kommenden Gegenstände der Umweltprüfung. Welche Umweltbelange im Einzelnen zu prüfen sind, richtet sich wie nach bisherigem Recht danach, ob und inwieweit sie im jeweiligen Planungsfall konkret betroffen sind. Diese Auffassung liegt auch den Vorschriften über die Umweltprüfung zu Grunde. Sie findet z. B. in der Grundnorm des § 2 Abs. 3 BauGB – neu – ihren Ausdruck, nach der bei der Aufstellung der Bauleitpläne die Belange zu ermitteln sind, die für die Abwägung von Bedeutung sind, weiter in § 2 Abs. 4 BauGB – neu – , nach dessen Satz 2 die Gemeinde für jeden Bauleitplan den Umfang und Detaillierungsgrad der Prüfung festlegt und nach dessen Satz 3 sich die Umweltprüfung auf das bezieht, was nach gegenwärtigem Wissensstand und allgemein anerkannten Prüfmethoden sowie nach Inhalt und Detaillierungsgrad des Bauleitplans angemessener Weise verlangt werden kann. Auch die in der Anlage zum Baugesetzbuch aufgeführten Anforderungen zum Umweltbericht sind auf die jeweils konkreten Verhältnisse und Planungen ausgerichtet.

b) Grundsatz des Ermittelns und Bewertens der von der Planung berührten Belange nach § 2 Abs. 3 BauGB – neu –

Nach § 2 Abs. 3 BauGB – neu – sind bei der Aufstellung der Bauleitpläne die Belange, die für die Abwägung von Bedeutung sind (Abwägungsmaterial), zu ermitteln und bewerten. Diese nach dem geltenden Recht als Anforderung des sog. Abwägungsvorgangs nach § 1 Abs. 6 BauGB (künftig § 1 Abs. 7 BauGB) bekannte Voraussetzung wird nach der Konzeption des EAG Bau als verfahrensrechtliche Vorschrift ausgestaltet. Sie gilt generell für alle von der Bauleitplanung im jeweiligen Planungsfall berührten Belange; an die Vorschrift knüpfen die weiteren Regelungen zur Umweltprüfung in § 2 Abs. 4 BauGB – neu – an. Aus dieser Einordnung der Regelung als Verfahrensvorschrift werden Folgerungen für die Planerhaltungsvorschriften gezogen (s.u.).

c) Die grundlegenden Anforderungen an die Umweltprüfung in § 2 Abs. 4 BauGB
– neu – und in der Anlage zum BauGB – neu –

Die in § 2 Abs. 4 Satz 1 BauGB – neu – vorgesehene Regelung, nach der für die Belange des Umweltschutzes nach § 1 Abs. 6 Nr. 7 und § 1 a eine Umweltprüfung durchzuführen ist, entspricht dem geltenden, materiellen (vor allem schon aus dem sich aus dem Abwägungsgebot ergebenden) Recht. Neu ist die weitere Regelung, dass in der Umweltprüfung die voraussichtlichen erheblichen Umweltauswirkungen ermittelt werden und in einem Umweltbericht beschrieben und bewertet werden, bei der die Anlage zum BauGB anzuwenden ist. Hinzu kommen die weiteren Vorschriften des § 2 Abs. 4 und der §§ 2 a ff. BauGB – neu –.Die im jeweiligen Planungsfall relevanten Maßnahmen der Umweltprüfung (Umfang und Detaillierungsgrad der Ermittlung) werden von der Gemeinde eigenverantwortlich festgelegt (§ 2 Abs. 4 Satz 2 BauGB – neu –). In Anknüpfung an die dem geltenden Recht entsprechenden Abwägungsanforderungen bestimmt § 2 Abs. 4 Satz 3 BauGB – neu –, dass sich die Umweltprüfung auf das bezieht, was nach gegenwärtigem Wissensstand und allgemein anerkannten Prüfmethoden sowie nach Inhalt und Detaillierungsgrad angemessener Weise verlangt werden kann (§ 2 Abs. 4 Satz 3 BauGB – neu –). Zur möglichen Nutzung vorhandener Landschaftspläne sind nach § 2 Abs. 4 Satz 6 BauGB – neu – die Bestandsaufnahmen und Bewertungen für die Umweltprüfung heranzuziehen. Ebenfalls an das geltende Recht anknüpfend verlangt § 2 Abs. 4 Satz 4 BauGB – neu – die Berücksichtigung der Ergebnisse der Umweltprüfung in der Abwägung. Schließlich regelt § 2 Abs. 4 Satz 5 BauGB – neu – die sog. Abschichtungsregelung (s. bereits oben).

d) Umweltbericht nach § 2 a BauGB – neu –

§ 2 a BauGB – neu – bestimmt erstmals eigenständig und ausdrücklich, dass dem Bauleitplanentwurf eine Begründung beizufügen ist. Die hierin enthaltenen Regelungen zu den Anforderungen an die Begründung der Planentwürfe gelten auch für die Begründung von bekannt gemachtem Flächennutzungsplan und Bebauungsplan (§ 5 Abs. 5 und § 9 Abs. 8 BauGB – neu –). Weiter bestimmt die Vorschrift, dass in der Begründung ein Umweltbericht – als gesonderter Teil der Begründung – enthalten sein muss, dessen Inhalt darin besteht, entsprechend den Anforderungen der Anlage zum BauGB die auf Grund der Umweltprüfung ermittelten und bewerteten Belange des Umweltschutzes darzulegen. Der Umweltbericht enthält die auf die Umwelt des Bauleitplans bezogenen Auswirkungen des Plans. Seine wesentlichen Merkmale sollen entsprechend der Anlage zum BauGB sein:

(1) Eine Einleitung mit den Angaben über die Inhalte und Ziele des Bauleitplans, die für den Bauleitplan relevanten anderen Gesetze und Pläne und deren Berücksichtigung;
(2) die Beschreibung und Bewertung der Umweltauswirkungen, wie sie in der Umweltprüfung ermittelt wurden, in Bezug auf Bestandsaufnahme, Prognose und

Entwicklung, Maßnahmen der Vermeidung und des Ausgleichs von Umweltbeeinträchtigungen sowie Planalternativen;
(3) Angaben über die Prüfmethoden, die Überwachungsmaßnahmen bei Plandurchführung und eine allgemein verständliche Zusammenfassung.

*e) Beteiligung der Öffentlichkeit unter Einbeziehung der Umweltprüfung nach § 3
BauGB – neu –*

Die Anforderungen an die öffentliche Auslegung des Planentwurfs werden in Bezug
auf die Umweltprüfung ergänzt (§ 3 Abs. 2 BauGB – neu –). Zum einen enthält die
dem Planentwurf beizufügende Begründung entsprechend dem Planungsstand den
nach § 2 a Satz 2 Nr. 2 BauGB – neu – darzulegenden Umweltbericht. Darüber hinaus sind ihm die nach Einschätzung der Gemeinde wesentlichen, bereits vorliegenden
umweltbezogenen Stellungnahmen, also insbesondere der Behörden (§ 3 Abs. 2
Satz 1 BauGB – neu –), beizufügen,

f) Beteiligung der Behörden nach § 4 BauGB – neu –

In § 4 Abs. 1 BauGB – neu – wird erstmals die Pflicht zur vorgezogenen Unterrichtung der Behörden, ähnlich der vorgezogenen Bürgerbeteiligung (künftig: Öffentlichkeitsbeteiligung) nach § 3 Abs. 1 BauGB, eingeführt, verbunden mit der Verpflichtung zur Aufforderung der Behörden zur Äußerung im Hinblick auf den erforderlichen Umfang und Detaillierungsgrad der Umweltprüfung. Damit werden EU-
rechtliche Vorgaben beachtet. Der Unterschied zur vorgezogenen Öffentlichkeitsbeteiligung besteht darin, dass die vorgezogene Behördenbeteiligung darauf gerichtet
ist, die Behörden zu unterrichten und sie zu Äußerungen auch im Hinblick auf den
erforderlichen Umfang und Detaillierungsgrad der Umweltprüfung aufzufordern.
Eine Erörterung wie bei der vorgezogenen Öffentlichkeitsbeteiligung wird nicht
verlangt.

g) Gemeinsame Vorschriften zur Beteiligung nach § 4 a BauGB – neu –

Die »Gemeinsamen Vorschriften zur Beteiligung« enthalten vor allem systematische
Zusammenfassungen der auch dem geltenden Recht entsprechenden Vorschriften. Im
Überblick sind dies folgende Regelungen:
– in Absatz 2 das parallele Beteiligungsverfahren von Öffentlichkeit und Behörden,
– in Absatz 3 die erneute Auslegung des Planentwurfs nach seiner Änderung,
– in Absatz 4 erstmals die Möglichkeit des Einsatzes elektronischer Informations-
   technologien,
– in Absatz 5 die grenzüberschreitende Beteiligung,
– in Absatz 6 die sog. Präklusionsregelung.

Die bisherige Vorschrift über die grenzüberschreitende Beteiligung ist in § 4 a Abs. 5 BauGB – neu – geregelt, ergänzt um eine Verpflichtung bei möglichen erheblichen Umweltauswirkungen auf andere Staaten.

h) Überwachung der Bauleitpläne nach § 4 c BauGB – neu –

In § 4 c BauGB – neu – wird erstmals die Verpflichtung zur Überwachung der erheblichen Umweltauswirkungen eines Bauleitplans nach Abschluss des Verfahrens verankert (»monitoring«). Danach überwachen die Gemeinden die erheblichen Umweltauswirkungen, die auf Grund der Durchführung der Bauleitpläne eintreten, um insbesondere unvorhergesehene nachteilige Auswirkungen frühzeitig zu ermitteln und in der Lage zu sein, geeignete Maßnahmen zu ergreifen. Die Verpflichtung richtet sich an die Gemeinde, die den Bauleitplan aufgestellt, geändert oder ergänzt hat. Die Regelung gilt nur für Bauleitpläne, die auf der Grundlage des neuen, ab 20. Juli 2004 geltenden Rechts aufgestellt werden (§ 244 Abs. 3 BauGB - neu –). Die Überwachungspflicht berührt nicht die Wirksamkeit des Bauleitplans, auch soweit nach seinem Inkrafttreten neue Erkenntnisse, die gegebenenfalls für den Bauleitplan, namentlich in Bezug auf die Umweltprüfung und damit für die Abwägung von Bedeutung sind, gewonnen werden; denn maßgeblich ist die Sach- und Rechtslage im Zeitpunkt der Beschlussfassung über den Bauleitplan (§ 214 Abs. 3 Satz 1 BauGB).

Die Überwachung ist auf solche erheblichen Umweltauswirkungen gerichtet, die auf Grund der Durchführung des Bauleitplans eintreten. Die Regelung ist insbesondere auf die Ermittlung unvorhergesehener nachteiliger Auswirkungen ausgerichtet und die sich daraus ergebende Möglichkeit, geeignete Maßnahmen, die nicht bereits im Bebauungsplan vorgesehen oder auf Grund anderer Vorschriften zu treffen sind, zu ergreifen. Daraus ergibt sich, dass die Vorschrift nicht als allgemeine Überwachungsregelung, etwa als ordnungs- oder polizeirechtliche Vorschrift, zu verstehen ist und auch nicht z. B. die nach dem Bauordnungsrecht der Länder bestehenden bauaufsichtsrechtlichen Instrumente des Vollzugs ersetzt oder ergänzt. Sie ist allein ein Instrument der Überwachung der Folgen des Bauleitplans, insbesondere Bebauungsplans, in Bezug auf erhebliche Umweltauswirkungen, in der Verantwortung der für die Bauleitplanung zuständigen Gemeinde.

Die Vorschrift regelt nicht, ob und inwieweit Maßnahmen zu ergreifen sind, wenn bestimmte erhebliche Umweltauswirkungen bei der Durchführung eintreten. Handelt es sich um die Umweltauswirkungen, die bei Aufstellung des Bauleitplans ohnehin ermittelt und bewertet und in der abwägenden Entscheidung berücksichtigt worden sind, wird eine planungsrechtliche Konsequenz – weil planungsrechtlich gewollt – nicht in Betracht kommen. Dieser Aspekt kann auch in Bezug auf die erforderlichen Überwachungsmaßnahmen nicht außer Acht gelassen werden. Bedeutsam sind die Fälle, in denen, wie die Vorschrift auch in Bezug auf »insbesondere unvorhergesehene nachteilige Auswirkungen« deutlich macht, solche Umweltauswirkungen erheblicher Art eintreten. Geeignete Maßnahmen können auch planungsrechtlicher Art sein, also z. B. die Änderung und Ergänzung des Bebauungsplans. Sie erschöpfen sich jedoch nicht darin. Auch nach anderen Fachgesetzen zu treffende Maßnahmen, die (auch) außerhalb der Zuständigkeit der Gemeinden liegen können, können in Betracht kommen.

Zu den für die Überwachung in Betracht kommenden Maßnahmen sind bereits im Umweltbericht Angaben erforderlich (Nummer 3 b der Anlage zum BauGB), d.h. es sind solche Maßnahmen anzugeben, die bei Aufstellung des Bauleitplans als sachgerecht angesehen werden. Sie beziehen sich auf die Umweltfragen, die bei der Aufstellung von Bedeutung gewesen sind. Auch andere, dort nicht bezeichnete Maßnahmen können in Betracht kommen.

Die Überwachung durch die Gemeinde wird dadurch erleichtert, dass die Behörden nach § 4 Abs. 3 BauGB – neu – verpflichtet sind, nach Abschluss des Bauleitplanaufstellungsverfahrens die Gemeinde zu unterrichten, sofern nach den ihnen vorliegenden Erkenntnissen die Durchführung des Bauleitplans erhebliche, insbesondere unvorhergesehene nachteilige Auswirkungen auf die Umwelt hat.

i) Vereinfachtes Verfahren nach § 13

Die Vorschriften des § 13 BauGB über das vereinfachte Verfahren werden in der Weise neu gefasst, dass im vereinfachten Verfahren von den oben dargelegten Vorschriften der förmlichen Umweltprüfung abgesehen wird. Wie nach geltendem Recht soll das vereinfachte Verfahren möglich sein bei einer Änderung und Ergänzung von Bebauungsplänen, deren Grundzüge nicht berührt werden. Die Regelung wird auch erstreckt auf Flächennutzungspläne sowie auf die Aufstellung von Bebauungsplänen in Gebieten nach § 34 BauGB (im Zusammenhang bebaute Ortsteile), wenn durch die Bebauungsplanung der sich aus der vorhandenen Eigenart der näheren Umgebung ergebende Zulässigkeitsmaßstab nicht wesentlich verändert wird. Weitere – gemeinsame Voraussetzung für alle Fallgestaltungen – ist, dass mit dem vereinfachten Verfahren nicht die Zulässigkeit von Vorhaben vorbereitet oder begründet wird, die eine Pflicht zur Durchführung einer Umweltverträglichkeitsprüfung nach Anlage 1 zum Gesetz über die Umweltverträglichkeitsprüfung oder nach Landesrecht unterliegen, und wenn keine Anhaltspunkte für eine Beeinträchtigung der Schutzgüter, d.h. Erhaltungsziele und Schutzzweck, der Gebiete von gemeinschaftlicher Bedeutung und der Europäischen Vogelschutzgebiete im Sinne des Bundesnaturschutzgesetzes bestehen.

j) Folgerungen für die Planerhaltungsvorschriften (§§ 214 f. BauGB – neu –)

Aus Anlass der Neufassung der Vorschriften über die Aufstellung der Bauleitpläne werden auch die Planerhaltungsvorschriften geändert. Dabei wird berücksichtigt, dass auf Grund der EU-rechtlichen Vorgaben für die Umweltprüfung den Verfahrensvorschriften der Bauleitplanung ein höheres Gewicht im Hinblick auf die Anforderungen an eine ordnungsgemäße Aufstellung der Bauleitpläne zukommt. Dem entsprechend enthält § 4a Abs. 1 BauGB – neu – den programmatischen Hinweis, wonach die Verfahrensvorschriften über die Öffentlichkeits- und Behördenbeteiligung insbesondere der vollständigen Ermittlung und zutreffenden Bewertung der von der Planung berührten Belange dienen. In der Begründung wird darauf hingewiesen, dass auch die Rechtsprechung davon ausgeht, dass die Einhaltung bestimmter Verfahrensvorschriften indizielle Bedeutung für die Wahrung der mit den Verfahrensanforderungen zu gewährleistenden materiellen Rechtmäßigkeit der Entscheidung haben kann.

Auch im Hinblick auf die Planerhaltungsvorschriften ist § 2 Abs. 3 BauGB – neu – von besonderer Bedeutung. Die Vorschrift, die als Verfahrensregelung eingeordnet wird, bestimmt, dass bei der Aufstellung der Bauleitpläne die Belange, die für die Abwägung von Bedeutung sind (Abwägungsmaterial), zu ermitteln und zu bewerten sind. Nach bisherigem Recht sind dies wesentliche Anforderungen des sog. Abwägungsvorgangs, die nunmehr als verfahrensrechtliche Anforderung normiert wird. Dementsprechend enthält § 214 Abs. 1 Satz 1 Nr. 1 BauGB – neu – eine Beachtlichkeits- bzw. Unbeachtlichkeitsklausel, die inhaltlich dem § 214 Abs. 3 Satz 2 BauGB über die Beachtlichkeit bzw. Unbeachtlichkeit von Mängeln des Abwägungsvorgangs entspricht. § 214 Abs. 3 Satz 2 BauGB soll in der Neufassung weiterhin gelten für die Anforderungen des Abwägungsvorgangs, die nicht das Ermitteln und Bewerten im Sinne des § 2 Abs. 3 BauGB – neu – betreffen.

Bei Mängeln der Begründung wird in Abweichung vom bisherigen Recht in § 214 Abs. 1 Satz 1 Nr. 3 vorgesehen, dass Mängel des Umweltberichts nur unbeachtlich sind, wenn die Begründung hierzu in unwesentlichen Punkten unvollständig ist.

Die Vorschrift des § 215 BauGB über die befristete Geltendmachung von Mängeln wird neu gefasst. In der Neufassung wird bestimmt, dass die nach § 214 Abs. 1 Satz 1 Nr. 1 bis 3, Abs. 2 und Abs. 3 Satz 2 beachtlich bleibenden Fehler und Mängel unbeachtlich werden, wenn sie nicht innerhalb von zwei Jahren nach der Bekanntmachung des Flächennutzungsplans oder der Satzung geltend gemacht worden sind. Dies gilt namentlich auch für Fehler des Ermittelns und Bewertens sowie sonstiger Mängel des Abwägungsvorgangs. Lediglich Mängel des Abwägungsergebnisses bleiben danach unbefristet beachtlich.

Unter Fortfall des bisherigen § 215a BauGB wird die rückwirkende Inkraftsetzung von Flächennutzungsplänen und Satzungen in § 214 Abs. 4 BauGB – neu – geregelt. Dies soll nicht nur bei Verstößen gegen Verfahrens- oder Formvorschriften im Sinne des § 214 Abs. 1 möglich sein. Zugleich soll – in Verbindung mit § 47 Abs. 5 der Verwaltungsgerichtsordnung - auf die Unterscheidung zwischen nichtigen und unwirksamen Satzungen verzichtet werden; einheitlich soll der Begriff »unwirksam« zugrunde gelegt werden.

4. Konzept der Umsetzung im Raumordnungsgesetz

Das Europarechtsanpassungsgesetz Bau sieht in seinem Artikel 2 auch Ergänzungen des Bundes-Raumordnungsgesetzes vor. Dabei entsprechen die Ergänzungen dem Charakter des Raumordnungsgesetzes als Rahmenrecht. Die dazu in § 7 Abs. 5 bis 10 ROG vorgesehenen Ergänzungen und Änderungen enthalten im Wesentlichen lediglich Vorgaben für die Umsetzung in den Raumordnungsgesetzen der Länder wie folgt vor.

Bei der Aufstellung und Änderung von Raumordnungsplänen ist die Durchführung einer Umweltprüfung im Sinne der eingangs zitierten Plan – UP – Richtlinie vorzusehen (§ 7 Abs. 5 Satz 1 ROG – neu –). Unter bestimmten materiell- und verfahrensrechtlichen Voraussetzungen, u.a. Beteiligung der öffentlichen Stellen, kann bei geringfügigen Änderungen von Raumordnungsplänen von der Pflicht zur Prüfung der EU-konformen Umweltprüfung abgesehen werden (Sätze 5 bis 7). In Übereinstimmung mit der Richtlinie ist auch der Umweltbericht zu erstellen, der als gesonderter Teil der Begründung aufgenommen werden kann (Säte 2 und 3). Die berührten öffentlichen Stellen sind bei der Festlegung des Umfangs und Detaillierungsgrads des Umweltberichts zu beteiligen. Im Sinne der eingangs erwähnten »Abschichtungsregelung« kann bei Regionalplänen die Umweltprüfung im Verhältnis zu Umweltprüfungen auf Raumordnungsplänen der Landesebene beschränkt werden (Satz 8). Der Verfahrenserleichterung dient die Möglichkeit der Zusammenfassung der Umweltprüfung in Raumordnungsplänen mit Umweltprüfungen in anderen Verfahren (Satz 9).

In § 7 Abs. 6 ROG wird bestimmt, dass den öffentlichen Stellen und der Öffentlichkeit Gelegenheit zur Stellungnahme zum Planentwurf, seiner Begründung und zum Umweltbericht gegeben wird, dabei ggf. Beteiligung von Nachbarstaaten nach den Grundsätzen des Gesetzes über die Umweltverträglichkeitsprüfung.

§ 7 Abs. 6 ROG wird ergänzt um die Regelung, nach der der Umweltbericht in der Abwägung zu berücksichtigen ist.

Die Ergänzungen des § 7 Abs. 8 ROG sehen Vorgaben zu den europarechtlichen Anforderungen an die Inhalte der Begründung vor, einschließlich der Angaben für Überwachungsmaßnahmen.

In den neuen Absätzen 9 und 10 des § 7 ROG sind die Verpflichtungen zur Bekanntmachung der Umweltprüfung und zur Überwachung der erheblichen Auswirkungen bei Durchführung der Raumordnungspläne geregelt.

Schlussfolgerungen aus dem Planspiel zur Novelle des BauGB

Arno Bunzel

Vorwort

Die Bundesregierung hat am 15. Oktober 2003 den Entwurf des Gesetz zur Anpassung des Baugesetzbuchs an EU-Richtlinien (Europarechtsanpassungsgesetz Bau – EAG Bau) beschlossen[1]. Dieses Gesetz dient unter anderem der Umsetzung der Richtlinie 2001/42/EG (im Weiteren Plan-UP-Richtlinie genannt)[2], die bis zum 20. Juli 2004 in das Recht der Mitgliedstaaten umgesetzt werden muss. Die Umsetzung der vorgenannten Richtlinie war Anlass auch an anderer Stelle im Baugesetzbuch Änderungen vorzunehmen.

Wie bei früheren Gesetzgebungsverfahren[3] wurde der Gesetzentwurf im Auftrag des Bundesministeriums für Verkehr, Bau- und Wohnungswesen im Rahmen eines Planspiels hinsichtlich seiner städtebaurechtlichen Teile (Artikel 1 EAG Bau) einem Praxistest unterzogen. Angeleitet durch das Deutsches Institut für Urbanistik und die Forschungsgruppe Stadt+Dorf wurde das Planspiel in sechs Städten unterschiedlicher Größe und räumlicher Lage durchgeführt (Bocholt, Bochum, Forst, Freising, Leipzig, Reutlingen). Ergänzend wurden zwei Landkreise mit ihren Kreisstädten (Cloppenburg und Parchim) für den Themenkomplex Massentierhaltung und der Privilegierung von Anlagen zur Gewinnung von Energie aus Biomasse im Außenbereich in das Planspiel einbezogen.

Die Präsentation des Planspiels durch die Planspielstädte und Planspiellandkreise erfolgte am 1. März 2004 auf Einladung des Bundesministeriums für Verkehr, Bau- und Wohnungswesen vor Mitgliedern des zuständigen Ausschusses des Deutschen Bundestages für Verkehr, Bau- und Wohnungswesen und der mit beratenden Ausschüsse. Der Beitrag skizziert die wichtigsten Ergebnisse des Planspiels[4].

---

1   BT-Drs. 15/2250.
2   Richtlinie 2001/42/EG des europäischen Parlaments und des Rates vom 27. Juni 2001 über die Prüfung der Umweltauswirkungen bestimmter Pläne und Programme, Amtsbl. EG L 197/32.
3   Bunzel et al., Planspiel zur Durchführung der UVP in der Bauleitplanung, Difu-Materialien 2/2001. Bunzel et al., Planspiel BauGB-Novelle 1997, Difu-Materialien 1/1997.
4   Deutsches Institut für Urbanistik/Forschungsgruppe Stadt- und Dorf, Planspiel BauGB-Novelle 2004, Bericht über die Ergebnisse der Planspielstädte und Planspiellandkreise, unveröffentlichtes Typoskript, Berlin 2004.

1. Gesetzesfolgenabschätzung durch »Planspiel«

Das Planspiel diente dem Vorab-Test des Gesetzgebungsverfahrens durch die künftigen Normanwender[5]. Grundkonzept eines in diesem Sinne der Gesetzesfolgenabschätzung[6] dienenden Planspiels ist die Anwendung eines Regelungsentwurfs auf konkrete Fälle durch reale Verwaltungseinheiten und sonstige Betroffene. Der planspielhafte Test erfolgt also durch die in den Verwaltungen der Planspielstädte üblicherweise mit dem geregelten Aufgabenbereich befassten Personen. Um diesen Personen die Überprüfung der Neuregelungen zu erleichtern, wurde auf der Grundlage des zu testenden Gesetzentwurfs ein Prüfprogramm erarbeiten, an dem sich die beteiligten Verwaltungen orientieren konnten. Arbeitsschritte und Fragestellungen wurden, bezogen auf die jeweiligen Vorschriften, konkretisiert. Das Prüfprogramm basierte zunächst auf dem Referentenentwurf vom 3. Juni 2003 und wurde nach dem Beschluss der Bundesregierung zum Regierungsentwurf vom 15. Oktober 2003 aktualisiert.

Ausgangspunkt des Planspiels war die Sichtung und Auswahl von Bauleitplanverfahren und sonstige für den Praxistest relevante Vorgängen und Sachverhalten aus der bisherigen Praxis der beteiligten Verwaltungen, anhand derer die Anwendung der neuen gesetzlichen Regelungen durchgespielt wurde. Die Ergebnisse des Praxistestes wurden auf der Grundlage des mit dem Arbeitsprogramm vorgegebenen Fragenkatalogs für jede Planspielstadt zunächst gesondert festgehalten und dann in einem Bericht durch das Difu und die Forschungsgruppe Stadt + Dorf zusammengefasst.

Überprüft wurde, ob und inwieweit die vorgesehenen Änderungen und Neuregelungen praktikabel, problemadäquat und wirksam sind[7]. Im Einzelnen wurden dabei folgende Prüfkriterien zugrunde gelegt:

– Ausrichtung der Regelung auf das vorgegebene Ziel (Grad/Vollständigkeit, Vermeidung der Einbeziehung von nicht dazugehörigen Sachverhalten, notwendige Differenzierung der Sachverhalte, Widerspruchsfreiheit, Auswirkungen auf bereits vorhandene Regelungen),

– Geeignetheit der vorgesehenen Maßnahmen zur Zielerreichung (Durchsetzbarkeit, Vollzugsaufwand, Kosten- und Nutzenabschätzung),

– Verständlichkeit und Eindeutigkeit (präzise Wortwahl, einheitliche Terminologie),

– Praktikabilität vorgesehener Verwaltungsabläufe,

---

5 Vgl. zur Verwendung der Planspielmethode im Rahmen der Gesetzesfolgenabschätzung, Schmidt-Eichstaedt, DVBl. 1998; ders., in Hof/ Lübbe-Wolff (Hrsg.): Wirkungsforschung zum Recht I. Wirkungen und Erfolgsbedingungen von Gesetzen (Interdisziplinäre Studien zu Recht und Staat 10) Baden-Baden 1999, S. 617 ff.

6 Vgl. zum Begriff und Methoden der Gesetzesfolgenabschätzung z.B. Neuser, NdsVBl. 1998, S. 249; Bussmann, Zeitschrift für Gesetzgebung 1998, S. 127 ff.; Böhret/Hugger, Entbürokratisierung durch vollzugsfreundlichere und wirksamere Gesetze, 1980.

7 Vgl. zu den Kriterien Bunzel et al., Planspiel zur Durchführung der UVP in der Bauleitplanung, Difu-Materialien 2/2001, S. 14; Bunzel et al., Planspiel BauGB-Novelle 1997, Difu-Materialien 1/1997.

– Erkenntnisse für Verbesserungen der Gesetzesformulierungen, den Erlass von ergänzenden Durchführungsvorschriften oder Richtlinien sowie die Erforderlichkeit und Gestaltung von Informations- und Fortbildungsmaßnahmen.

Einschränkende Ausgangsbedingung des Prüfauftrags im Rahmen des Planspiels war, dass die europarechtlich bestehenden Regelungserfordernisse nicht in Frage gestellt werden konnten, da der deutsche Gesetzgeber insoweit keinen Gestaltungsspielraum besitzt. Die Richtlinie definiert bereits Ziele und mögliche Wege zur Umsetzung in das nationale Recht, an die sich der deutsche Gesetzgeber halten muss.

Wenn im folgenden von Auffassungen und Standpunkten der Planspielstädte und Planspiellandkreise die Rede sein wird, handelt es sich grundsätzlich um die Auffassungen und Standpunkte der von den Planspielstädten und Planspiellandkreisen für die Mitwirkung am Planspiel bestimmten Personen. Ein Rückkoppelung und Autorisierung mit anderen Teilen oder der Leitung der Verwaltung war nicht gefordert, hat in einigen Fällen gleichwohl stattgefunden.

2.   Umweltprüfung für alle Bauleitpläne

§ 2 Abs. 4 Satz 1 BauGB-Entwurf sieht vor, dass für alle Flächennutzungspläne und Bebauungspläne eine Umweltprüfung durchzuführen ist. Von der Umweltprüfung kann nur abgesehen werden, wenn die neu gefassten Voraussetzungen für ein vereinfachtes Verfahren vorliegen. Der Gesetzentwurf entspricht damit dem Vorschlag der Expertenkommission, die davon ausging, dass die Integration der Umweltprüfung in das Bauleitplanverfahren dieses nicht erschwert sondern im Hinblick auf die ohnehin notwendige Abwägung lediglich optimiert[8]. Ziel der Neuregelung ist die Umweltprüfung als einheitliches Trägerverfahren für alle bauplanungsrechtlich relevanten Umweltverfahren auszugestalten und sie in das Verfahren zur Aufstellung von Bauleitplänen standardmäßig zu integrieren[9].

Nach der Plan-UP-Richtlinie wäre es auch möglich gewesen, für Bebauungspläne eine differenzierte Regelung vorzusehen und nur solche Bebauungspläne einer Umweltprüfungspflicht zu unterwerfen, die voraussichtlich erhebliche Umweltauswirkungen haben. Wie bei der Regelung zur Umweltverträglichkeitsprüfung für bestimmte Projekte (UVP) wäre nach Art. 3 Abs. 3 bis 5 der Plan-UP-Richtlinie auch für die Umweltprüfung von Bebauungsplänen eine Regelung möglich gewesen, die mittels einer Kombination aus Einzelfallprüfung und Schwellenwerten eine Abgren-

---

8   Bundesministerium für Verkehr, Bau- und Wohnungswesen (Hrsg.), Bericht der unabhängigen Expertenkommission, Novellierung des Baugesetzbuchs, Rn. 056.
9   Vgl. hierzu die Begründung des Gesetzentwurfs. BT-Drs. 15/2250, S. 28.

zung zwischen umweltprüfungspflichtigen und nicht umweltprüfungspflichtigen Vorhaben ermöglicht hätte[10].

Die Planspielstädte haben den mit dem Gesetzentwurf verfolgten Weg einer einheitlichen Verfahrensregelung mit Umweltprüfung für alle Bebauungspläne, soweit sie nicht im vereinfachten Verfahren aufgestellt werden können, zum Teil ausdrücklich begrüßt, im übrigen angesichts der europarechtlichen Erfordernisse zumindest akzeptiert. Von Bedeutung war insoweit auch, dass bei einer Regelung, bei der die Pflicht zur Durchführung einer Umweltprüfung im Einzelfall durch Vorprüfung festzustellen wäre, nach Art. 2 Abs. 6 Plan-UP-Richtlinie die Behörden frühzeitig, nämlich zu dieser Prüfung zu konsultieren wären. Das Verfahren wäre also auch dann mit einem zusätzlichen Verfahrensschritt belastet.

Vor allem bei den beteiligten Großstädten kam zudem zum Tragen, dass bereits nach der Einführung des Umweltberichts für UVP-pflichtige Bebauungspläne gemäß § 2a BauGB[11] die Praxis bei der Aufstellung von Bebauungsplänen umgestellt wurde. Um schwierige Abgrenzungsentscheidungen[12] zwischen nach den Bestimmungen des UVPG (§§ 3c bis 3e und Anlage zum UVPG) UVP-pflichtigen und nicht UVP-pflichtigen Bebauungsplänen zu vermeiden wurden hier in Zweifelsfällen und in Leipzig sogar grundsätzlich – mit Ausnahme einiger eindeutig nicht UVP-pflichtiger Pläne – bei allen Bebauungsplänen ein Umweltbericht erstellt. Abgrenzungsfragen im Rahmen von Vorprüfungen nach dem UVP-Gesetz wurden von den anderen Planspielstädten nicht konstatiert, was zum Teil auf fehlende oder nur geringe praktische Relevanz für diese Städte zurückzuführen ist[13].

Große Bedeutung wurde der Erweiterung des Anwendungsbereichs für das vereinfachte Verfahren auf den Bestand festschreibende Neuaufstellungsfälle in § 13 BauGB-Entwurf beigemessen, da im vereinfachten Verfahren keine Umweltprüfung durchzuführen ist und auch alle weiteren mit der Umweltprüfung verbundenen An-

---

10 Vgl. hierzu Jost Pietzcker, Gutachten zum Umsetzungsbedarf der Plan-UP-Richtlinie der EG im Baugesetzbuch, erstattet im Auftrag des Bundesministeriums für Verkehr, Bau- und Wohnungswesen, Bonn 2002 (unveröffentlicht); Jost Pietzcker und Christoph Fiedler, Die Umsetzung der Plan-UP-Richtlinie im Bauplanungsrecht, UVP-report 3/2002, S. 83 (85), dies., Die Umsetzung der Plan-UP-Richtlinie im Bauplanungsrecht, DVBl. 2002, S. 929; Reinhard Hendeler, NuR 2003, S. 1 (10).

11 Eingeführt durch Art. 12 des Gesetzes zur Umsetzung der UVP-Änderungsrichtlinie, der IVU-Richtlinie und weiterer EG-Richtlinien zum Umweltschutz vom 27.7.2001 (BGBl I, S. 1950).

12 Vgl. hierzu Krautzberger/Schliepkorte, UPR 2003, S. 92 (94); Bunzel, ZfBR 2002, S. 124 ff.

13 Auch die empirische Untersuchung von Rist/Glaser/Schöfl kam insoweit zu einem differenzierten Ergebnisse. Während viele Befragte Abgrenzungsprobleme konstatierten, wurden solche Probleme von einem Teil der Befragten nicht gesehen. Rist/Glaser/Schöfl, Rechtstatsachenuntersuchung zu den Erfahrungen mit der Durchführung der UVP in der Praxis der Bauleitplanung, Gutachten im Auftrag des Bundesministeriums für Verkehr, Bau- und Wohnungswesen, unveröffentlichtes Typoskript 2003.

forderungen entfallen[14]. Folgende Fallkonstellationen wurden als neue Anwendungsfälle erkannt:

- Bebauungsplänen, mit denen Einzelhandelsansiedlungen an städtebaulich nicht geeigneten Standorten ausgeschlossen werden sollen,
- Bebauungspläne, mit denen zum Schutz der vorhandenen Wohnbevölkerung in einem an ein Wohngebiet angrenzenden faktischen Gewerbegebiet wesentlich störende Gewerbebetriebe ausgeschlossen werden sollen sowie
- Bebauungspläne, mit denen im Siedlungsbestand lediglich die Grundstücksstruktur geordnet werden soll, um die städtebaulich erwünschte Verdichtung sinnvoll zu steuern, ohne die Ausnutzung des Gebietes über das nach § 34 BauGB zulässige Maß zu erhöhen.

Solche Bebauungspläne sind in einigen Planspielstädten sehr häufig und stellen in zwei Planspielstädten sogar das Gros der Bebauungspläne dar, so dass hier eine nicht unerhebliche Entlastung gegenüber der noch bestehenden Rechtslage erwartet wird.

Die tatbestandlichen Voraussetzungen des neuen § 13 BauGB haben den Planspielern keine Probleme bereitet. Dies gilt auch für die Frage, wann im Sinne des Gesetzentwurfs durch die Aufstellung eines Bebauungsplans in einem Gebiet nach § 34 BauGB die Eigenart der näheren Umgebung berührt wird bzw. unberührt bleibt. Entsprechend der Intention des Gesetzentwurfs wurde davon ausgegangen, dass Bebauungspläne, die die nach § 34 BauGB bestehenden Nutzungsmöglichkeiten einschränken, die Eigenart der näheren Umgebung nicht berühren, während solche Planungen, die zu einer Intensivierung der Nutzungsmöglichkeiten beitragen, aus dem Anwendungsbereich des § 13 BauGB-Entwurf herausfallen, da die Erweiterung der Nutzungsmöglichkeiten die Eigenart der näheren Umgebung berührt[15]. Von Bedeutung dürfte insoweit sein, dass nur in dem zweiten genannten Fall eine Umweltprüfung gerechtfertigt erscheint. Demgegenüber kann bei einer Einschränkung der Nutzungsmöglichkeit grundsätzlich davon ausgegangen werden, dass keine erheblichen nachteiligen Umweltauswirkungen von der Planung ausgehen.

Übereinstimmend waren die Planspielstädte der Auffassung, dass die systematische Erfassung und Bewertung aller (nicht nur der erheblichen) Umweltauswirkungen unangemessenen Aufwand erzeugen würde. Von entscheidender Bedeutung für die Zustimmung der Planspieler war daher, dass nach § 2 Abs. 4 Satz 2 BauGB-Entwurf Umfang und Detaillierungsgrad der Umweltprüfung nach den Erfordernissen des Einzelfalls durch die Gemeinden festgelegt werden können, ohne dass damit ein zusätzlicher förmlicher Verfahrensschritt mit Beschlussfassung und eigenständiger Anfechtbarkeit eingeführt wird[16]. Wichtig ist in diesem Zusammenhang auch, dass nach Absatz 1 Satz 2 der Anlage zu § 2 Abs. 4 und § 2a die Festlegung des Untersuchungsumfangs und Detaillierungsgrades Zumutbarkeits- und Verhältnismäßigkeitsgesichtspunkte berücksichtigen muss. Die Ermittlung bei der Umweltprüfung bezieht sich danach auf »das, was nach … Inhalt und Detaillierungsgrad des

---

14 Es handelt sich insoweit um eine normative Ausnahmeregelung nach Art. 3 Abs. 5 der Plan-UP-Richtlinie. Vgl. Begründung zum Gesetzentwurf, BT-Drs. 15/2250, S. 50.

15 BT-Drs. 15/2250.

16 Begründung zum Gesetzentwurf, BT-Drs. 15/2250, S. 42.

Bebauungsplans angemessener Weise verlangt werden kann.« Die Begründung zum Gesetzentwurf führt insofern aus, dass sich bei Berücksichtigung dieser Regelung in der praktischen Handhabung grundsätzlich durch die integrierte Umweltprüfung kein zusätzlicher Verfahrensaufwand ergeben sollte[17]. Die Gemeinden können sich bei der Umweltprüfung daher auf solche Schutzgüter konzentrieren, auf die sich der Plan erheblich auswirken kann. Der Untersuchungsumfang wird – wie bisher – von der Abwägungserheblichkeit der verschiedenen Belange bestimmt[18]. Dies hat auch Auswirkungen auf die Beurteilung des mit der Einführung der Umweltprüfung verbundenen Mehraufwands, denn der materielle Prüfumfang wird nicht erweitert. Die mit der Umweltprüfung verbundenen formalen Anforderungen an das Verfahren und den Umweltbericht werden von den Planspielstädten als zusätzliche Belastungen erkannt, im Ergebnis aber als »beherrschbar« eingeschätzt (hierzu unten mehr).

Einige Planspielstädte wiesen darauf hin, dass von Umweltverbänden, Umweltbehörden oder einschlägigen Planungs- und Gutachterbüros im Einzelfall überzogene durch das Planungsvorhaben nicht gerechtfertigte Anforderungen an die Umweltprüfung gestellt werden könnten, die auf eine umfassende und detaillierte Erfassung und Bewertung sämtlicher Schutzgüter zielen. Begrüßt wird aus diesem Grund, dass die Entscheidung über den Umfang und Detaillierungsgrad der Umweltprüfung in die Hände der Gemeinden gelegt wird. Die Planspielstädte erhoffen sich insoweit weitere Unterstützung bei der Umsetzung. Wenn möglich solle der Erheblichkeitsbegriff in Durchführungsbestimmungen (z.B. als Checklisten oder Kriterienlisten) mindestens aber in Arbeitshilfen zeitnah zum In-Kraft-Treten des Gesetzes konkretisiert werden.

Kritisiert wurde, dass die Abrundungs- und Entwicklungssatzungen (§ 34 Abs. 4 Satz 1 Nr. 2 und Nr. 3 BauGB) nach dem Gesetzentwurf einer Umweltprüfung bedürfen. Einem Teil der Planspielstädte erschien dies eine überzogene Anforderung, da es sich um kleine Gebiete handelt, die soweit nicht ausnahmsweise entsprechend den Voraussetzungen des § 13 Abs. 1 BauGB-Entwurf eine UVP-pflichtiges Vorhaben ermöglicht werden soll oder Anhaltspunkte für die Beeinträchtigung von Erhaltungszielen oder Schutzzwecken eines FFH-Gebietes bestehen, auch ohne Umweltprüfung aufgestellt werden können sollten. Vorgeschlagen wurde daher, dass vereinfachten Verfahren nach § 13 BauGB-Entwurf auch für diese Satzungen zu eröffnen.

3. Änderungen der Verfahrensvorschriften

Die neuen Anforderungen an das Verfahren (frühzeitige Trägerbeteiligung, Funktionserweiterung der frühzeitigen Öffentlichkeitsbeteiligung, Umfang der auszulegenden Unterlagen, Bekanntmachung sowie der Wegfall bzw. die Einschränkung der

---

17 Begründung zum Gesetzentwurf, BT-Drs. 15/2250, S. 68.
18 Hierauf stellt auch die Expertenkommission zur Novellierung des BauGB ab. Vgl. Bundesministerium für Verkehr, Bau- und Wohnungswesen (Hrsg.), Bericht der unabhängigen Expertenkommission, Novellierung des Baugesetzbuchs, Rn. 056.

Möglichkeit vor Auslegung des Plans nach § 33 BauGB zu genehmigen) fanden ein geteiltes Echo, da die Möglichkeiten der Beschleunigung des Verfahrens beschränkt werden. Die europarechtlichen Vorgaben sind hier aber eng.

Europarechtlich erforderlich ist die Konsultation der Behörden zu Umfang und Detaillierungsgrad der Umweltprüfung und damit die Einführung einer frühzeitigen Behörden- und Trägerbeteiligung in das Bauleitplanverfahren (Art. 5 Abs. 4 Plan-UP-Richtlinie)[19]. Dementsprechend ist die Behörden- und Trägerbeteiligung nach dem Gesetzentwurf nun zweistufig ausgestaltet. Die Behörden und sonstigen Träger öffentlicher Belange sind danach schriftlich entsprechend § 3 Abs. 1 Satz 1 Halbsatz 1 zu unterrichten und zur Äußerung auch im Hinblick auf den erforderlichen Umfang und Detaillierungsgrad der Umweltprüfung aufzufordern.

Unter Hinweis auf eine effektive Gestaltung des Verfahrens wurde von einigen Planspielstädten vorgeschlagen, die frühzeitige Beteiligung der Behörden und sonstigen Träger öffentlicher Belange bereits dazu zu nutzen, nicht nur Hinweise zum Umfang und Detaillierungsgrad der Umweltprüfung abzufragen. Die Behörden sollten daneben bereits zu diesem frühen Zeitpunkt auch Aufschluss über von ihnen beabsichtigte oder bereits eingeleitete Planungen und sonstige Maßnahmen geben, die für die städtebauliche Entwicklung und Ordnung des Gebiets von Bedeutung sind, sowie andere Informationen, die für die Ermittlung und Bewertung des Abwägungsmaterials zweckdienlich sind, zur Verfügung stellen. Der Gesetzentwurf lässt diese Möglichkeit offen und schließt nicht aus, dass neben der Stellungnahme zu Umfang und Detaillierungsgrad der Umweltprüfung auch Gelegenheit zur Stellungnahme zu den anderen vorgenannten Aspekten gegeben wird.

Während ein Teil der Planspielstädte mit der Neuregelung uneingeschränkt zufrieden waren, wünschten sich drei Planspielstädte eine deutlichere Verpflichtung gegenüber den Behörden und Trägern öffentlicher Belange. Nach dem Wortlaut des Gesetzes müssen die Behörden und sonstigen Träger öffentlicher Belange über die vorgenannten Aspekte erst bei der zweiten Stufe der Beteiligung Stellung nehmen. Es wurde daher angeregt, die Funktion der frühzeitigen Trägerbeteiligung entsprechend auszuweiten, um dem frühzeitigen Informationsbedarf der Gemeinde auch gesetzlich Nachdruck zu verleihen. Die Behörden und sonstigen Träger könnten sich bei der zweiten Stufe der Beteiligung auf ergänzende oder neue Hinweise beschränken, insbesondere auf solche, die sich auf Grund des dann vorliegenden Planentwurfs nebst Entwurf der Begründung ergeben.

Auf Kritik einiger Planspielstädte stieß die Änderung der Regelung zur frühzeitigen Öffentlichkeitsbeteiligung. Nach dem Gesetzentwurf ist der Öffentlichkeit auch im Hinblick auf den erforderlichen Umfang und Detaillierungsgrad der Umweltprüfung Gelegenheit zur Äußerung und Erörterung zu geben[20]. Nur ein Teil der Planspielstädte sah diese Neuregelung als unproblematisch an, weil schon nach geltendem Recht im Rahmen der frühzeitigen Bürgerbeteiligung auf Umweltprobleme

---

19 Begründung zum Gesetzentwurf, BT-Drs. 15/2250, S. 44 ff.
20 Ein gemeinschaftsrechtliches Erfordernis für eine entsprechende Regelung leitet sich aus der Plan-UP-Richtlinie nicht ab. Vgl. BT-Drs. 15/2250, S. 43; Jost Pietzcker und Christoph Fiedler, Die Umsetzung der Plan-UP-Richtlinie im Bauplanungsrecht, UVP-report 3/2002, S. 83 (88).

aufmerksam gemacht wird. Zudem wird herausgestellt dass § 3 Abs. 1 BauGB-Entwurf nicht verlangt, über Umfang und Detaillierungsgrad der Umweltprüfung zu unterrichten, sondern insoweit lediglich Gelegenheit zur Äußerung und Erörterung einfordert.

Ein Teil der Planspielstädte sieht gleichwohl praktische Erfordernisse, bei der frühzeitigen Öffentlichkeitsbeteiligung bereits über Umfang und Detaillierungsgrad der Umweltprüfung zu informieren, um so den für eine effektive Beteiligung notwendigen Anstoß zu konstruktiven Stellungnahmen zu geben. Dieses aber ziehe eine Umstellung der Verfahrensabläufe nach sich, weil es dann zweckmäßig sei, die Behörden und sonstigen Träger öffentlicher Belange bereits vorher zu beteiligen. Schließlich wurde auch darauf hingewiesen, dass die in § 3 Abs. 1 Satz 2 BauGB eingeräumte Möglichkeit auf die frühzeitige Öffentlichkeitsbeteiligung zu verzichten, wenn die Unterrichtung und Erörterung zuvor schon auf anderer Grundlage erfolgt sind, künftig praktisch nicht mehr zu Anwendung kommen könne, da die Erörterung auf anderer Grundlage zwar zum Planungsvorhaben aber regelmäßig noch nicht zum Umfang und Detaillierungsgrad der Umweltprüfung stattgefunden habe.

Die neuen Anforderungen an die Bekanntmachung der Auslegung und an die Auslegung selbst in § 3 Abs.2 BauGB-Entwurf sind umfangreicher und komplizierter aber aus Sicht aller Planspielstädte ohne gravierenden Mehraufwand beherrschbar. Positiv gewürdigt wurde, dass der Gesetzentwurf den europarechtlich bestehenden Gestaltungsspielraum an die Städte und Gemeinden weitergibt. So kann die Gemeinde bei der Bekanntmachung, welche Arten umweltbezogener Informationen bereits vorliegen, die vorliegenden Informationen nach ihrer Art in Gruppen zusammenfassen, so dass der bisherige Bekanntmachungstext nur maßvoll ergänzt werden muss. Dies haben die Versuche, im Planspiel einen neuen Bekanntmachungstext zu formulieren, gezeigt. Auch ist von Bedeutung, dass das Fehlen einzelner Angaben dazu, welche Arten umweltbezogener Informationen verfügbar sind, nach § 214 Abs. 1 Satz 1 Nr. 2 BauGB-Entwurf für die Rechtswirksamkeit des Bauleitplans unbeachtlich ist. Schließlich fanden sich auch für die in § 3 Abs. 2 Satz 1 BauGB-Entwurf geforderte Auslegung der nach Einschätzung der Gemeinde wesentlichen umweltbezogenen Stellungnahmen bei der Erprobung praktikable Lösungen.

Übereinstimmend begrüßt wurde, dass eine Änderung des Umweltberichts nach Auslegung des Planentwurfs keine erneute Auslegung erforderlich macht. Für Bebauungspläne, für die nach den Bestimmungen des UVP-Gesetzes schon nach geltendem Recht eine UVP durchzuführen ist, ergibt sich insoweit eine Verfahrenserleichterung, da § 3 Abs. 3 BauGB de lege lata eine erneute Auslegung verlangt, wenn die Gemeinde die Angaben im Umweltbericht wegen der Besorgnis zusätzlicher oder anderer erheblicher nachteiliger Umweltauswirkungen ergänzt oder ändert[21].

Nicht unerwartet ist, dass die europarechtlich bedingte Änderung des § 33 Abs. 2 BauGB von den Planspielstädten, die zur Beschleunigung von Investitionsvorhaben häufig von dieser Regelung Gebrauch gemacht haben, mit Bedauern zur Kenntnis genommen wurde. Nach § 33 Abs. 2 BauGB kann de lege lata ein Vorhaben vor

---

21 Vgl. hierzu z.B. Gaentzsch, Berliner Kommentar, § 3 Rn. 26.

öffentliche Auslegung und Beteiligung der Träger öffentlicher Belange zugelassen werden, wenn die weiteren Voraussetzungen erfüllt sind. Den betroffenen Bürgern und den berührten Trägern öffentlicher Belange ist dann lediglich vor Erteilung der Genehmigung Gelegenheit zur Stellungnahme zu geben. Art. 6 Abs. 2 Plan-UP-Richtlinie verlangt, dass den Behörden und der Öffentlichkeit frühzeitig und effektiv Gelegenheit gegeben werden muss, zum Planentwurf und zum begleitenden Umweltbericht Stellung zu nehmen. Nach Auffassung der Bundesregierung wird dieser Anforderung nicht genügt, wenn lediglich den berührten Bürgern und nicht der Öffentlichkeit insgesamt bei Entscheidungen nach § 33 Abs. 2 BauGB Gelegenheit zur Stellungnahme gegeben wird[22]. Eine gewisse Entlastung bringt insoweit § 33 Abs. 3 BauGB-Entwurf, der die frühzeitige Genehmigung im Sinne des bisherigen § 33 Abs. 2 BauGB zumindest bei Bebauungsplänen ermöglicht, die im vereinfachten Verfahren aufgestellt werden[23].

4.   Inhalt des Umweltberichts – Anlage zu § 2 Abs. 4 und § 2a

Deutliche Kritik wurde an der Regelung zum Inhalt des Umweltberichts und insbesondere an der Formulierung der geplanten Anlage zu § 2 Abs. 4 und § 2a geäußert. Missverständlich sei die Wortwahl vor allem im Einleitungssatz von Absatz 2 der Anlage. Nach dem Wortlaut regelt nur Absatz 1 der Anlage den Gegenstand der Umweltprüfung, wenn es dort heißt: »Die Ermittlung und Bewertung der voraussichtlichen Umweltauswirkungen der Planung besteht aus«. Die in Absatz 2 der Anlage genannten Aspekte sind nach dem einleitenden Halbsatz der Umweltprüfung demgegenüber zugrunde zu legen. Dies aber ist nach Auffassung der Planspielstädte bei den dort aufgeführten Aspekten zum Teil unsinnig (Nr. 1, 3, 4, 5 und 6). Zur Verdeutlichung kann folgende Aufstellung dienen:

– Wie kann die bei Nr. 1 geforderte Kurzdarstellung der Umweltprüfung zugrunde gelegt werden? Ist diese nicht vielmehr als Inhaltsvorgabe für den Umweltbericht gedacht.
– Nach Nr. 3 soll die Art, wie die in Fachgesetzen und Fachplänen festgelegten Ziele bei der Aufstellung berücksichtigt wurden, der Umweltprüfung zugrunde gelegt werden. Zugrunde gelegt werden können aber wohl nur die Ziele. Die Art, wie diese bei der Umweltprüfung berücksichtigt wurden, kann nicht Grundlage der Umweltprüfung sondern nur beschreibende Schlussfolgerung nach Durchführung der Umweltprüfung sein. Als solche ist sie wohl ebenfalls eher eine Vorgabe für den Inhalt des Umweltberichts.
– Gleiches gilt auch für die nach Nr. 4 geforderte Beschreibung, wie die Umweltprüfung vorgenommen wurde.

---

22   Begründung zum Gesetzentwurf, BT-Drs. 15/2250, S. 53.
23   Söfker, in Spannowsky/Krämer, BauGB-Novelle 2004, S. 87 f.

- Ebenfalls erst das Ergebnis der Umweltprüfung und nicht deren Grundlage sind die in Nr. 5 genannten »geplanten Maßnahmen zur Überwachung der erheblichen Auswirkungen des Bauleitplans auf die Umwelt«.
- Schließlich kann auch die nach Nr. 6 geforderte allgemein verständliche Zusammenfassung denklogisch erst nach Abschluss der Umweltprüfung erarbeitet und der Umweltprüfung mithin nicht zugrunde gelegt werden.

Die Planspielstädte wünschen sich eine dem bisherigen § 2a BauGB entsprechend strukturierte Vorgabe zum Inhalt des Umweltberichts[24], die im Gesetzentwurf bislang fehlt. Der Gesetzentwurf umreißt die Anforderungen an den Umweltbericht nur allgemein, wenn § 2a Satz 2 Nr. 2 BauGB-Entwurf verlangt, dass in der Begründung zum Bauleitplan entsprechend dem Stand des Verfahrens »in einem Umweltbericht die aufgrund der Umweltprüfung nach § 2 Abs. 4 einschließlich der Anlage zu diesem Gesetz ermittelten und bewerteten Belange des Umweltschutzes darzulegen sind. Zumindest aus dem Wortlaut ergibt sich nicht, dass die Anlage für den Inhalt des Umweltberichtes mehr als nur mittelbar relevant ist. Die Anlage nennt in ihrer Überschrift zwar den § 2a, erwähnt in ihrem Wortlaut jedoch ausschließlich die Umweltprüfung nach § 2 Abs. 4 und nicht den Umweltbericht.

Demgegenüber wurde die Offenheit und Flexibilität der Regelung in § 2a Satz 2 Nr. 3 BauGB-Entwurf zu der europarechtlich geforderten Erklärung zum Umweltbericht positiv bewertet, da das unnötige »Aufblähen« der Begründungen durch mehrfache Darlegung gleicher Sachverhalte bzw. das redaktionelle Auseinanderreißen von zusammengehörigen Inhalten vermieden werden könne. Der Gesetzentwurf legt nicht fest, ob es sich zwingend um eine zusammenhängend abzugebende Erklärung (ein Kapitel der Begründung mit entsprechender Überschrift) handeln muss. Erwogen wurde deshalb auch die Möglichkeit, die geforderte Erklärung jeweils im Sachzusammenhang an den entsprechenden Stellen des Umweltberichts also an mehreren Stellen verteilt hervorzuheben. Die Hervorhebung ist allerdings erforderlich, weil die Erklärung zum Umweltbericht nicht dessen Bestandteil sein kann.

Die Erklärung kann aber z.B. auch im bisherigen Kapitel »Inhalte der Planung« integriert werden. Dabei erscheint es allerdings sinnvoll, mindestens durch eine entsprechende Erweiterung der Überschrift deutlich zu machen, dass an dieser Stelle die geforderte Erklärung erfolgt. Wie bisher kann zu jedem einzelnen Planinhalt erklärt werden, welche Belange (einschließlich der Umweltbelange) und Ergebnisse der Beteiligungen für den jeweiligen Planinhalt relevant sind, wie diese Belange und Ergebnisse bei dem jeweiligen Planinhalt berücksichtigt wurden und aus welchen Gründen der einzelne beschlossene Planinhalt nach Abwägung der relevanten Belange gegeneinander und untereinander und mit den geprüften, in Betracht kommenden anderweitigen Planungsmöglichkeiten gewählt wurde. Schließlich erlaubt der Gesetzentwurf auch die Abfassung der Erklärung zum Umweltbericht als gesonderter Teil, der neben dem bisherigen Begründungstext und dem Umweltbericht steht. Die

---

24 Vgl. hierzu die Ergebnisse des Planspiels zur UVP in der Bauleitplanung aus Anlass der Umsetzung der Projekt-UVP-Änderungsrichtlinie der EU, Bunzel et al., Planspiel zur Durchführung der UVP in der Bauleitplanung, Difu-Materialien 2/2001.

geforderten Informationen können, dies hat das Planziel gezeigt, in zusammengefasster komprimierter Form auf wenigen Seiten erfolgen.

5. Gegenstand und Methode der Umweltprüfung

Ganz überwiegend werden hinsichtlich der sich aus der Anlage im Einzelnen ergebenden Anforderungen an den Gegenstand und die Methode der Umweltprüfung weder Verständnisprobleme noch Probleme in der Anwendungspraxis angezeigt. Der neue Begriff der Umweltmerkmale in Absatz 2 Nr. 2 der Anlage steht nach Auffassung der Planspielstädte in engem Zusammenhang mit der in Abs. 1 der Anlage geregelten Ermittlung und Bewertung, insbesondere mit der erforderlichen Bestandsaufnahme der einschlägigen Aspekte des derzeitigen Umweltzustands und stellt insoweit keine neuen Anforderungen. Das gleiche gilt auch für die Beachtung der Maßnahmen zur Vermeidung, Verringerung und zum Ausgleich nach Absatz 1 Nr. 3 der Anlage, die im Zusammenhang mit den im geltenden Recht schon zu beachtenden Anforderungen bei Eingriffen in Natur und Landschaft vertraute Praxis ist. Allerdings müssen nun neben den Belangen Natur und Landschaft weitere Umweltbelange (z.B. Immissionsschutzvorkehrungen) aufgriffen werden. Aber auch dies ist keine neue Anforderung, da Maßnahmen zur Vermeidung oder zur Kompensation von erheblichen Umweltauswirkungen als abwägungserhebliche Belange schon nach geltendem Recht nicht ausgeblendet werden dürfen.

Die nach Absatz 1 Nr. 4 der Anlage geforderte Prüfung anderweitiger Planungsmöglichkeiten führt nach den Ergebnissen des Planspiels in der Regel lediglich zu einem formalen Mehraufwand nicht jedoch zu einer Ausweitung des bereits üblichen Prüfprogramms. Insoweit ist von Bedeutung, dass auf der Ebene der Flächennutzungsplanung[25] schon nach geltendem Recht für die wesentlichen Flächendarstellungen (wie Wohnbauflächen, gewerbliche Bauflächen, Sonderbauflächen, Verkehrstrassen, u.ä.) Alternativenprüfungen anzustellen sind[26]. Auch bei Verfahren zur Änderung des Flächennutzungsplans werden im Vorfeld in der Regel vergleichende Standortuntersuchungen vorgenommen, wenn es sich um nicht standortgebundene Projekte handelt.

Bei Bebauungsplänen für die schon nach dem UVPG eine Umweltverträglichkeitsprüfung durchzuführen ist, müssen ebenfalls bereits nach geltendem Recht (§ 2a Abs. 1 Nr. 5 BauGB) die »wichtigsten geprüften anderweitigen Lösungsmöglichkeiten« im Umweltbericht dargestellt werden. Planungsalternativen sind im Übrigen auch auf der Ebene der Bebauungsplanung im Kontext der möglichen Vermeidungs-

---

25 Vgl. hierzu Porger, in Spannowsky/Krämer, BauGB-Novelle 2004, S. 67 sowie zur Abschichtung zwischen den Planungsebenen Bunzel, in Eberle/Jacoby, Umweltprüfung für Regionalpläne, Arbeitsmaterial Nr. 300 der Akademie für Raumforschung und Landeskunde, S. 27 ff.

26 Dies folgt schon aus der Notwendigkeit, Möglichkeiten zur Vermeidung von Eingriffen in Natur und Landschaft in die Abwägung einzustellen. Vgl. Hierzu Arno Bunzel, NuR 1997, S. 583 ff.

und Verringerungsmaßnahmen von Eingriffen in Natur und Landschaft ohnehin zu prüfen[27]. Lediglich die Dokumentation dieser Alternativenprüfung im Erläuterungsbericht bzw. in der Begründung ist nach Auffassung einiger Planspielstädte zum Teil zu kurz gekommen, so dass hier nach dem neuen Recht mehr getan werden müsse.

Schließlich bereitete auch die nach Absatz 1 Nr. 2 der Anlage geforderte Status-quo-Prognose den Planspielstädten keine ins Gewicht fallenden zusätzlichen Probleme. Festzustellen ist, wie sich das Gebiet unter Beibehaltung des bisherigen Zustands und unter Berücksichtigung der bisherigen Entwicklung in diesem Bereich verändern würde. Während z.b. bei Bereichen auf der »grünen Wiese« in der Regel davon ausgegangen werden kann, dass es ohne Planung bei der jetzigen Nutzung bliebe (z.b. Landwirtschaft), sind bei Planungen im Siedlungsbestand (z.b. Konversionsflächen) mehrere Aspekte zu berücksichtigen (z.b. könnten Gebäude weiterhin genutzt werden etc.). Sofern die geforderte Einschätzung bezüglich des Zustands bei Nichtdurchführung der Planung auf der Grundlage der Bestandsermittlung getroffen werden kann, wovon die Planspielstädte ausgingen, ist sie ohne größeren Arbeitsaufwand leistbar. Ausreichend erscheint eine verbal-argumentative Entwicklungs(folgen)abschätzung. Als Beispiel wurde die Planung einer verkehrsbelasteten Straße genannt, für die ohne Bau einer geplanten Umgehungsstraße keine Verbesserung zu erwarten sei.

6. Überwachungsmaßnahmen

Begrüßt wurde, dass im Gesetzentwurf die Pflicht zur Durchführung der Überwachungsmaßnahmen den Gemeinden und keinen anderen Institutionen übertragen wird und der Spielraum zur Ausgestaltung der Überwachung für unterschiedliche Gemeindegrößen und Verwaltungsstrukturen geeignete Lösungen ermöglicht. Nach § 4c BauGB-Enwurf überwachen die Gemeinden die erheblichen Umweltauswirkungen, die aufgrund der Durchführung der Bauleitpläne eintreten, um insbesondere unvorhergesehene nachteilige Umweltauswirkungen frühzeitig zu ermitteln und in der Lage zu sein, geeignete Maßnahmen zur Abhilfe zu ergreifen. Sie nutzen dabei die im Umweltbericht angegebenen Überwachungsmaßnahmen und die Informationen der Behörden.

Das Planspiel hat gezeigt, dass die Städte zu unterschiedlichen Lösungsansätzen kommen, die jeweils Bezug nehmen auf die vorhandenen Informationsquellen und diese zur Überwachung nach § 4c BauGB-Entwurf nutzen. Der Aufbau neuer Informationssysteme wurde übereinstimmend als unangemessen und nicht leistbar eingeschätzt[28]. Vor allem die kleineren Städte und Gemeinden ohne eigene Umweltverwaltung sind im Wesentlichen auf die Informationen der Fachbehörden außerhalb der

---

27 Vgl. hierzu BVerwG, Beschl. v. 31.1.1997, UPR 403 ff.
28 in Bunzel/Frölich/Tomerius, in dies., Monitoring und Bauleitplanung – Neue Herausforderungen für Kommunen bei der Überwachung von Umweltauswirkungen, Difu-Materialien 3/2004, S. 135 ff.

Stadt- oder Gemeindeverwaltung angewiesen[29]. Von grundlegender Bedeutung ist insoweit die in § 4 Abs. 3 vorgesehene Informationspflicht der Behörden. Hier können die Gemeinden in eigener Zuständigkeit regelmäßig nicht vielmehr tun, als die Umsetzung des Bebauungsplans zu beobachten. Dies aber gehört bereits zu den Aufgaben einer verantwortlichen Städtebaupolitik in den Gemeinden. Ein sinnvoller Ansatzpunkt kann dann z.b. sein, festzustellen, ob die Maßnahmen zur Vermeidung, zur Verringerung und zum Ausgleich umgesetzt wurden. Dabei wird es für die Praxis nicht von Bedeutung sein, dass nach dem Wortlaut des Gesetzes nicht die Umsetzung des Plans sondern nur die erheblichen Umweltauswirkungen bei der Umsetzung des Plans zu überwachen sind[30].

Die Großstädte verfügen demgegenüber regelmäßig über eine eigene Umweltverwaltung und Umweltinformationssysteme[31]. Hier wird es vor allem darum gehen, die Informationswege so zu organisieren, dass die für die Beurteilung der Umweltauswirkungen bei der Durchführung eines Plans relevanten Informationen an einer Stelle in der Verwaltung zusammen laufen[32].

Insgesamt wurde durch das Planspiel herausgearbeitet, dass es lediglich um die Überwachung der erheblichen Umweltauswirkungen und hierzu noch einmal einschränkend insbesondere der unvorhergesehenen nachteiligen Auswirkungen gehen kann[33]. So lange die Gemeinde keinen Anhaltspunkt dafür hat, dass die Umweltauswirkungen von den bei der Planaufstellung prognostizierten nachteiligen Umweltauswirkungen abweichen, besteht regelmäßig keine Veranlassung für spezifische Überwachungsmaßnahmen und es wird die Beobachtung der Umsetzung des Plans ausreichen. Insoweit kann allerdings von Bedeutung sein, ob und in welchem Maße die Prognose der Umweltauswirkungen mit Unsicherheiten verbunden war. Bei erkennbaren Prognoseunsicherheiten wird eine Überprüfung der Prognose eher angezeigt sein, als wenn diese nicht erkennbar sind[34].

---

29 Janning, in Bunzel/Frölich/Tomerius, Monitoring und Bauleitplanung – Neue Herausforderungen für Kommunen bei der Überwachung von Umweltauswirkungen, Difu-Materialien 3/2004, S. 109 f.
30 Begründung zum Gesetzentwurf, BT-Drs. 15/2250, S. 47; a. A. Roder, in Bunzel/Frölich/Tomerius, Monitoring und Bauleitplanung – Neue Herausforderungen für Kommunen bei der Überwachung von Umweltauswirkungen, Difu-Materialien 3/2004, S. 15.
31 Bunzel/Frölich/Tomerius, in dies., Monitoring und Bauleitplanung – Neue Herausforderungen für Kommunen bei der Überwachung von Umweltauswirkungen, Difu-Materialien 3/2004, S. 137.
32 Frenk, in Bunzel/Frölich/Tomerius, Monitoring und Bauleitplanung – Neue Herausforderungen für Kommunen bei der Überwachung von Umweltauswirkungen, Difu-Materialien 3/2004, S. 87 (94).
33 So auch Frenk, in Bunzel/Frölich/Tomerius, Monitoring und Bauleitplanung – Neue Herausforderungen für Kommunen bei der Überwachung von Umweltauswirkungen, Difu-Materialien 3/2004, S. 87 ff.
34 Roder, in Bunzel/Frölich/Tomerius, Monitoring und Bauleitplanung – Neue Herausforderungen für Kommunen bei der Überwachung von Umweltauswirkungen, Difu-Materialien 3/2004, S. 15.

7. Mehraufwand

Die Begründung des Gesetzentwurfs weist darauf hin, dass die neuen Vorschriften gegenüber dem bisherigen Recht auf Seiten der Kommunen zum Teil erhöhten Vollzugsaufwand und damit zusätzliche Kosten bei der Aufstellung von Bauleitplänen nach sich ziehen werden. Dies gelte namentlich für die gemeinschaftsrechtlich vorgegebenen zusätzlichen Verfahrensanforderungen bei der Öffentlichkeits- und Behördenbeteiligung und das Monitoring[35]. Es liegt auf der Hand, dass der durch die Neuregelung erwartete Mehraufwand von den Planspielstädten thematisiert wurde.

Die Planspielstädte haben die in der Begründung des Gesetzentwurfs dargelegte Einschätzung zum Mehraufwand im Wesentlichen bestätigt. Danach entsteht durch die Umweltprüfung im Kern nur formaler Mehraufwand, der aber beherrschbar erscheint. Durch die Umweltprüfung wird der Kreis der abwägungsrelevanten Belange nicht erweitert. Neben den bereits heute im Einzelfall nach den Erfordernissen des Plans zu erstellenden Fachgutachten werden keine zusätzlichen Gutachten erforderlich werden. Die Status-Quo-Prognose und die Prüfung der Planungsalternativen können nach Einschätzung der Planspielstädte auf der Grundlage der vorhandenen Informationen erfolgen oder findet bereits heute statt. Allein die formalen Anforderungen an die Begründung, die im Umweltbericht eine systematische Darstellung der Umweltprüfung nach den Vorgaben des Gesetzes verlangt, ist neu. Aber auch insoweit sehen die Planspielstädte die Möglichkeit, den Umweltbericht auf die erheblichen Umweltauswirkungen zu konzentrieren und im Übrigen nur kurz, z.B. tabellarisch darüber zu informieren, welche Schutzgüter nicht erheblich betroffen sind. Der durch die neu hinzukommende frühzeitige Behördenbeteiligung entstehende Mehraufwand wird zum Teil dadurch relativiert, dass einige Städte bereits heute zu Beginn des Verfahrens bei den wichtigsten Behörden abfragen, welche Belange der Planung entgegenstehen könnten. Zudem wird zum Teil die Möglichkeit einer inhaltlichen Abschichtung zwischen den beiden Stufen der Behördenbeteiligung gesehen.

Als völlig neues Verfahrenselement führt das Monitoring zwangsläufig zu Mehraufwand[36]. In den Großstädten sind diesbezüglich die Fragen der Zuständigkeit und der Informationswege zu klären. Die kleineren Städte ohne eigene Umweltverwaltung hoffen auf die nach § 4 Abs. 3 BauGB-Entwurf vorgesehene Informationen der Behörden. Der planspielhafte Test stieß hier auf Grenzen. Insgesamt vermittelte sich aber der Eindruck, dass die Städte pragmatische Lösungswege angestrebt haben, die aufbauend auf den vorhandenen Aufgaben und Zuständigkeiten die Überwachung der erheblichen unerwarteten Umweltauswirkungen bei der Durchführung der Bauleitpläne mit relativ geringem Mehraufwand bewältigen.

---

35 Begründung zum Gesetzentwurf, BT-Drs. 15/2250, S. 35.
36 Vgl. die Stellungnahme der kommunalen Spitzenverbände, in der auf einen erheblichen Mehraufwand für Personal- und Sachmittel hingewiesen wird. Internet: http://www.dstgb.de, S. 3.

8. Fazit

Das Planspiel hat bestätigt, dass der Regierungsentwurf auf einem tragfähigen, mit der kommunalen Praxis vielfältig rückgekoppelten Fundament ruht. Insoweit haben sich die vielfältigen Konsultationen mit allen relevanten Gruppen im Vorfeld des Regierungsbeschlusses schon während der Ausarbeitung des Referentenentwurfs bezahlt gemacht. Dies gilt auch für die Arbeit der Expertenkommission, an der die kommunale Praxis mit kompetenten Vertretern mitgewirkt hat[37]. Es verwundert insoweit nicht, dass der Gesetzentwurf in seinen wesentlichen Elementen auf breite Zustimmung gestoßen ist.

Die zahlreichen Änderungs- und Ergänzungsvorschläge im Detail zeigen aber, dass trotz guter Vorbereitung des Gesetzentwurfs ein Planspiel wichtige Impulse für das Gesetzgebungsverfahren gibt und zur Vermeidung von unbeabsichtigten Fehlsteuerungen beiträgt. Erste Diskussionen im Rahmen des Planspiels hatten bereits Einfluss auf die im Regierungsentwurf gegenüber dem Referentenentwurf vorgenommenen Änderungen. Es ist zu erwarten, dass weitere Anregungen aus dem Planspiel im Rahmen der parlamentarischen Beratungen aufgegriffen werden.

---

37 Hierauf haben auch die Kommunalen Spitzenverbände ausdrücklich hingewiesen. Internet: http://www.dstgb.de, S. 1.

Das Verhältnis zwischen Bauleitplanung und Raumordnung – Aktuelle Rechtsprechung des Bundesverwaltungsgerichts

Ondolf Rojahn

I. Vorbemerkungen

Die Nutzungsansprüche an den Raum sind vielfältig und bedürfen der Abstimmung auf verschiedenen Planungsebenen. In dem mehrstufigen System der räumlichen Gesamtplanung ist die gemeindliche Bauleitplanung als unterste Ebene in die Planungshierarchie eingebunden und der Landes- und Regionalplanung nachgeordnet. Dieses mehrstufige Planungssystem funktioniert nur, wenn die überörtliche und die örtliche Planungsebene nicht in Widerspruch zueinander treten. Die zum Bundesverwaltungsgericht gelangten Streitfälle zeigen allerdings, dass sich in bestimmten Bereichen ein Spannungsverhältnis zwischen Raumordnung und Bauleitplanung aufgebaut hat. Eine Bestandsaufnahme ergibt, dass vor allem die Standortplanung von Infrastrukturvorhaben (Autobahnen, Flughäfen, Landesmesse), großflächigen Einzelhandelsbetrieben (Einkaufszentren) und Windenergieanlagen in Landesentwicklungsprogrammen und Regionalplänen erhebliches Konfliktpotential birgt. Insgesamt zeichnet sich die Entwicklung der Raumordnung durch eine fortschreitende Verdichtung ihrer Festlegungen aus, die zu Lasten der kommunalen Planungshoheit geht.

Dieser Befund lenkt den Blick auf die Vorkehrungen des Gesetzgebers, die in vertikaler Hinsicht die Harmonisierung der mehrstufigen Planungsentscheidungen gewährleisten sollen. Das Baugesetzbuch kennt im Wesentlichen zwei Instrumente, die den Regelungsanspruch der Raumordnung aufnehmen und durchsetzen sollen. An erster Stelle steht das **Zielanpassungsgebot** des § 1 Abs. 4 BauGB; es wird ergänzt durch § 1 a Abs. 3 Satz 2 BauGB. Hinzu treten die **Raumordnungsklauseln** für den **Außenbereich** in § 35 Abs. 3 Satz 2 und 3 BauGB. Danach können Ziele der Raumordnung ohne einen planerischen Zwischenschritt der Gemeinde unmittelbar auf die Entscheidung über die Zulässigkeit eines privilegierten Außenbereichsvorhabens durchschlagen. § 34 Abs. 1 BauGB eröffnet für den unbeplanten Innenbereich bisher hingegen nicht die Möglichkeit, Ziele der Raumordnung bei der Zulassung raumbedeutsamer Vorhaben Privater zu berücksichtigen.

Das EAG-Bau (Regierungsentwurf – RegE)[1] zieht das Netz der Vorschriften, das die Bauleitplanung mit den Zielvorgaben der Landes- und Regionalplanung verknüpft, deutlich enger. Das interkommunale Abstimmungsgebot in § 2 Abs. 2 BauGB wird durch den Satz ergänzt, dass die Gemeinden sich auch auf die ihnen durch Ziele der Raumordnung zugewiesenen Funktionen sowie auf Auswirkungen auf ihre zentralen Versorgungsbereiche berufen können. Die Darstellungsmöglichkeiten in Flächennutzungsplänen nach § 5 Abs. 2 BauGB sollen in Nr. 11 in Anlehnung an § 7 Abs. 4 Satz 1 Nr. 1 und 3 ROG um Flächen für Vorrang- und Eignungsflächen mit Ausschlusswirkung ergänzt werden und der Gemeinde die Konkretisierung der raumordnerischen Standortplanung im Außenbereich erleichtern. Nach § 15 Abs. 3 RegE ist auf Antrag der Gemeinde die Entscheidung über die Zulässigkeit von privilegierten Außenbereichsvorhaben bis längstens ein Jahr auszusetzen, wenn die Gemeinde beschlossen hat, einen Flächennutzungsplan aufzustellen, zu ändern oder zu ergänzen, und beabsichtigt zu prüfen, ob Darstellung von Konzentrationszonen im Sinne des § 35 Abs. 3 Satz 3 BauGB in Betracht kommt. Die Gemeinde erhält damit ein Instrument, das auch die örtliche Umsetzung raumordnerischer Ziele einstweilen sichert. Schließlich bestimmt § 34 Abs. 3 RegE, dass von Vorhaben im unbeplanten Innenbereich keine schädlichen Auswirkungen auf zentrale Versorgungsbereiche in der Gemeinde oder in anderen Gemeinden zu erwarten sein dürfen. Dieses neue Zulässigkeitserfordernis ist auch geeignet, raumordnerische Zielvorgaben für den großflächigen Einzelhandel durchzusetzen. Die Entwurfsbegründung weist ausdrücklich darauf hin, dass sich zentrale Versorgungsbereiche auch aus Festlegungen in den Raumordnungsplänen ergeben können.

Vor diesem rechtlichen Hintergrund geben die nachfolgenden Ausführungen einen systematischen Überblick über die rechtlichen Anforderungen, die an Ziele der Raumordnung zu stellen sind, damit sie ihre Bindungs- und Steuerungswirkung für die gemeindliche Bauleitplanung erfüllen können. Anschließend werden Rechtsbindungen und Freiräume der Gemeinde dargestellt, die bei der bauleitplanerischen Umsetzung raumordnerischer Zielaussagen bestehen. Der Schwerpunkt liegt auf den Kernaussagen der Rechtsprechung des BVerwG in den Jahren 2002 bis 2004.

---

1   Entwurf eines Gesetzes zur Anpassung des Baugesetzbuches an EU-Richtlinien (Europarechtsanpassungsgesetz – EAG-Bau), BT-Drs. 15/2250 vom 17. Dezember 2003; Beschlussempfehlung und Bericht des Ausschusses für Verkehr, Bau- und Wohnungswesen (14. Aus-schuss), BT-Drs. 15/2996 vom 28. April 2004.

II. Rechtliche Anforderungen an Ziele der Raumordnung

1. Inhaltliche Voraussetzungen

1.1 Räumliche und sachliche Bestimmtheit

Nach § 3 Nr. 2 ROG sind Ziele der Raumordnung verbindliche Vorgaben in Form von räumlich und sachlich bestimmten oder bestimmbaren, vom Träger der Landes- oder Regionalplanung abschließend abgewogenen textlichen oder zeichnerischen Festlegungen in Raumordnungsplänen zur Entwicklung, Ordnung und Sicherung des Raums. Der Gesetzgeber hat damit Definitionselemente aufgegriffen, die das Bundesverwaltungsgericht in seinem Grundsatzbeschluss vom 20. August 1992[2] entwickelt hat, um die Ziele von den Grundsätzen der Raumordnung (vgl. jetzt § 3 Nr. 3 ROG) abzugrenzen.

In einer neueren Entscheidung[3] hat der 4. Senat Ziele und Grundsätze der Raumordnung im Anschluss an § 3 ROG wie folgt umschrieben: Den Zielen kommt die Funktion zu, räumlich und sachlich die zur Verwirklichung der Grundsätze der Raumordnung notwendigen Voraussetzungen zu schaffen. In ihnen spiegelt sich bereits eine Abwägung zwischen den durch die Grundsätze verkörperten unterschiedlichen raumordnerischen Belangen wider. Als Ergebnis landesplanerischer Abwägung sind sie einer weiteren Abwägung auf einer nachgeordneten Planungsstufe nicht zugänglich. Die planerischen Vorgaben, die sich ihnen entnehmen lassen, sind verbindlich. Die Bedeutung von Grundsätzen der Raumordnung erschöpft sich hingegen darin, dass sie als Direktiven für nachfolgende Abwägungsentscheidungen dienen. Ob eine raumordnerische Vorgabe die Qualität eines Ziels oder eines Grundsatzes hat, hängt nicht von der Bezeichnung im Raumordnungsplan ab, sondern bestimmt sich nach dem materiellen Gehalt der Planaussage selbst und ist jeweils im Wege der Auslegung zu ermitteln.[4]

Da Ziele der Raumordnung auf nachgeordneten Planungsstufen einen »abwägungsfesten« Kern besitzen, bezeichnet der 4. Senat sie auch als »landesplanerische **Letztentscheidungen**«.[5] Diese Formulierung zielt auf das Ergebnis der **raumordnerischen Abwägung**. Der erforderliche Konkretisierungsgrad der Zielaussagen wird durch die **jeweilige raumordnerische Zielsetzung** bestimmt. Soweit die Zielfestlegung auf eine fortschreitende Verfeinerung und Ausdifferenzierung in der Bauleitplanung angelegt ist, bildet sie einen Planungsrahmen. Folgerichtig sind Bauleitpläne den Zielen der Raumordnung »anzupassen« (§ 1 Abs. 4 BauGB). Im Anwendungsbereich der Raumordnungsklauseln des § 35 Abs. 3 Satz 2 und 3 BauGB müssen Zielaussagen (etwa Vorrang- oder Eignungsgebiete) inhaltlich so bestimmt sein, dass sie

---

2 BVerwG 4 NB 20.91 – BVerwGE 90, 329 (Ausweisung eines Gewerbegebiets in Vorranggebiet für Erholung).

3 BVerwG, Urteil vom 18. September 2003 – 4 CN 20.02 – DVBl. 2004, S. 251, 252.

4 BVerwG, Beschluss vom 15. April 2003 – 4 BN 20.03 – SächsVBl. 2003, S. 192.

5 BVerwG, Beschluss vom 20. August 1992 – 4 NB 20.91 – BVerwGE 90, S. 329, 334.

ohne planerischen Zwischenschritt auf der Zulassungsebene der unmittelbaren Rechtsanwendung im Einzelfall zugänglich sind.[6]

Die Anforderungen an die Bestimmtheit oder Bestimmbarkeit bei der Festlegung eines Vorranggebiets für die Landwirtschaft oder die Erholung sind in der Regel geringer als bei der gebiets- oder gar parzellenscharfen Standortplanung von Infrastrukturvorhaben oder bei der Festsetzung von Konzentrationszonen für privilegierte Außenbereichsvorhaben. Unschärfen in der zeichnerischen oder textlichen Festlegung einer Zielaussage wirken sich im Rahmen des § 35 Abs. 3 BauGB stärker aus als im Bereich des Anpassungsgebots in § 1 Abs. 4 BauGB. In seinem Urteil vom 19. Juli 2001[7] hat der 4. Senat daher eingehend erörtert, ob die Zielaussage eines »Vorranggebietes für die Erholung« im Regionalplan Franken 1980 den inhaltlichen Anforderungen an ein Ziel der Raumordnung im Sinne von § 35 Abs. 3 Satz 3 BauGB 1987 (= § 35 Abs. 3 Satz 2 BauGB in der Fassung des BauROG 1998) genügt und diese Frage mit der Vorinstanz (VGH Mannheim) bejaht. Kann eine raumordnerische Festlegung infolge inhaltlicher Unschärfen keine Zielfunktion im Rahmen von § 35 Abs. 3 BauGB entfalten, bedeutet das nicht notwendig, dass sie auch ihre Zielbindungskraft für die Bauleitplanung (§ 1 Abs. 4 BauGB) verliert.

1.2 Regel-Ausnahme-Struktur

Eine raumordnerische Bestimmung kann auch dann Zielqualität besitzen, wenn sie als Regel-Ausnahme-Tatbestand formuliert ist.[8] Das Erfordernis einer abschließenden Abwägung ist erfüllt, wenn die Planaussage nach den Zielvorstellungen des Trägers der Raumplanung auf der landesplanerischen Ebene keiner Ergänzung mehr bedarf. Das ist nicht gleichbedeutend mit »einem Höchstmaß an Stringenz«. Der Plangeber ist nicht auf strikte Zielaussagen beschränkt. Er kann bei der Formulierung seiner Ziele planerische Zurückhaltung üben und Rücksicht auf den Gestaltungswillen der Gemeinde nehmen. Er kann die Bindungskraft seiner Zielaussagen dadurch relativieren, dass er neben den Regel- auch die Ausnahmevoraussetzungen mit hinreichender **tatbestandlicher Bestimmtheit** oder doch wenigstens Bestimmbarkeit selbst festlegt. Von einem Ziel der Raumordnung kann deshalb dann nicht mehr gesprochen werden, wenn die Raumplanung sich darauf beschränkt, eine Regelaussage zu treffen, und die Definition der Ausnahmetatbestände der planenden Gemeinde überlässt. In diesem Fall erhielte die Gemeinde die Möglichkeit, sich durch eine eigene Abwägungsentscheidung ohne Beteiligung der Landesplanungsbehörden über die landesplanerische Abwägung hinwegzusetzen. Das widerspräche der Konzeption des Raumordnungsgesetzes, das Zielabweichungen zwar zulässt, die Entscheidung hierüber aber unter den in § 11 ROG genannten Voraussetzungen den Landesplanungsbehörden zuweist. Plansätze, die das für eine Regel-Ausnahme-Struktur erfor-

---

6 BVerwG, Urteil vom 19. Juli 2002 – 4 C 4.00 – BVerwGE 115, S. 17, 21.
7 BVerwG 4 C 4.00 – BVerwGE 115, S. 17, 22 f.
8 BVerwG, Urteil vom 18. September 2003 – 4 CN 20.02 – DVBl. 2004, S. 251, 252 f. = ZfBR 2004, S. 177 (Bebauungsplanung in Vorranggebiet für die Landwirtschaft).

derliche Mindestmaß an inhaltlicher Bestimmbarkeit nicht aufweisen, können deshalb nicht als Ziel, sondern nur als Grundsätze der Raumordnung eingestuft werden.[9]
So einfach diese Abgrenzung in der Theorie ist, so schwierig kann sie in der Praxis sein. In seinem Urteil vom 17. September 2003[10] hat der 4. Senat zwei Zielaussagen im **Landesentwicklungsprogramm III für Rheinland-Pfalz** vom 27. Juni 1995 (GVBl 1995, S. 225, 255 f.) an den vorgenannten Grundsätzen gemessen. Ziffer 3.4.1.3 lautet:

»Großflächige Einzelhandelsbetriebe sind grundsätzlich in zentralen Orten vorzusehen (Konzentrationsgebot). Betriebe mit mehr als 2.000 qm Geschossfläche kommen in der Regel nur für Mittel- und Oberzentren in Betracht. Dies betrifft sowohl Betriebe, die ganz oder teilweise der Deckung des örtlichen Bedarfs dienen, als auch Fachmärkte mit innenstadtrelevanten Sortimenten.«...

»Durch die Ansiedlung von großflächigen Einzelhandelsbetrieben darf die Funktion benachbarter zentraler Orte und ihrer Versorgungsbereiche nicht wesentlich beeinträchtigt werden.«

Das **Konzentrationsgebot** ordnet den **großflächigen Einzelhandel** auf der Grundlage einer typisierenden Betrachtungsweise »grundsätzlich« bzw. »in der Regel« den zentralen Orten (bzw. Mittel- und Oberzentren) zu. Angestrebt wird eine »bedarfsgerechte und gleichwertige Versorgung der Bevölkerung und der Wirtschaft mit Gütern und Dienstleistungen in allen Landesteilen« (so der die Ziffer 3.4.1.3 einleitende Grundsatz). Die regelhafte räumliche Zuordnung des Einzelhandels nach dem zentralörtlichen Gliederungssystem wird mit dem Verbot der Beeinträchtigung ausgeglichener Versorgungsstrukturen verbunden. Positiv gefasst ist es ein **Gebot der Zentrenverträglichkeit**. Dieses Gebot ist hinreichend bestimmt, um den landesplanerischen Vorbehalt atypischer Fallgestaltungen auszufüllen und der planenden Gemeinde die Identifizierung eines raumordnerischen Ausnahmefalles zu ermöglichen.
Ziffer 3.4.1.3 des Landesentwicklungsprogramms III für Rheinland-Pfalz verbindet die Zielaussage:

»Großflächige Einzelhandelsbetriebe sind in der Regel in engem räumlichen und funktionalen Zusammenhang (städtebauliches Integrationsgebot) mit den zentralen Einkaufsbereichen der Standortgemeinde zu errichten.«

mit den als Grundsatz bezeichneten Aussagen:

»Großflächige Einzelhandelsbetriebe mit nicht innenstadtrelevanten Sortimenten (vorrangig Möbelmärkte, Bau- und Heimwerkermärkte, Gartencenter, Automärkte) können im Einzelfall vom Integrationsgebot ausgenommen werden«.

---

9   Zustimmend Hoppe, DVBl. 2004, S. 478.
10 BVerwG 4 C 14.01 – NVwZ 2004, S. 220, 224 – Einkaufszentrum Mülheim-Kärlich.

»Können großflächige Einzelhandelsbetriebe mit nicht innenstadtrelevanten Sortimenten in den zentralen Orten ausnahmsweise städtebaulich nicht integriert werden, ist zugleich eine geordnete städtebauliche Einbindung in Umlandgemeinden gewährleistet und entspricht die räumliche Dimension des großflächigen Einzelhandelsbetriebes der vorhandenen Maßstäblichkeit von Siedlung und Freiraum (siedlungsstrukturelles Integrationsgebot), können großflächige Einzelhandelsbetriebe im Funktionsraum des zentralen Ortes angesiedelt werden...«.

Eine Zielaussage der Raumordnung, die wie hier »in der Regel« (d.h. »grundsätzlich«) Geltung beansprucht, ist jedenfalls dann hinreichend bestimmt, wenn sie in der zitierten Weise mit Ausnahmetatbeständen im Gewand von Grundsätzen der Raumordnung kombiniert wird, die der planenden Gemeinde hinreichende Anhaltspunkte für das Vorliegen einer landesplanerisch gebilligten Abweichung von der Regel geben. Der 4. Senat hat in diesem Fall keine Bedenken gehabt, die für nachfolgende Abwägungs- und Ermessensentscheidungen formulierten Grundsätze (§ 3 Nr. 3 ROG) zur Auslegung des vorangestellten Ziels der Raumordnung heranzuziehen.[11]

Der am 18. Dezember 1985 genehmigte Regionalplan für die Region Trier bestimmt zur Sicherung der land- und forstwirtschaftlichen Nutzflächen:

»5.1.1 Vorranggebiete für die Landwirtschaft sind Gebiete mit einem großen Anteil landwirtschaftlich gut geeigneter Nutzflächen und Flächen, die aufgrund ihrer strukturellen Bedeutung für die Landwirtschaft in der Region erhalten bleiben müssen....
5.1.3 Die Vorranggebiete dürfen nur in unabweisbaren Fällen anderweitig in Anspruch genommen werden. Bei allen raumbedeutsamen Maßnahmen ist darauf zu achten, dass sowohl die natürliche Eignungsgrundlage dieser Gebiete als auch deren wirtschaftliche Nutzbarkeit erhalten bleibt bzw. nach Möglichkeit verbessert wird. Die Siedlungstätigkeit hat sich den Erfordernissen der Land- und Forstwirtschaft anzupassen«.

Das OVG Koblenz ordnet diese Planaussage u. a. wegen ihrer Regel-Ausnahme-Struktur als Grundsatz der Raumordnung ein. Nach Ansicht des 4. Senats steht diese Struktur der Planaussage ihrer Zielqualität nicht zwingend entgegen[12]. Das OVG verneint die Zielqualität der Aussage noch aus zwei weiteren Gründen: Das Landesentwicklungsprogramm enthalte eine Parallelvorschrift, die lediglich als Abwägungsdirektive (Gewichtungsvorgabe) bezeichnet werde. Außerdem seien landwirtschaftliche Vorrangflächen in einer Größenordnung ausgewiesen worden, die darauf schließen lasse, dass insoweit eine abschließende Abwägung der unterschiedlichen Anforderungen an den Raum nicht stattgefunden habe. Die Abgrenzung der Flächen sei ohne Rücksicht auf die konkreten Verhältnisse in den einzelnen Gemeinden einseitig auf der Grundlage der Bodengüteklasseneinteilung des Geologischen Landesamts vorgenommen worden sei. Das BVerwG hat diese Auslegung irreversiblen Landesrechts aus bundesrechtlicher Sicht nicht beanstandet.

---

11 BVerwG, Urteil vom 17. September 2003 – 4 C 14.01 – NVwZ 2004, S. 220, 225 Einkaufszentrum Mülheim-Kärlich.
12 BVerwG, Urteil vom 18. September 2003 – 4 CN 20.02 – DVBl. 2004, S. 251, 252 f.

2. Strikte rechtliche Schranken der Raumordnung

Raumordnerische Festlegungen können nur dann (rechtmäßige) Ziele der Raumordnung sein, wenn sie von der Aufgabenstellung der Raumordnung in § 1 Abs. 1 ROG gedeckt sind. Sie dienen der Entwicklung, Ordnung und Sicherung des Raums, § 3 Nr. 2 ROG. Den Kompetenzbereich der Raumordnung dürfen sie nicht überschreiten. Die Landes- und Regionalplanung hat daher die bundes- oder landesgesetzlich festgelegten Zuständigkeitsbereiche und Regelungsinstrumente der Fachplanungsbehörden und sonstiger Fachbehörden ebenso zu beachten wie die kommunale Planungshoheit.

2.1 Naturschutzrechtliche Schranken

Problematisch sind Zielaussagen zum **Vorrang des Landschaftsschutzes**, wie sie im **Regionalplan Südhessen** vom 9. März 1995 (StAnz. 1995, S. 1877) enthalten sind. Planziffer 3.1, Sätze 3 und 4 des Abschnitts »Landschaftsschutzgebiete« lautet:

»In den bestehenden und geplanten Landschaftsschutzgebieten hat der jeweils verfolgte Schutzzweck Vorrang vor entgegen stehenden Nutzungsansprüchen. Schutzgebietsregelungen, insbesondere Nutzungsverbote und -gebote, sind dabei den besonderen gebietstypischen Erfordernissen anzupassen.«

Der VGH Kassel misst der Vorrangklausel in Satz 3 den Charakter eines Zieles der Regionalplanung im Sinne von § 6 Abs. 1 Satz 1 und § 8 Abs. 7 Satz 1 des Hessischen Landesplanungsgesetzes (HLPG) vom 29. November 1994 (GVBl 1994, 707) bei. Er legt dieses Ziel dahin aus, dass der Regionalplan die potentiell konkurrierenden Ansprüche an die Raumnutzung im **Landschaftsschutzgebiet »Taunus«** abschließend zugunsten der Belange des Natur- und Landschaftsschutzes abgewogen und diesen Belangen im Fall eines Konfliktes mit anderen Nutzungsansprüchen den Vorrang eingeräumt habe. Dabei werden die kompetenziellen Schranken der Regionalplanung im Verhältnis zu den Naturschutzfachbehörden und den ihnen im Bundesnaturschutzgesetz zugewiesenen Befugnissen nicht hinreichend berücksichtigt.
Zu den Aufgaben der Raumplanung als räumlich integrierender Planung gehört es zwar auch, die in Fachplanungen enthaltenen Aussagen zu Raumnutzungen oder Raumfunktionen aufeinander abzustimmen. So können die raumbedeutsamen Erfordernisse und Maßnahmen des Naturschutzes und der Landschaftspflege in Landschaftsprogrammen und Landschaftsrahmenplänen koordiniert und durch Ziele der Raumordnung gesichert werden (vgl. § 7 Abs. 3 Sätze 1 und 2 Nr. 1 ROG 1998). Gebiete mit besonderer Bedeutung für Naturschutz und Landschaftspflege sind bei der Aufstellung von Regionalplänen zu berücksichtigen (vgl. § 3 Abs. 2 Satz 2 Nr. 1 und § 4 Abs. 1 Satz 2 HeNatG[13]). Der Raumordnung ist es unbenommen, aus den Vorgaben der informellen Landschaftsplanung und rechtsverbindlich festgesetzten Schutzgebieten eine gesamträumliche zusammenfassende Konzeption zu entwickeln.

---

13 GVBl. 1994, S. 775, 1996, S. 145.

Ihr ist es jedoch verwehrt, im Gewande überörtlicher Gesamtplanung auf der Grundlage des Naturschutzrechts zulässigerweise getroffene verbindliche fachliche Regelungen, wie sie Natur- und Landschaftsschutzverordnungen enthalten, durch eigene (gleich lautende oder abweichende) Zielfestlegungen zu überlagern oder zu ersetzen.[14] Wie weit Schutzverordnungen Ausnahmen von den Verbotsregelungen zulassen, bestimmt sich ausschließlich nach den naturschutzrechtlichen Erlaubnisvorbehalten der Verordnung. Die Landesplanungsbehörde darf die Wertungen, die dem verordnungsrechtlichen Schutzsystem zugrunde liegen, nicht beiseite schieben und ein eigenes Schutzregime aufrichten. Allenfalls dort, wo es ihr unabhängig vom naturschutzrechtlichen Regelungszusammenhang um die Erreichung spezifisch raumordnungsrechtlicher Schutzzwecke geht, ist sie befugt, die naturschutzrechtlichen Anordnungen und Verbote durch eigene Zielfestlegungen zu ergänzen.[15]

Planziffer 3.2 »Regionale Grünzüge« des Regionalplans Südhessen 1995 bestimmt u.a.:

> »In den Regionalen Grünzügen sind bauliche Anlagen nicht statthaft, die zu einer Zersiedlung, zu einer Beeinträchtigung der Gliederung von Siedlungsgebieten, des Wasserhaushaltes oder der Freiraumerholung oder zur Veränderung der klimatischen Verhältnisse führen können. Bauliche Anlagen im Sinne einer Besiedlung sind in den Regionalen Grünzügen nicht zulässig.«

Der VGH Kassel sieht darin »Zielangaben mit konkreten Nutzungsregelungen«, die für die gemeindliche Bauleitplanung bindend sind. Das ist aus der Sicht des Raumordnungsgesetzes nur dann unbedenklich, wenn man diese Einschätzung dahin versteht, dass die »konkreten Nutzungsregelungen« den Konkretisierungsgrad der Zielaussagen als raumordnerische Letztentscheidungen (vgl. Art. 75 Nr. 4 GG) umschreiben und keine bodenrechtliche Funktion im Sinne des Städtebaurechts beimisst besitzen sollen (vgl. Art. 74 Nr. 18 GG).[16] Auf dem »Umweg« der Regionalplanung darf kein »Schatten«-Bodennutzungsrecht entstehen. Der Fall bietet ein Beispiel dafür, dass Ziele der Raumordnung, die möglicherweise in Kompetenzbereiche eindringen, die ihnen kraft Gesetztes verschlossen sind, durch Auslegung »unscharf« gemacht werden.[17]

2.2 Raumordnerische Standortplanung und kommunale Planungshoheit

Gebietsscharfe Standortausweisungen für raumbedeutsame **Infrastrukturvorhaben** in einem Regionalplan haben in aller Regel **Zielcharakter** und beschränken die Planungshoheit einzelner Gemeinden, die ihre Bauleitpläne den Zielen anzupas-

---

14 BVerwG, Urteil vom 30. Januar 2003 – 4 CN 14.01 – BVerwGE 117, S. 351, 358 f.
15 Vgl. weiterführend Hönig, NuR 2004, S. 158 – Anmerkung zum Urteil vom 30. Januar 2003 (Fußn. 13).
16 Vgl. hierzu BVerwG, Beschluss vom 20. August 1992 – 4 NB 20.01 – BVerwGE 90, S. 329, 334.
17 Runkel, in: Bielenberg/Erbguth/Runkel, Raumordnungs- und Landesplanungsrecht des Bundes und der Länder, Kommentar, Rn. 35 zu K § 3 ROG.

sen haben (§1 Abs. 4 BauGB). Die Anpassungspflicht schließt das **Verbot einer zielwidrigen Planung** ein. Art. 28 Abs. Satz 1 GG steht der gebietsscharfen Ausweisung von Infrastrukturvorhaben nicht prinzipiell entgegen. Das Grundgesetz gewährleistet die kommunale Selbstverwaltung nur, soweit die Gesetze nicht ausdrücklich etwas anderes bestimmen. Der regionalplanerische »Durchgriff« auf Gemeindegebietsteile durch Ziele der Raumordnung (§ 3 Nr. 2 ROG) ist allerdings an **verfassungsrechtliche Voraussetzungen** gebunden. Er muss den Grundsatz der Verhältnismäßigkeit beachten und auf einer Güterabwägung beruhen.[18] Je stärker eine Gemeinde schon von ihrer geographischen Lage oder ihrem sonstigen Ausstattungspotential her einer Situationsgebundenheit unterliegt, desto eher sind ihr Eingriffe, die an dieses Merkmal anknüpfen, zumutbar.[19] Die Gemeinde ist bei der Aufstellung des Regionalplans zu beteiligen. Ihr muss die substantielle Möglichkeit verbleiben, ihre städtebaulichen Interessen rechtzeitig und ausreichend in den Entscheidungsprozess einzubringen.[20]

Gemessen an diesen Grundsätzen hat das BVerwG die **gebietsscharfe Ausweisung** der Standorte für die Erweiterung des **Landesflughafens** und den Neubau einer **Landesmesse** im **Regionalplan für die Region Stuttgart** für rechtmäßig gehalten.[21] Die Auffassung, (gemeinde-)gebietsscharfe Ausweisungen verletzten wegen ihres hohen Konkretisierungsgrades grundsätzlich die kommunale Planungshoheit, wird der gesetzlichen Aufgabenstellung der Regionalplanung nicht gerecht. Es gehört zu den herkömmlichen Mitteln überörtlicher Koordination, Raumfunktionen zu sichern, die an besondere Lagevorteile oder Standortbedingungen geknüpft sind. Die jeweilige Aussageschärfe einer Standortausweisung (übergemeindlich, gemeindescharf oder gebietsscharf) hängt davon ab, welchen Koordinierungsbedarf das Vorhaben im Hinblick auf überörtliche und damit raumbedeutsame Belange auslöst und ob die planerische Kraft einer oder mehrerer Gemeinden ausreicht, diesen Bedarf zu bewältigen.[22] Entscheidend sind die raumordnerischen Rahmenbedingungen und die raumstrukturellen Erfordernisse in der jeweiligen Planungsregion. Regionalplanerische Standortfestlegungen in einem **großstädtischen Ballungsraum** mit hoher baulicher Verdichtung rechtfertigen ein höheres Maß an Planungskoordination und räumlicher Bestimmtheit als Standortortausweisungen in dünn besiedelten ländlichen Räumen.[23]

Die regionalplanerische **Ausweisung eines Messestandorts** ist auch mit § 11 Abs. 2 BauNVO vereinbar. Nach dieser Vorschrift gehören zwar Gebiete für Messen, Ausstellungen und Kongresse zu den (sonstigen) Sondergebieten, die eine Gemeinde

18 BVerfGE 56, S. 298, 313 f.; 76, S. 107, 119 ff.; 103, S. 332, 365 ff.
19 BVerwG, Beschluss vom 20. August 1992 – 4 NB 20.91 – BVerwGE 90, S. 329, 336; Urteil vom 14. Dezember 2000 – 4 C 13.99 – BVerwGE 112, S. 274, 291, im Anschluss an BVerfGE 76, S. 107, 119, 123.
20 BVerwG, Beschluss vom 20. August 1992 – 4 NB 20.91 – BVerwGE 90, S. 329, 335; Urteil vom 14. Dezember 2000 – 3 C 13.99 – BVerwGE 112, S. 274, 289; vgl. auch Urteil vom 18. Februar 1994 – 4 C 4.92 – BVerwGE 95, S. 123, 131.
21 BVerwG, Urteil vom 15. Mai 2003 – 4 CN 9.01 – BVerwGE 118, S.181, 184 ff.
22 Vgl. auch BVerwG, Urteil vom 4. Mai 1988 – 4 C 22.87 – BVerwGE 79, S. 318, 320 – zum Begriff der Vorhaben von überörtlicher Bedeutung in § 38 BBauG/BauGB.
23 Vgl. hierzu auch Kilian/Müllers, VerwArch 1998, S. 25, 61 ff.

im Bebauungsplan darstellen und festsetzen kann. Diese Planungsmöglichkeit steht jedoch unter dem Vorbehalt, dass Ziele der Raumordnung nicht entgegenstehen (§ 1 Abs. 4 BauGB). Eine Gemeinde darf sich bei der Planung eines Messegebiets nicht in Widerspruch zur gebietsscharfen Standortausweisung im Regionalplan setzen. Die Standortfestlegung schafft jedoch nur einen Rahmen, der durch die Planung eines konkreten Vorhabens auszufüllen ist. Die Planung eines Messegebiets (§ 11 Abs. 2 BauNVO) durch die Standortgemeinde bildet einen Weg der Konkretisierung. Insoweit schließen sich regionalplanerische Standortentscheidung und kommunale Bauleitplanung nicht aus, sondern ergänzen sich auf unterschiedlichen Planungsebenen.[24]

Die **Standortplanung für Einzelhandelsgroßbetriebe** ist ebenfalls nicht auf die Instrumente der gemeindlichen Bauleitplanung beschränkt. Sie kann bereits auf der Ebene der Landesplanung einsetzen und – in unterschiedlicher Gestalt – mit der zentralörtlichen Gliederung (»polyzentrale Siedlungsstruktur«) verbunden werden.[25] Die Verbindung großflächiger Einzelhandelsbetriebe mit einer bestimmten Zentralitätsstufe soll die Versorgung in allen Teilen des Landes entsprechend dem Bedarf in zumutbarer Entfernung auch für die nicht-mobile Bevölkerung sicherstellen und zugleich eine Unterversorgung zentraler Wohnbereiche entgegenwirken, die eintritt, wenn die Konzentration des großflächigen Einzelhandels an Standorten, die gar nicht zum Netz der zentralen Orte gehören oder innerhalb des hierarchisch gegliederten System auf einer niedrigen Zentralitätsstufe liegen, zu einem »flächendeckenden« Kaufkraftabzug aus den Versorgungszentren der höherstufigen zentralen Orte führt. Dieser Zielsetzung entspricht das im **Landesentwicklungsprogramm III für Rheinland-Pfalz** (vgl. oben 1.2) enthaltene **Konzentrationsgebot**. Ein unverhältnismäßiger Eingriff in das Selbstverwaltungsrecht der Gemeinden liegt darin nicht. Das »**Kongruenzgebot**«, nach dem großflächige Einzelhandelsbetriebe der zentralörtlichen Versorgungsfunktion und dem »Verflechtungsbereich« des jeweiligen zentralen Ortes entsprechen müssen und den »Verflechtungsbereich« ihrer Standortgemeinde nicht überschreiten dürfen, hat das BVerwG bisher nicht beschäftigt.[26]

3. Planerische Abwägung auf der Ebene der Raumordnung

3.1 Ermittlungstiefe und Abwägungsdichte

Standortentscheidungen der Regionalplanung sind den Aufgaben und Leitvorstellungen einer nachhaltigen Raumentwicklung verpflichtet; sie dienen dem Ausgleich sozialer, wirtschaftlicher und ökologischer Ansprüche an die Raumnutzung. Diese Steuerungsfunktion prägt Gegenstand und Inhalt des regionalplanerischen Abwägungsprogramms. Die Anforderungen an Ermittlungstiefe und Abwägungsdichte der Standortplanung hängen maßgeblich vom Konkretisierungsgrad der jeweiligen Ziel-

---

24 BVerwG, Urteil vom 15. Mai 2003 – 4 CN 9.01 – BVerwGE 118, S. 181, 189 f.
25 BVerwG, Urteil vom 17. September 2003 – 4 C 14.01 – NVwZ 2004, S. 220, 224.
26 Vgl. dazu Hoppe, DVBl. 2000, S. 293; Erbguth, NVwZ 2000, s. 969; Spannowsky, UPR 2003, S. 248, und NdsVBl. 2002, S. 1, 32.

aussage ab. Je konkreter die Festlegungen eines Regionalplans sind, umso schärfer sind die Raumverhältnisse und die betroffenen öffentlichen und privaten Belange im Umfeld des Standorts in den Blick zu nehmen (§ 7 Abs. 7 Satz 2 ROG). In seinem Urteil zum Neubau der **Landesmesse Stuttgart**[27] sah der 4. Senat Anlass, diese Anforderungen für die gebietsscharfe Ausweisung von **Infrastrukturvorhaben** in Verdichtungsräumen zu konkretisieren, die Lärmbelastungen, Luftverunreinigungen, Überlastungen der Verkehrsnetze oder andere nachteilige Auswirkungen auf die Lebensbedingungen und die bestehende Wirtschafts- und Sozialstrukturen befürchten lassen. Die gebietsscharfe Standortfestlegung für ein Infrastrukturvorhaben in einem Regionalplan beschränkt sich jedoch (nur) auf die Aussage, dass der ausgewählte Standort aus der übergeordneten raumordnerischen Sicht geeignet ist, konkurrierende Raumnutzungen und Raumfunktionen in einen dauerhaften, großräumig ausgewogenen Ausgleich zu bringen. Der Regionalplan entscheidet über die Standortfrage. Dieses Ausgleichsziel bestimmt die Zusammenstellung und Gewichtung des Abwägungsmaterials. Die Prüfung örtlicher Einzelheiten und die Erfüllung der spezifisch fachgesetzlichen Anforderungen bleibt der Entscheidung über die Zulässigkeit des Vorhabens in der Planfeststellung oder – ggfs. nach einer bauleitplanerischen Konkretisierung – durch Genehmigung vorbehalten, in der dem Träger des Infrastrukturvorhabens auch die erforderlichen (baulichen, technischen oder betrieblichen) Schutzvorkehrungen aufzuerlegen sind.

Der Träger der Regionalplanung ist nach allgemeinen Abwägungsgrundsätzen verpflichtet, ernsthaft in Betracht kommende **Alternativstandorte** einer vergleichenden Prüfung aus raumordnerischer Sicht zu unterziehen. Dabei braucht er den Sachverhalt nur so weit aufzuklären, wie dies für eine sachgerechte Standortwahl und eine zweckmäßige Gestaltung des Verfahrens erforderlich ist. Einen Alternativstandort, der ihm auf der Grundlage einer Grobanalyse als weniger geeignet erscheint, darf er in einem frühen Verfahrensstadium ausscheiden. Verfährt er in dieser Weise, handelt er nicht abwägungsfehlerhaft, wenn sich später herausstellt, dass eine von ihm verworfene Alternative ebenfalls mit guten Gründen vertretbar gewesen wäre, sondern erst dann, wenn sich ihm die ausgeschiedene Lösung als die vorzugswürdige hätte aufdrängen müssen. Insoweit kann auf die Rechtsprechung zum Fachplanungsrecht zurückgegriffen werden.[28]

Ergänzend ist hier klarzustellen, dass gerade auch **singuläre**, für das Gebiet eines Bundeslandes einmalige Infrastruktureinrichtungen (wie eine Landesmesse) von regionaler oder landesweiter Bedeutung unter Abwägung aller konkurrierenden Raumansprüche einer koordinierenden »Verortung im Raum« bedürfen. Diese gesamträumliche und fachübergreifende Koordinierungsaufgabe würde verfehlt, wenn sich der Träger der Regionalplanung bei der Standortausweisung für ein Infrastrukturvorhaben einseitig oder primär von einer fachgesetzlichen, ressortspezifischen Betrachtungsweise leiten ließe und die Erfordernisse einer integrierenden Gesamtkonzeption vernachlässigte.

---

27 BVerwG, Urteil vom 15. Mai 2003 – 4 CN 9.01 – BVerwGE 118, S.181, 194 f.
28 Vgl. etwa BVerwG, Urteil vom 25. Januar 1996 – 4 C 5.95 – BVerwGE 100, S. 238, 249 f.

3.2 Konzentrationszonen für Windenergieanlagen

Die negative und die positive Komponente der festgelegten Konzentrationszonen (Vorrang- oder Eignungsgebiete, § 7 Abs. 4 ROG)) bedingen einander. Der Ausschluss der Anlagen auf Teilen des Plangebiets lässt sich nach der Wertung des Gesetzgebers nur rechtfertigen, wenn der Plan sicherstellt, dass sich die betroffenen Vorhaben an anderer Stelle gegenüber konkurrierenden Nutzungen durchsetzen. Dem Plan muss daher ein **schlüssiges gesamträumliches Planungskonzept** zugrunde liegen, dass den allgemeinen Anforderungen des planungsrechtlichen Abwägungsgebots gerecht wird.[29] Die Abwägung aller beachtlichen Belange muss sich auf die positiv festgelegten und die ausgeschlossenen Standorte erstrecken. Eine normative Gewichtungsvorgabe, der zufolge ein Planungsträger der Windenergienutzung im Sinne einer speziellen Förderungspflicht bestmöglich Rechnung zu tragen habe, ist der gesetzlichen Regelung nicht zu entnehmen. Eine gezielte (rein negative) »Verhinderungsplanung« ist dem Plangeber jedoch verwehrt. Er muss die Entscheidung des Gesetzgebers, Windenergieanlagen im Außenbereich zu privilegieren (§ 35 Abs. 1 Nr. 6 BauGB), beachten und für die Windenergienutzung im Plangebiet **in substantieller Weise** Raum schaffen. Eine »Verhinderungsplanung« liegt allerdings nicht schon dann vor, wenn die Festlegung von Konzentrationsflächen im Ergebnis zu einer Art Kontingentierung der Anlagenstandorte führt[30].

Ist in einem Raumordnungsplan, der Flächen für Windenergieanlagen ausweist, für einzelne Flächen im Plangebiet noch keine abschließende raumordnerische Entscheidung getroffen, enthält der Plan also »**weiße Flächen**«, fehlt es an einem schlüssigen räumlichen Gesamtkonzept. Der Plan kann daher die Ausschlusswirkung des § 35 Abs. 3 Satz 3 BauGB nicht entfalten.[31]

3.3 Eigentum in der Abwägung

Ziele der Raumordnung besitzen zwar grundsätzlich keine rechtliche Außenwirkung gegenüber dem privaten Einzelnen; ihr Geltungsanspruch richtet sich an öffentliche Planungsträger und Personen des Privatrechts, die raumbedeutsame Planungen und Maßnahmen in Wahrnehmung öffentlicher Aufgaben vornehmen (vgl. § 4 Abs. 1 und 2 ROG). Der Gesetzgeber verleiht den raumordnerischen Konzentrationsentscheidungen jedoch mit der Regelung in § 35 Abs. 3 Satz 3 BauGB über ihren raumordnungsrechtlichen Wirkungsbereich hinaus auf der Ebene der Vorhabenzulassung im Einzelfall die Bindungskraft von Vorschriften, die **Inhalt und Schranken des Eigentums** im Sinne von Art. 14 Abs. 1 Satz 2 GG näher bestimmen.[32] Das steht im

---

29 BVerwG, Urteil vom 13. März 2003 – 4 C 4.02 – BVerwGE 118, S. 33, 37 – im Anschluss an Urteil vom 17. Dezember 2002 – 4 C 15.01 – BVerwGE 117, S. 289.

30 Zur Rechtsprechung des BVerwG betr. die Ausweisung von Konzentrationszonen durch die Regionalplanung vgl. im Einzelnen Rojahn, in: Spannowsky/Krämer (Hrsg.), Großflächiger Einzelhandel und Windkraftanlagen in Raumordnung und Städtebau, 2003, S.147, 161 ff.

31 BVerwG, Urteil vom 13. März 2003 – 4 C 3.02 – ZfBR 2003, S. 469 = UPR 2003, S. 355.

32 BVerwG, Urteil vom 13. März 2003 – 4 C 4.02 – BVerwGE 118, S. 33, 43.

Einklang mit § 4 Abs. 5 ROG 1998, nach dem weitergehende Bindungswirkungen der Erfordernisse der Raumordnung auf Grund von Fachgesetzen unberührt bleiben, und wirkt sich auf das **raumordnerische Abwägungsprogramm** aus.[33]

In die Abwägung sind alle öffentlichen und privaten Belange einzustellen, soweit sie auf der jeweiligen Planungsebene (Landes- oder Regionalplanung) **erkennbar** und **von Bedeutung** sind (vgl. § 7 Abs. 7 Satz 2 ROG). Bei der Festlegung von Vorranggebieten mit Ausschlusswirkung für die Windenergienutzung gehören zum Abwägungsmaterial auch die privaten Belange der Grundeigentümer an der Nutzung der Windenergie auf geeigneten Flächen. Werden die privaten Nutzungsinteressen in ihrer Gesamtheit nicht oder gemessen an den Anforderungen der Eigentumsgarantie nicht ausreichend berücksichtigt oder den der Windenergienutzung widerstreitenden Belangen (Natur- und Landschaftsschutz, Fremdenverkehr und Erholung, Siedlungsnähe und Anwohnerschutz) generell »unter Wert« gegenübergestellt, leidet der Plan an einem die gesamte Planung ergreifenden konzeptionellem Mangel, der die **Grundzüge der Planung** ergreift.

In einem Revisionsurteil betreffend die Konzentrationszonen im Regionalplan Mittelrhein-Westerwald (1998-2000) hat der 4. Senat es als ausreichend angesehen, dass der Träger der Regionalplanung das Privatinteresse an der Nutzung der Windenergie auf geeigneten Flächen im Planungsraum **verallgemeinernd** unterstellt und als **typisierte Größe** in der Abwägung berücksichtigt hat.[34] Die Beteiligung der Öffentlichkeit im Planaufstellungsverfahren sah das Landesplanungsrecht nicht vor. Zum Gewicht der Eigentümerinteressen hat der 4. Senat mit Blick auf Art. 14 Abs. 1 GG hinzugefügt, der Träger der Regionalplanung dürfe im Rahmen dieser abstrahierenden Betrachtungsweise berücksichtigen, dass die Privatnützigkeit der Flächen, die von der Ausschlusswirkung der Konzentrationsentscheidung erfasst werden, zwar eingeschränkt, aber nicht beseitigt wird. Ein Eigentümer muss es grundsätzlich hinnehmen, dass ihm eine möglicherweise rentablere Nutzung seines Grundstücks verwehrt wird. Art. 14 Abs. 1 GG schützt nicht die einträglichste Nutzung des Eigentums.[35]

Die Ausschlusswirkung der in einem Regionalplan festgelegten Vorranggebiete steht einem gebietsexternen Windenergievorhaben überdies nicht strikt und unabdingbar, sondern nach § 35 Abs. 3 Satz 3 BauGB (nur) »in der Regel« entgegen. Der Planungsvorbehalt steht also unter einem **gesetzlichen »Ausnahmevorbehalt«,** der die Möglichkeit zur Abweichung in **atypischen Einzelfällen** eröffnet. Darin liegt ein Korrektiv, das unverhältnismäßigen (unzumutbaren) Beschränkungen des Grundei-

33 Vgl. ferner zur Flächennutzungsplanung im Rahmen von § 35 Abs. 3 Satz 3 BauGB und Art. 14 Abs. 1 Satz 2 GG: BVerwG, Urteil vom 17. Dezember 2002 – 4 C 15.01 – BVerwGE 117, S. 287, 303.

34 Kritisch bzw. ablehnend: Hendler, UPR 2003, S. 401; Hoppe, DVBl. 2003, S. 1345; vgl. auch Anders/Jankowski, ZUR 2003, S. 81; in der Tendenz zustimmend Seibert, in: Festschrift für Kutscheidt, 2003, S. 373.

35 BVerfGE 100, S. 226, 242 f. – rh.-pf. DenkmalschutzG.

gentümers in Sonderfällen vorbeugt, ohne dass die Grundzüge der Planung in Frage gestellt werden.[36]

Das raumordnerische Abwägungsgebot in § 7 Abs. 7 Satz 1 ROG fordert, dass sämtliche relevanten Belange ermittelt und bei der Abwägung nach ihrem Gewicht berücksichtigt werden. Das gilt auch für die Festlegung von Konzentrationsflächen im Sinne von § 7 Abs. 4 Satz 1 Nr. 1 und 3, Satz 2 ROG. Der Plangeber muss sich insbesondere der eigentumsgestaltenden Ausschlusswirkung bewusst sein, die § 35 Abs. 3 Satz 3 BauGB auf der Ebene der Vorhabenzulassung im Einzelfall mit der Festlegung von Konzentrationsflächen verbindet. Das bedeutet jedoch nicht, dass die zu erfassenden privaten Belange in der Abwägung notwendig auch schon individualisiert sein müssten. Über den Grad der in der Abwägung erforderlichen (und grundrechtlich gebotenen) Individualisierung entscheiden neben dem Planungsziel auch die Größenordnung des Planungsraums, die Eigenart und die Komplexität der schutzwürdigen privaten Belange sowie die materiellrechtlichen Vorkehrungen des Gesetzgebers für die Berücksichtigung atypischer Fälle und Sondersituationen bei der Bescheidung von Baugesuchen. Die abstrakte Unterscheidung zwischen einer »**konkreten**« und einer »**globalen**« Abwägung, die verschiedenen Abwägungsmodellen zugeordnet und gegenübergestellt werden, wird dem raumordnerischen Abwägungsgebot ebenso wenig gerecht wie dem Ansatz der dargestellten Rechtsprechung. Das Privatinteresse an der Nutzung der Windenergie – und nur dieses ist Gegenstand des Urteils vom 13. März 2003[37] – betrifft einen beschränkten Teilaspekt des Eigentumsrechts und kann je nach den tatsächlichen Gegebenheiten im Planungsraum typisierend unterstellt und gewichtet werden, ohne den Schutzgehalt des Art. 14 Abs. 1 GG zu verletzen. Damit stehen die Planbetroffenen – wie in den Fällen einer zulässigen Wahrunterstellung – in der Abwägung nicht schlechter, als sie stünden, wenn ihr Interesse an der Windenergienutzung erst nach einer planerischen Sachverhaltsermittlung in die Abwägung aufgenommen wäre. Sondersituationen, die eine Abweichung von den Steuerungszielen (Ausschlusswirkung auf Negativflächen) gebieten, lassen sich – wie ausgeführt – über den Ausnahmevorbehalt in § 35 Abs. 3 Satz 3 BauGB lösen. Die Begrenzung der Ausschlusswirkung auf den Regelfall, die § 35 Abs. 3 Satz 3 BauGB vorsieht, trägt zugleich der weiträumigen Sichtweise der Raumordnung Rechnung.

III. Bindungen und Freiräume der Bauleitplanung

1. Zielanpassung in der Bauleitplanung

Die Ziele der Raumordnung sind, wie bereits die Stellung des § 1 Abs. 4 BauGB im Regelungszusammenhang des § 1 BauGB verdeutlicht, dem Abwägungsprozess des

---

36 BVerwG, Urteil vom 13. März 2003 – 4 C 4.02 – BVerwGE 118, S. 33, 44, im Anschluss an BVerwG, Urteil vom 17. Dezember 2002 – 4 C 15.01 – BVerwGE 117, S. 287, 302.

37 BVerwG 4 C 2.02 – BVerwGE 118, S. 33, 44.

§ 1 Abs. 6 BauGB rechtlich vorgelagert. Die Bindungen, die sich aus den Zielen der Raumordnung ergeben, sind gleichsam »vor die Klammer des Abwägungsprozesses« gezogen. Das Gebot, die Bauleitpläne den Zielen der Raumordnung »anzupassen«, schließt es aus, landesplanerische Ziele auf eine Stufe mit den städtebaulichen Zielen zu stellen, die ihren Niederschlag in § 1 Abs. 5 Sätze 1 und 3 BauGB gefunden haben. Die Ziele der Raumordnung sind weder Optimierungsgebote noch Abwägungsdirektiven. Sie lösen eine Anpassungspflicht aus und setzen der Abwägung strikte rechtliche Schranken.[38] Hieraus ergeben sich Folgerungen in vertikaler Hinsicht für das Verhältnis von Regional-, Flächennutzungs- und Bebauungsplanung:

Ein Flächennutzungsplan, der zunächst mit den Zielen der Regionalplanung übereinstimmt, einem später geänderten Regionalplan jedoch widerspricht, verleiht einem Bebauungsplan, der aus den Darstellungen des Flächennutzungsplans entwickelt worden ist, gegenüber dem geänderten Regionalplan keinen bauleitplanerischen »Bestandsschutz«.[39] Mit dem Einwand, ein Bebauungsplan sei nach § 8 Abs. 2 Satz 1 BauGB ordnungsgemäß aus den Darstellungen des Flächennutzungsplans entwickelt worden, kann die Gemeinde sich daher nicht von der Bindung an entgegenstehende Zielvorgaben in einem **später** beschlossenen Regionalplan befreien. Angesichts des für jeden Bauleitplan geltenden Anpassungsgebots in § 1 Abs. 4 BauGB ist das Entwicklungsgebot in § 8 Abs. 2 Satz 1 BauGB aus teleologischen und gesetzessystematischen Gründen einschränkend dahin auszulegen, dass die Leitfunktion des Flächennutzungsplans nur solchen Darstellungen zukommt, die den raumordnerischen Zielaussagen nicht entgegenstehen. Das **Entwicklungsgebot** des § 8 Abs. 2 Satz 1 BauGB setzt diese **Zielkonformität** voraus. Anderenfalls bestünde ein unauflösbarer Widerspruch zwischen § 1 Abs. 4 BauGB und § 8 Abs. 2 Satz 1 BauGB. Dieser Widerspruch entfällt, wenn eine Darstellung des Flächennutzungsplans, in dem Zeitpunkt, in dem sie in Widerspruch zu einem später in Kraft getretenen Ziel der Raumordnung gerät, ihre Leitfunktion für den Bebauungsplan verliert.

Umgekehrt gilt: Aus dem Vorrang der Raumordnungsplanung folgt, dass ein Bebauungsplan, der zwar im Einklang mit den Zielaussagen eines Regionalplans, jedoch im Widerspruch zu einer vom Regionalplan abweichenden Darstellung im Flächennutzungsplan steht, nicht wegen eines Verstoßes gegen das Entwicklungsgebot in § 8 Abs. 2 Satz 1 BauGB rechtswidrig sein kann.[40] Das BVerwG hat bisher nicht entschieden, ob die Gemeinde gehalten ist, ihren Flächennutzungsplan geänderten Zielen der Raumordnung fortlaufend anzupassen, oder ob es ausreicht, den Flächennutzungsplan zur Anpassung an geänderte Ziele der Raumordnung erst mit der Aufstellung eines zielkonformen Bebauungsplans im Parallelverfahren (§ 8 Abs. 3 BauGB) zu ändern. Für Letzteres sprechen gute Gründe.

»Anpassen« im Sinne von § 1 Abs. 4 BauGB bedeutet, dass die planerischen Intentionen, die den Zielen der Regionalplanung zugrunde liegen, zwar in das bauleitplanerische Konzept eingehen müssen, dass die Gemeinde aber im Übrigen frei ist, ihre bauplanungsrechtlichen Wahlmöglichkeiten voll auszuschöpfen. So schließt die Bindung an regionalplanerische Zielvorgaben des Klimaschutzes nicht von vorn-

38 BVerwG, Beschluss vom 20. August 1992 – 4 NB 20.91 – BVerwGE 90, S. 329, 332.
39 BVerwG, Urteil vom 30. Januar 2003 – 4 CN 14.01 – BVerwGE 117, S. 351, 356.
40 BVerwG, Urteil vom 30. Januar 2003 – 4 CB 14.01 – BVerwGE 117, S. 351, 356 f.

herein aus, dass es einer Gemeinde gelingt, bauliche Anlagen in einem Regionalen Grünzug zielkonform zu planen. Naturschutzrechtliche Ausgleichs- und Ersatzmaßnahmen können ein geeignetes Mittel sein, um die Zielkonformität herzustellen.[41] Das kann im Einzelfall auch für die **Straßenplanung in einem Regionalen Grünzug** gelten, wenn der Straßenkörper und das naturschutzrechtliche Ausgleichskonzept eine aus der Sicht des Klimaschutzes (und der Lufthygiene) aufeinander bezogene Planungseinheit bilden. Diese Gesamtbetrachtung rechtfertigt sich aus der Integration der naturschutzrechtlichen Eingriffsregelung in die bauleitplanerische Abwägung (§ 1 a Abs. 2 Nr. 2 BauGB). Der funktionelle Zusammenhang zwischen der Trassierung einer neuen Straße und den in einem Landschaftsplan festgelegten Ausgleichsmaßnahmen darf im Anwendungsbereich des § 1 Abs. 4 BauGB nicht aufgelöst werden.

2. Erstplanungspflicht der Gemeinde

In seinem Urteil vom 17. September 2003[42] zum Einkaufszentrum Mülheim-Kärlich hat das BVerwG für den **unbeplanten Innenbereich** eine Erstplanungspflicht der Gemeinde aus § 1 Abs. 3 und aus § 1 Abs. 4 BauGB abgeleitet und das Verhältnis zwischen den beiden Vorschriften geklärt. Die Grundaussagen der Entscheidung lauten wie folgt:

2.1 Städtebauliche Erforderlichkeit (§ 1 Abs. 3 BauGB)

§ 1 Abs. 3 BauGB setzt voraus, dass § 2 Abs. 1 Satz 1 BauGB der Gemeinde mit der Planungsbefugnis zugleich ein Planungsfreiraum (Planungsermessen) einräumt. Grundsätzlich bleibt es der Einschätzung der Gemeinde überlassen, ob und wann sie einen Bebauungsplan aufstellt, ändert oder aufhebt. Die Gemeinde darf sich je nach den tatsächlichen Gegebenheiten insbesondere darauf verlassen, dass die planersetzenden Vorschriften der §§ 34, 35 BauGB zur Steuerung der städtebaulichen Entwicklung in Teilbereichen ihres Gebiets ausreichen. § 1 Abs. 3 BauGB stellt die Planungsbefugnis der Gemeinden jedoch unter den **Vorbehalt der städtebaulichen Erforderlichkeit** und wirkt damit in zweierlei Weise auf das gemeindliche Planungsermessen ein. Nach seinem eindeutigen Wortlaut verpflichtet er zur Aufstellung eines Bebauungsplans, sobald und soweit dies aus städtebaulichen Gründen erforderlich ist. Der Gesetzgeber bringt damit zum Ausdruck, dass sich das planerische Ermessen der Gemeinde aus städtebaulichen Gründen objektivrechtlich zu einer **strikten Planungspflicht** verdichten kann. Zugleich setzt der Maßstab der städtebaulichen Erforderlichkeit der Ausübung der Planungsbefugnis inhaltliche Schranken. § 1 Abs. 3 BauGB verbindet das Gebot erforderlicher Planungen mit dem Ver-

---

41 BVerwG, Urteil vom 30. Januar 2003 – 4 CN 14.01 – BVerwGE 117, S. 351, 361 f.

42 BVerwG 4 C 14.01 – NVwZ 2004, S. 220, 221 f.

bot nicht erforderlicher Planungen. Insoweit besteht Übereinstimmung mit weiten Teilen des Schrifttums.[43]

Das Planungsermessen der Gemeinde verdichtet sich im **unbeplanten Innenbereich** zur strikten Planungspflicht, wenn qualifizierte städtebauliche Gründe von besonderem Gewicht vorliegen.[44] Ein qualifizierter (gesteigerter) Planungsbedarf besteht, wenn die Genehmigungspraxis auf der Grundlage von § 34 Abs. 1 und 2 BauGB städtebauliche Konflikte auslöst oder auszulösen droht, die eine Gesamtkoordination der widerstreitenden öffentlichen und privaten Belange in einem förmlichen Planungsverfahren dringend erfordern. Die Gemeinde muss planerisch einschreiten, wenn ihre Einschätzung, die planersetzende Vorschrift des § 34 BauGB reiche zur Steuerung der städtebaulichen Ordnung und Entwicklung aus, eindeutig nicht mehr vertretbar ist.[45] Dieser Zustand ist jedenfalls dann erreicht, wenn städtebauliche Missstände oder Fehlentwicklungen bereits eingetreten sind oder in naher Zukunft einzutreten drohen. Die Planungspflicht entsteht nicht schon dann, wenn ein planerisches Einschreiten einer geordneten städtebaulichen Entwicklung dienen würde und deshalb »vernünftigerweise geboten« wäre. Sie setzt besonders gewichtige Gründe voraus und besitzt **Ausnahmecharakter**. Anhaltspunkte für das Vorliegen eines qualifizierten planerischen Handlungsbedarfs lassen sich etwa aus der für Sanierungsmaßnahmen geltenden Definition der städtebaulichen Missstände in § 136 Abs. 2 und 3 BauGB gewinnen.

Das **interkommunale Abstimmungsgebot** des § 2 Abs. 2 BauGB kann einen qualifizierten städtebaulichen Handlungsbedarf der Gemeinde im Rahmen von § 1 Abs. 3 BauGB begründen. Das gilt insbesondere für die städtebaulich relevanten Auswirkungen des großflächigen Einzelhandels auf zentrale Versorgungsbereiche von Nachbargemeinden.[46] § 2 Abs. 2 BauGB verpflichtet benachbarte Gemeinden, ihre Bauleitpläne aufeinander abzustimmen, und stellt zunächst eine besondere gesetzliche Ausprägung des planungsrechtlichen Abwägungsgebots in § 1 Abs. 6 BauGB dar. Insoweit entfaltet die Vorschrift ihre Wirkung **in** der Planung. Sie setzt dem gemeindlichen Planungsermessen inhaltliche Schranken und dient der Rechtsprechung als **Maßstab der Normenkontrolle**. In seinem Urteil vom 1. August 2002[47] greift der 4. Senat auf den Rechtsgedanken des § 2 Abs. 2 BauGB zurück, um den öffentlichen Belang des Planungserfordernisses zu definieren und einzugrenzen, wenn ein Vorhaben (Einkaufszentrum) infolge einer fehlgeschlagenen (rechtswidrigen) Planung im Außenbereich liegt und nach § 35 Abs. 2 BauGB zu beurteilen ist. Das Erfordernis einer förmlichen Bebauungsplanung wird durch einen qualifizierten

---

43 Vgl. bereits Weyreuther, DVBl. 1981, S. 369, 372 zu § 1 BBauG; ferner Krautzberger, in: Battis/Krautzberger/Löhr, BauGB, 8. Aufl. 2002, 25 zu § 1 BauGB; Gierke, in: Brügelmann, Kommentar zum BauGB, Rn. 149 zu § 1 BauGB; Gaentzsch, in: Berliner Kommentar zum BauGB, 3. Aufl. 2002, Rn. 19 ff. zu § 1 BauGB; Reidt, in: Gelzer/Bracher/ Reidt, BauplanungsR, 6. Aufl. 2001, Rn. 36, 49.

44 BVerwG, Urteil vom 17. September 2003 – 4 C 14.01 – NVwZ 2004, S. 220, 222.

45 Ebenso Gierke, a.a.O., Rn. 193 a zu § 1 BauGB; Gaentzsch, a.a.O., Rn. 19, 20 zu § 1 BauGB; Reidt, a.a.O., Rn. 49.

46 BVerwG, Urteil vom 17. September 2003 – 4 C 14.01 – NVwZ 2004, S. 220, 222 f.

47 BVerwG 4 C 5.01 – NVwZ 2003, S. 86 – Einkaufszentrum Zweibrücken.

Abstimmungsbedarf im Sinne des § 2 Abs. 2 BauGB indiziert. Befinden sich zwei benachbarte Gemeinde objektiv in einer Konkurrenzlage, darf keine ihre jeweilige örtliche Planungshoheit gleichsam »rücksichtslos« zum Nachteil der anderen ausüben. Der Rechtsgedanke der wechselseitigen kommunalen Rücksichtnahme, der in § 2 Abs. 2 BauGB gesetzlichen Niederschlag gefunden hat, kann darüber hinaus auch zur normativen Ableitung einer (objektiv-rechtlichen) Planungspflicht der Gemeinde aus § 1 Abs. 3 BauGB herangezogen werden. Das gilt insbesondere in Hinblick auf Fallkonstellationen, in denen die Standortgemeinde nicht willens ist, einer von ihr selbst seit Jahren erkannten Fehlentwicklung bauleitplanerisch entschieden entgegenzuwirken, und durch bewusste planerische Untätigkeit eine weitere Schädigung der Nachbargemeinden in Kauf nimmt, um möglicherweise drohenden Ersatzansprüchen wegen Planungsschäden (§ 42 BauGB) zu entgehen.[48]

Eine objektiv-rechtliche, nach Maßgabe des Kommunalrechts durchsetzbare Planungspflicht der Gemeinde aus § 1 Abs. 3 BauGB kann eine (noch) bestehende Rechtsschutzlücke im interkommunalen Nachbarrecht jedenfalls teilweise schließen. Der interkommunale Nachbarschutz ruht dann in den Händen der Kommunalaufsicht. Eine Nachbargemeinde kann nach gegenwärtigem Recht eine auf § 34 Abs. 1 BauGB gestützte Baugenehmigung für großflächigen Einzelhandel nicht anfechten, wenn die nähere Umgebung des Bauvorhabens bereits durch eine oder mehrere gleichartige Anlagen geprägt ist. Auch das erste Vorhaben dieser Art kann sich im Sinne von § 34 Abs. 1 BauGB in »die Eigenart der näheren Umgebung« einfügen. Diese Vorschrift enthält keine Zulassungsschranke in Gestalt »öffentlicher Belange«, die durch einen qualifizierten interkommunalen Abstimmungsbedarf (subjektiv-rechtlich) angereichert werden und der betroffenen Nachbargemeinde im Einzelfall ein vorhabenbezogenes Abwehrrecht verleihen könnte. Eine ausdehnende oder analoge Anwendung des geltenden Rechts etwa auf Einzelhandelsgroßbetriebe scheidet angesichts des Gesetzeswortlauts und der bisherigen Rechtsprechung[49] aus. § 34 Abs. 3 RegE (BauGB-Novelle 2004) ändert nunmehr das geltende Recht zugunsten der Nachbargemeinde.[50] Diese Gesetzesänderung hat aber nicht zur Folge, dass die Erstplanungspflicht der Gemeinde aus § 1 Abs. 3 BauGB, soweit sie die Ansiedlung großflächiger Einzelhandelsbetriebe im unbeplanten Innenbereich betrifft, gegenstandslos wird. Die Schwelle zur kommunalen Planungspflicht liegt jedoch hoch und setzt eine der vorstehend umschriebenen gravierenden Fallkonstellationen voraus.

2.2 Anpassung an Ziele der Raumordnung (§ 1 Abs. 4 BauGB)

Nach § 1 Abs. 4 BauGB sind Gemeinden nicht nur zur inhaltlichen Anpassung (Änderung) oder Aufhebung ihrer Bauleitpläne, sondern auch zur **erstmaligen Aufstellung** eines Bebauungsplans im **Innen- oder Außenbereich** verpflichtet, sobald und soweit dies zur Verwirklichung der Ziele der Raumordnung erforderlich ist. Die gemeindliche Planungspflicht setzt ein, wenn die Verwirklichung der Raumord-

---

48   BVerwG, Urteil vom 17. September 2003 – 4 C 14.01 – NVwZ 2004, S. 220, 223.
49   BVerwG, DVBl. 1993, S. 658.
50   Kritisch dazu Hoppe, NVwZ 2004, S. 282.

nungsziele bei Fortschreiten der »planlosen« städtebaulichen Entwicklung auf un-
überwindbare (tatsächliche oder rechtliche) Hindernisse stoßen oder wesentlich
erschwert würde.[51]

Diese Planungspflicht folgt aus der Grundstruktur des mehrstufigen und auf Kooperation angelegten Systems der räumlichen Gesamtplanung. Das arbeitsteilige
System der räumlichen Gesamtplanung funktioniert daher nur, wenn die Entwicklung
des gemeindlichen Planungsraums mit der des größeren Raums in Einklang gebracht
wird. Der Regelungszweck des § 1 Abs. 4 BauGB liegt in der »Gewährleistung umfassender materieller Konkordanz« zwischen der übergeordneten Landesplanung und
der Bauleitplanung. Die Pflicht zur Anpassung, die § 1 Abs. 4 BauGB statuiert, zielt
nicht auf »punktuelle Kooperation«, sondern auf dauerhafte Übereinstimmung der
beiden Planungsebenen.[52]

Es ist daher unstreitig und zutreffend, dass die Gemeinde (unter dem Vorbehalt der
materiellrechtlichen und zeitlichen Erforderlichkeit im Einzelfall) nicht nur zur
Anpassung an die Ziele der Raumordnung verpflichtet ist, wenn sie Bauleitpläne aus
eigenem Entschluss und allein aus städtebaulichen Gründen aufstellt oder ändert,
sondern auch dann planerisch aktiv werden muss, wenn allein geänderte oder neue
Ziele der Raumordnung eine Anpassung der Bauleitpläne erfordern. Ist in § 1 Abs. 4
BauGB aber auch die Pflicht zum Tätigwerden aus raumordnerischen Gründen angelegt, so ist es nicht gerechtfertigt, den Anwendungsbereich der Vorschrift auf die
aktive Anpassung vorhandener Bauleitpläne zu beschränken und eine Pflicht zur
erstmaligen Aufstellung eines Plans auszuschließen. Aus der Perspektive des Raumordnungsrechts stellt sich die Entscheidung der Gemeinde zur Nichtplanung als
negative Planungsentscheidung dar, die ebenso wie die städtebaulichen Vorstellungen der Gemeinde, die in ihrer Bauleitplanung eine positiv-rechtliche Form gefunden
haben, zu korrigieren ist, sobald und soweit dies aus raumordnerischen Gründen
erforderlich ist.[53] Die Gesetzesmaterialien zu § 1 Abs. 4 BauGB stützen dieses Aus-
legungsergebnis.[54]

2.3 Das Verhältnis zwischen § 1 Abs. 3 und § 1 Abs. 4 BauGB

Die Ziele der Raumordnung selbst sind der bauleitplanerischen Abwägung entzogen.
Bestünde das Anpassungsgebot des § 1 Abs. 4 BauGB nicht, wären die Belange der
Raumordnung aus der Sicht des Städtebaurechts nur als Bestandteile des Abwägungsmaterials zu berücksichtigen. Die Gemeinde dürfte sich von ihnen leiten lassen;
sie müsste es aber nicht, soweit sie anderen Belangen den Vorrang einräumt, (§ 1
Abs. 6 BauGB). Die Bindungskraft, die das Anpassungsgebot den Zielen der Raumordnung verleiht, besteht zunächst darin, dass die Gemeinde diese Ziele zu beachten

---

51 BVerwG, Urteil vom 17. September 2003 – 4 C 14.01 – NVwZ 2004, S. 220, 224.
52 So bereits Schmidt-Aßmann, Fortentwicklung des Rechts im Grenzbereich zwischen
    Raumordnung und Städtebau, 1977, S. 20 f. – zu § 1 Abs. 3 BBauG.
53 Ebenso Schmidt-Aßmann, a.a.O., S. 21.
54 Vgl. Runkel, in: Ernst/Zinkahn/Bielenberg/Krautzberger, BauGB, Rn. 67 zu § 1 BauGB;
    BT-Drs. 10/6166 unter III 1.

hat, wenn sie sich **aus eigenem Antrieb** zur Realisierung städtebaulicher Konzepte oder raumordnerischer Zielvorgaben entschließt, einen Bauleitplan aufzustellen, zu ändern oder aufzuheben. Insoweit greifen § 1 Abs. 3 und 4 BauGB »ineinander«: Das Anpassungsgebot des § 1 Abs. 4 BauGB wirkt in jede von der Gemeinde aus städtebaulichen oder landesplanerischen Gründen selbst initiierte Bauleitplanung hinein, lenkt sie in die raumordnerisch vorgegebene Richtung und setzt ihr durch Abwägung nicht überwindbare raumordnerische Schranken.[55] Als eigenständige Rechtsgrundlage einer Pflicht zur (erstmaligen) Aufstellung, zur Änderung oder Aufhebung eines Bauleitplans kann § 1 Abs. 4 BauGB neben § 1 Abs. 3 BauGB treten, wenn die Gemeinde **planungsunwillig** ist und ein planerisches Einschreiten nicht nur aus städtebaulichen (bodenrechtlichen) Gründen, sondern auch zur konkretisierenden Umsetzung raumordnerischer Zielaussagen erforderlich ist. Infolge ihrer unterschiedlichen Zweckrichtung stehen die beiden pflichtbegründenden Tatbestände nicht in einem Rangverhältnis; sie können jeweils allein oder nebeneinander zu Anwendung kommen.[56]

3. Veränderungssperren zur Sicherung der Standortplanung für Windenergieanlagen?

Nach § 245 b Abs. 1 Satz 1 BauGB hatte die Baugenehmigungsbehörde auf Antrag der Gemeinde die Entscheidung über die Zulässigkeit von Windenergieanlagen bis längstens zum 31. Dezember 1998 auszusetzen, wenn die Gemeinde beschlossen hatte, einen Flächennutzungsplan aufzustellen, zu ändern oder zu ergänzen, und beabsichtigte zu prüfen, ob Konzentrationszonen im Sinne des § 35 Abs. 3 Satz 3 BauGB in Betracht kommen. Die Vorschrift flankierte die 1996 eingeführte Privilegierung der Windenergieanlagen im Außenbereich und eröffnete den Gemeinden die Gelegenheit, ihre Flächennutzungsplanung an den Rechtswirkungen des § 35 Abs. 3 Satz 3 BauGB auszurichten, ohne einen unerwünschten Wildwuchs von Windenergieanlagen im Außenbereich befürchten zu müssen. Die Befristung dieser Möglichkeit sollte die Gemeinden zu einer zügigen Durchführung ihrer Planungen veranlassen. Dieses Sicherungsinstrument ist ersatzlos entfallen. Mehrere Entscheidungen des BVerwG in den vergangenen Monaten zeigen, dass das Mittel der Veränderungssperre ist nur in beschränktem Umfang geeignet, die entstandene Sicherungslücke auszufüllen.

3.1 Beschränkung auf Bebauungspläne

Gemeinden sind auch nach dem 31. Dezember 1998 nicht gehindert, erstmals einen den Anforderungen des § 35 Abs. 3 Satz 3 BauGB genügenden Flächennutzungsplan aufzustellen oder die in einem Flächennutzungsplan bereits ausgewiesenen Konzent-

---

55 BVerwG, Urteil vom 17. September 2003 – 4 C 14.01 – NVwZ 2004, S. 220, 225.
56 BVerwG, Urteil vom 17. September 2003 – 4 C 14.01 – NVwZ 2004, S. 220, 225.

rationszonen einer anderen Nutzung zuzuführen. Das kann auch zur Konkretisierung raumordnerischer Zielaussagen geschehen. Erst recht ist es ihnen nicht verwehrt, die Errichtung von Windenergieanlagen in den **Konzentrationszonen** durch Bebauungsplan einer **Feinsteuerung** (Begrenzung der Anlagenhöhe, Festlegung der Standorte und Abstandsflächen) zu unterziehen. Das Instrument der Veränderungssperre können sie jedoch nach § 14 BauGB nur zur Sicherung der Planung mittels Bebauungsplan einsetzen.

In seinem Beschluss vom 25. November 2003[57] hat der 4. Senat klargestellt, dass die befristete Bereitstellung der Möglichkeit, Baugesuche für Windenergieanlagen in Hinblick auf § 35 Abs. 3 Satz 3 BauGB nach § 245 b BauGB zurückzustellen, die Betreiber von Windenergieanlagen nicht davor bewahrt, planungsrechtlichen Beschränkungen außerhalb des Anwendungsbereichs von § 35 Abs. 3 Satz 3 BauGB unterworfen zu werden. Sie müssen die Festsetzungen in einem Bebauungsplan hinnehmen, wenn und soweit er erforderlich ist (§ 1 Abs. 3 BauGB) und dem Abwägungsgebot gerecht wird. Zurückgewiesen wird der Einwand eines Vorhabenträgers, ein Bebauungsplan dürfe nur für den Fall beschlossen werden, dass eine Entscheidung über eine Vielzahl konkurrierender Baugesuche zu treffen sei, die alle zusammen im Gebiet nicht verwirklicht werden könnten.

Gegen die Zulässigkeit einer **Veränderungssperre für Konzentrationszonen** kann auch nicht eingewandt werden, dass die Veränderungssperre das in § 35 Abs. 3 Satz 3 BauGB vorausgesetzte gesamträumliche Planungskonzept der Gemeinde oder der Regionalplanung, von dem die Ausschlusswirkung der Vorschrift abhängig sei, aus dem Gleichgewicht bringe (»störe«), indem sie für die (Positiv-)Flächen, die der Windenergienutzung zur Verfügung stehen sollen, Sperrwirkung entfalte. Die Veränderungssperre lässt das gesamträumliche Planungskonzept unberührt. Sie stellt nur ein vorübergehendes Hindernis für die Bebauung der Konzentrationszone dar. Eine zeitlich begrenzte Bausperre durch eine Veränderungssperre muss der betroffene Vorhabenträger für deren Geltungsdauer allgemein hinnehmen. Eine hiervon abweichende Regelung für Konzentrationszonen im Sinne des § 35 Abs. 3 Satz 3 BauGB enthält das Baugesetzbuch nicht.[58]

Nichtig ist eine Veränderungssperre, die nach den Vorstellungen der Gemeinde in Wirklichkeit nicht die Aufstellung eines Bebauungsplans, sondern die Planung von Konzentrationsflächen im Zuge der Änderung des Flächennutzungsplans absichern soll. In diesem Fall wird ein nach § 14 Abs. 1 BauGB nicht zulässiges Ziel verfolgt.

3.2 Konkretisierung des Planungsziels

Nach ständiger Rechtsprechung des BVerwG darf eine Veränderungssperre erst erlassen werden, wenn die Planung, die sie sichern soll, ein Mindestmaß dessen erkennen lässt, was Inhalt des zu erwartenden Bebauungsplans sein soll[59]. Wesentlich

---

57 BVerwG 4 BN 60.03.
58 BVerwG, Beschluss vom 25. November 2003 – 4 BN 60.03.
59 BVerwG, Urteil vom 10. September 1976 – 4 C 39.74 – BVerwGE 51, S. 121, 128; Beschluss vom 27. Juli 1990 – 4 B 156.89 – ZfBR 1990, S. 302.

ist, dass die Gemeinde bereits positive Vorstellungen über den Planinhalt entwickelt hat. Eine Negativplanung, die sich darin erschöpft, einzelne Vorhaben auszuschlie-ßen, reicht nicht aus. Fehlen Vorstellungen über die angestrebte Art der baulichen Nutzung, ist der Inhalt des Plans noch offen. Die nachteiligen Wirkungen der Verän-derungssperre für das Grundeigentum wären unverhältnismäßig (Art. 14 Abs. 1 Satz 2 GG), wenn sie zur Sicherung einer Planung dienen sollte, die sich in ihrem Inhalt noch in keiner Weise absehen lässt.[60]

Problematisch ist, in welchem Ausmaß die planerischen Vorstellungen der Ge-meinde konkretisiert sein müssen, bevor das Instrument der Veränderungssperre eingesetzt werden darf. Das Erfordernis der Konkretisierung darf nicht überspannt werden, da sonst die praktische Tauglichkeit des Sicherungsinstruments verloren ginge. Die Gemeinde darf sich zu Beginn des Aufstellungsverfahrens noch nicht auf ein bestimmtes Gesamtergebnis festgelegt haben. Kann das erforderliche Mindest-maß an planerischer Konkretisierung überhaupt abstrakt und losgelöst von den Um-ständen eines konkreten Falles näher bestimmt werden? Der 4. Senat hat dies in zwei Revisionsurteilen vom 19. Februar 2004[61] versucht.

Der VGH Kassel hatte entschieden[62], dass eine Veränderungssperre für ein 560 ha großes **Vorranggebiet »Windenergie«** im **Regionalplan Südhessen 2000** gerecht-fertigt ist, weil das Vorranggebiet wegen »geringer Aussageschärfe« planerischer Konkretisierung bedarf und der Bebauungsplan das Ziel verfolgt, »bestimmte Berei-che des Gemeindegebiets zugunsten bestimmter Schutzgüter wie Landschaftsschutz, Fremdenverkehr und Anwohnerschutz von Windenergie freizuhalten und ggfs. posi-tiv geeignete Standorte für Windenergieanlagen festzusetzen«. Nach Auffassung des OVG Münster[63] kann eine Veränderungssperre für ein **Eignungsgebiet »Windener-gie«** im **Gebietsentwicklungsplan für das Münsterland** gerechtfertigt sein, wenn mit der Aufstellung des Bebauungsplans das Ziel verfolgt wird zu prüfen, ob die Einschätzung der Raumplanung aufrecht erhalten werden kann oder an den berech-tigten Nutzungsinteressen der Nachbarschaft (hier: Gestüt für Dressurpferde in west-fälischer Parklandschaft) insgesamt scheitert.

In den beiden Urteilen vom 19. Februar 2004 stellt der 4. Senat strengere Anforde-rungen an den Einsatz der Veränderungssperre: Sie darf nicht eingesetzt werden, um die gemeindliche Planungshoheit als solche zu sichern. Gerade das ist jedoch der Fall, wenn die Gemeinde eine Veränderungssperre erlässt, um erst Zeit für die Ent-wicklung eines bestimmten Planungsziels zu gewinnen. Die Absicht der Planung reicht nicht aus. Es muss sich bereits eine bestimmte Planung abzeichnen. Der Wunsch, ein konkretes Vorhaben zu verhindern, kann zwar ein legitimes Motiv für den Erlass einer Veränderungssperre sein. Zu diesem Mittel darf die Gemeinde je-doch nur greifen, wenn sie eine »positive« Plankonzeption besitzt oder aus Anlass eines Bauantrages entwickelt und deshalb das Entstehen vollendeter Tatsachen ver-hindern will. Dem in diesen Fällen zu Tage getretenen rechtspolitischen Bedürfnis, den Gemeinden zur Steuerung vom Windenergieanlagen im Außenbereich (§ 35

---

60 Vgl. die Nachweise in der vorstehenden Fußnote.
61 BVerwG 4 CN 13.03 und 4 CN 16.03.
62 Urteil vom 20. Februar 2003 – 3 N 1557/02 – ZNER 2003, S. 337.
63 Beschluss vom 15. Mai 2003 – 7 a D 1/02NE.

Abs. 3 Satz 3 BauGB) möglichst frühzeitig ein wirksames Instrument zur Sicherung eigener künftiger Planungen an die Hand zu geben, hat der Gesetzgeber in § 15 Abs. 3 RegE (BauGB-Novelle 2004) mit der Möglichkeit der befristeten Zurückstellung von Baugesuchen Rechnung getragen.

Die Plan-UP-Richtlinie und ihre Umsetzung im Raumordnungsrecht

Willy Spannowsky

I. Einleitung

Mit dem Europarechtsanpassungsgesetz Bau, durch das die Richtlinie 2001/42/EG des Europäischen Parlaments und des Rates vom 27. Juni 2001 über die Prüfung der Umweltauswirkungen bestimmter Pläne und Programme (Plan-UP-Richtlinie, ABl. EG Nr. L 197 S. 30) umgesetzt werden soll, wird nicht nur das Baugesetzbuch, sondern neben dem Gesetz über die Umweltverträglichkeitsprüfung, der Verwaltungsgerichtsordnung und dem Bundesnaturschutzgesetz in Art. 2 dieses Gesetzes auch das Raumordnungsgesetz geändert. Die vorgesehenen Änderungen resultieren im Wesentlichen aus den genannten europarechtlichen Umsetzungsanforderungen.

Zugleich wird die Gelegenheit genutzt, durch Ergänzung des § 5 Abs. 1 ROG eine bislang nicht abschließend geklärte Rechtsfrage klarstellend zu regeln. Nach Art. 2 Ziff. 4 EAG soll dem § 5 Abs. 1 ROG noch folgender Satz hinzugefügt werden: »Hinsichtlich der in Satz 1 genannten raumbedeutsamen Planungen und Maßnahmen des Bundes, der öffentlichen Stellen sowie der Personen des Privatrechts bleiben deren Rechte zur Feststellung des Bedarfs, der Dringlichkeit, der Zeitplanung sowie der konkreten Ausgestaltung von Standorten oder Trassenführungen unberührt.« Da einige Bundesländer in den Raumordnungsplänen als Ziele der Raumordnung zunehmend Infrastrukturvorhaben mit deren Ausgestaltung, Bedarf, Prioritätssetzung, Dringlichkeit und Zeitplan festlegen, die in der Zuständigkeit des Bundes liegen (Bundesverkehrswegeplanung), wird nunmehr durch diese Regelung klargestellt, was bisher auch schon aus einer verfassungskonformen Auslegung der Vorschriften über die Kompetenzverteilung zwischen Bund und Ländern resultierte[1], dass ein derartiges Ziel den Träger der Bundesfachplanung weder hinsichtlich des parzellenscharfen

---

1 Vgl. dazu Spannowsky, Grenzen landes- und regionalplanerischer Festlegungen gegenüber Verkehrswegeplanungen des Bundes, UPR 11+12/2000, S. 418 ff. (428); a. A. Goppel, Zum grundsätzlichen Verhältnis von Raumordnung und Fachplanung vor dem Hintergrund projektbezogener Ziele der Raumordnung zur Verkehrsvorhaben des Bundes, UPR 11+12/2000, S. 431 ff.

Trassenkorridors oder der genauen baulichen Gestaltung, noch hinsichtlich Bedarf, Zeitplanung und Finanzierung bindet[2]. Außerdem soll gem. Art. 2 Ziff. 7 des EAG-Entwurfs in § 18 a ROG die Raumordnungsplanung in der deutschen ausschließlichen Wirtschaftszone abweichend von der Kompetenzverteilung im Bereich der Raumordnung geregelt werden. Während der Bund im Regelfall im Bereich der Raumordnung nur über eine Rahmengesetzgebungszuständigkeit und keine exekutivische Planungskompetenz verfügt, soll das Raumordnungsregime durch § 18 a ROG gemäß des EAG-Entwurfs für das Gebiet der ausschließlichen Wirtschaftszone abschließend geregelt und eine Planungskompetenz des Bundes für den Bereich der Raumordnungsplanung in diesem Gebiet geregelt werden. Das Gebiet der ausschließlichen Wirtschaftszone umfasst gemäß Art. 55 des Seerechtsübereinkommens der Vereinten Nationen ein jenseits des Küstenmeers gelegenes und an dieses angrenzendes Gebiet auf Hoher See. Die ausschließliche Wirtschaftszone ist zwar bezogen auf das gesamte Staatsgebiet der Bundesrepublik Deutschland einschließlich des Küstenmeeres ein sehr kleiner Teilraum, weist aber bei der Raumordnungsplanung einen äußerst komplexen Koordinierungsbedarf auf, weil die ausschließliche Wirtschaftszone nicht nur an die vier Küstenländer Niedersachsen, Hamburg, Schleswig-Holstein und Mecklenburg-Vorpommern angrenzt, sondern auch an fünf Nachbarstaaten; nämlich die Niederlande, das Vereinigte Königreich, Dänemark, Schweden und Polen. Für diesen Raum nimmt der Bund wegen dieser Besonderheiten kraft Natur der Sache eine eigene Zuständigkeit im Bereich der Raumordnungsplanung in Anspruch, hat also auch die Anforderungen der Plan-UP-Richtlinie für diesen Bereich selbst zu erfüllen. Träger der Raumordnungsplanung für den Raum der ausschließlichen Wirtschaftszone ist das Bundesministerium für Verkehr, Bau- und Wohnungswesen. Das Bundesamt für Bauwesen und Raumordnung führt mit Zustimmung dieses Bundesministeriums die vorbereitenden Verfahrensschritte zur Aufstellung der Ziele und Grundsätze der Raumordnung einschließlich der Festlegungen nach § 7 Abs. 4 ROG, insbesondere die Umweltprüfung und die Öffentlichkeitsbeteiligung, durch.

Bei den nach dem Gesetzentwurf vorgesehenen Vorschriften der §§ 5 und 18 a ROG handelt es sich zwar ebenfalls um rechtlich und fachlich interessante Themenkreise der Raumordnung, die auch in einem gewissen Zusammenhang mit der Plan-

---

2 In der Sache zwar ähnlich BayVerfGH Vf. 10/12-VII-00, Entscheidung vom 15. Juli 2002, allerdings mit einer Auslegung, die den Weg zur Normenkontrolle zur Überprüfung der landesplanerischen Entscheidung anhand des Maßstabs des Bundesrechts versperrte. Dieser Weg wurde vom BVerwG, wieder mit seinem Urteil zur sog. Entsteinerungsklausel v. 16. Januar 2003, BVerwGE 117, 313 ff., eröffnet. Damit besteht nunmehr die Möglichkeit, die Rechtswirksamkeit eines derartigen Ziels, auch wenn es anstelle des Verordnungsgebers vom Landesgesetzgeber selbst gesetzlich festgelegt worden ist, bundesrechtlich auf den Prüfstand zu stellen, soweit die gesetzlichen Einfügungen durch Rechtsverordnung geändert werden können (sog. »Entsteinerungsklausel«).

UP[3] stehen, jedoch stehen die Vorschriften über die Integration der Anforderungen der Plan-UP-Richtlinie in das Raumordnungsrecht wegen der Tragweite für die Raumordnungsplanung im gesamten Bundesgebiet im Zentrum der Änderungen des ROG und auch dieses Beitrags.

Während die Plan-UP auf der örtlichen Ebene der Bauleitplanung bereits schrittweise beginnend mit der Änderungsrichtlinie zur Richtlinie über die Umweltverträglichkeitsprüfung von Projekten, dann auf nationaler Ebene mit dem BauGB 2001 und dem UVPG 2001 eingeführt worden ist, erreichen die Änderungen, die die Plan-UP-Richtlinie mit sich bringt, erst jetzt auch die überörtliche Ebene der Raumordnungsplanung. Dies ist nicht nur für die Träger der Raumordnungsplanung, sondern auch für die mit der Bauleitplanung befassten Gemeinden von erheblicher Bedeutung. Denn diese werden sich mehr als bisher mit der überörtlichen Planung, insbesondere damit befassen müssen, welche Umweltauswirkungen und welche Standortalternativen bereits auf der Ebene der Raumordnungsplanung untersucht worden sind. Denn es sind die Gemeinden, die für die Ebene der Bauleitplanung unnötige Doppelprüfungen vermeiden sollen. Deshalb ist es sowohl für die Träger der Raumordnungsplanung als auch für die Gemeinden interessant, wie die Anforderungen der Plan-UP-Richtlinie in das Raumordnungsrecht integriert werden.

II.   Zwecke der Plan-UP-Richtlinie auf dem Gebiet der Raumordnung

Durch die Plan-UP-Richtlinie sollen auf dem Gebiet der Raumordnung

–   europaweit einheitliche Standards hinsichtlich Verfahren und Inhalt einer integrierten Umweltprüfung erreicht,
–   eine umfassende und frühzeitige Öffentlichkeitsbeteiligung sichergestellt,
–   die Überwachung der Auswirkungen der Planrealisierung auf die Umwelt gewährleistet und
–   unnötiger Mehraufwand durch Doppelprüfungen vermieden werden.

Ausgehend von dieser Zwecksetzungen hat der Bundesgesetzgeber es zur Wahrung der Einheitlichkeit der Lebensverhältnisse im Bundesgebiet für erforderlich gehalten, angesichts der auslegungsfähigen Formulierungen der Richtlinie grundsätzlich eine

---

3   Plan-UP ist die Kurzbezeichnung der bezüglich bestimmter Pläne und Programme durchzuführenden Umweltprüfung, die die Prüfung der Umweltauswirkungen bestimmter Pläne und Programme zum Gegenstand hat und auf der Richtlinie 2001/42/EG beruht. Die Bezeichnung Plan-UVP (so noch Spannowsky, Rechts- und Verfahrensfragen einer »Plan-UVP« im deutschen Raumplanungssystem, UPR 6/2000, 201 ff.) ist etwas irreführend, weil es sich um keine Umweltverträglichkeitsprüfung der Pläne oder Programme handelt. Es handelt sich nach ihrem eingeschränkten Zweck auch um keine strategische Umweltprüfung (so aber häufig die Literatur, vgl. etwa Feldmann, Die Strategische Umweltprüfung (SUP) – Der Richtlinienvorschlag, in: Ministerium für Umwelt, Raumordnung und Landwirtschaft des Landes Nordrhein-Westfalen (Hrsg.), Die UVP für Pläne und Programme – eine Chance zur Weiterentwicklung von Planungsinstrumenten, S. 16 ff.).

bundeseinheitliche Weichenstellung vorzunehmen, um eine zu starke differierende Umsetzung auf der Länderebene zu vermeiden (vgl. Begründung zur Novellierung des Raumordnungsrechts, Bundesrat, Drucksache 756/03 v. 17.10.2003, S. 77). Dazu werden vor allem folgende Regelungsbereiche gerechnet: die Regelung der Ausnahmemöglichkeit vom Erfordernis der Umweltprüfung, die Integrations- und Abschichtungsmöglichkeiten vom Erfordernis der Umweltprüfung, die Bekanntgabe der die Umweltprüfung betreffenden Begründung und insbesondere die Öffentlichkeitsbeteiligung.

Für das Gebiet der Raumordnung ist zudem der siebte in der Richtlinie angeführte Erwägungsgrund der Richtlinie von Bedeutung. Danach haben sich die Mitgliedstaaten in dem Übereinkommen der UN-Wirtschaftskommission für Europa über die Umweltverträglichkeitsprüfung im grenzüberschreitenden Rahmen vom 25. Februar 1991 verpflichtet, die Grundsätze des Übereinkommens auf Pläne und Programme anzuwenden. Infolgedessen sieht die Richtlinie grenzüberschreitende Konsultationen vor, wenn die Durchführung eines in einem Mitgliedstaat ausgearbeiteten Plans oder Programms voraussichtlich erhebliche Umweltauswirkungen in einem anderen Mitgliedstaat haben wird.

Außerdem ist der zehnte und elfte in der Richtlinie angeführte Erwägungsgrund für die Auslegung des Anwendungsbereichs, den Gegenstand und die Tiefe der Umweltprüfung sowie die Einstufung der Umweltprüfung von Bedeutung. Danach sollen alle Pläne und Programme, die für eine Reihe von Bereichen ausgearbeitet werden und einen Rahmen für die künftige Genehmigung von Projekten setzen, die in den Anhängen I und II der Richtlinie 85/337/EWG des Rates vom 27. Juni 1985 über die Umweltverträglichkeitsprüfung bei bestimmten öffentlichen und privaten Projekten aufgeführt sind, sowie alle Pläne und Programme, die gemäß der Richtlinie 92/43/EWG des Rates vom 21. Mai 1992 zur Erhaltung der wildlebenden Tiere und Pflanzen zu prüfen sind, einer systematischen Umweltprüfung unterzogen werden. Andere Pläne und Programme, die den Rahmen für die künftige Genehmigung von Projekten setzen, sollen nur dann geprüft werden, wenn die Mitgliedstaaten bestimmen, dass sie voraussichtlich derartige Auswirkungen haben. Mit diesen Erwägungsgründen und den Vorschriften über den Geltungsbereich der Richtlinie in Art. 3 Abs. 1 bis 4 der Plan-UP-Richtlinie wird deutlich, dass es sich wegen des starken Projektbezugs im Geltungsbereich und bei der Bewertung der Umweltauswirkungen, obwohl in der Literatur immer wieder[4] und nunmehr in § 17 Abs. 2 im Gesetzentwurf auch so bezeichnet, um keine strategische Umweltprüfung handelt.

---

4 Vgl. Jacoby, Strategische Umweltprüfung (SUP), Gemeinsamer Standpunkt des EU-Umweltministerrates zum SUP-Richtlinienvorschlag vom Dezember 1999 und seine Bedeutung für die SUP in der Raumplanung, UVP-report (14) 1/2000, S. 1 ff.; Hendler, Der Geltungsbereich der EG-Richtlinie zur strategischen Umweltprüfung, Natur und Recht 2003, S. 2 ff.; ders., Zum Begriff der Pläne und Programme in der EG-Richtlinie zur strategischen Umweltprüfung, DVBl. 2003, S. 227 ff.; Stüer, Strategische Umweltprüfung in der Verkehrswege-, Landes- und Regionalplanung, UPR 3/2003, S. 97 ff.; Scholles, Szenarien zur Umsetzung der SUP-Richtlinie in Deutschland, UVP-report 3/2001, S. 127 ff. und Stuckert, Die strategische Umweltprüfung als neues Instrument des Umweltrechts – Bericht über eine Fachtagung an der Universität Trier –, UPR 8/2003, S. 298.

Die Umweltprüfung folgt keiner Strategie. Sie dient keinem anderen Ziel als der umweltvorsorgenden Vorverlagerung der Umweltprüfung auf die Ebene, auf der die Entscheidung fällt, die mit Umweltauswirkungen verbunden ist; bei Entscheidungen der Raumplanung ist dies die Entscheidung über den Standort oder die Flächeninanspruchnahme für ein Projekt im Sinne der Projekt-UVP-Richtlinie oder für Vorhaben oder Maßnahmen mit erheblichen Auswirkungen auf ein benachbartes Europäisches Schutzgebiet im Sinne der FFH-Richtlinie. Auch soweit den Mitgliedstaaten gem. Art. 3 Abs. 4 der Plan-UP-Richtlinie bei der Bestimmung der nicht in die ausdrücklich aufgeführten Bereiche fallenden Pläne und Programme ein Entscheidungsspielraum eingeräumt ist, stellt die Richtlinie darauf ab, ob es sich um Pläne oder Programme handelt, durch die der Rahmen für die künftige Genehmigung von Projekten gesetzt wird. Die Strategie liegt auch nicht darin, dass sämtliche Pläne und Programme, einschließlich politische Pläne und Programme einer Umweltprüfung zugeführt werden sollen. Entgegen der wesentlich weiteren ursprünglichen Richtlinienkonzeption der Kommission haben die Mitgliedstaaten nämlich die für eine Strategie bedeutsamen Pläne und Programme, die Zielen der Landesverteidigung oder des Katastrophenschutzes dienen, die Finanz- und Haushaltspläne und -programme sowie die Pläne und Programme aufgrund der Strukturfondsverordnungen Nr. 1260/1999 und Nr. 1257/1999 ausdrücklich aus dem Geltungsbereich ausgenommen. Dass es sich bei der Plan-UP-Richtlinie auch nicht um eine strategische Querschnittsverknüpfung zur Integration der Erfordernisse des Umweltschutzes in alle Politikbereiche handelt, wie es von der Kommission ursprünglich intendiert und noch in ihrer wesentlich breiter angelegten ersten Richtlinienkonzeption erkennbar war, sondern um das von den Mitgliedstaaten modifizierte Konzept einer Plan-UP, kommt auch in der gefundenen Kompromissformel des Art. 12 Abs. 3 S. 3 der Richtlinie zum Ausdruck. Dort heißt es:»Die Kommission wird insbesondere die Möglichkeit in Erwägung ziehen, den Geltungsbereich dieser Richtlinie auszudehnen, um andere Bereiche/Sektoren und andere Arten von Plänen und Programmen abzudecken«. Einen ersten Bericht über die Anwendung und Wirksamkeit dieser Richtlinie soll die Kommission dem Europäischen Parlament und dem Rat vor dem 21. Juli 2006 vorlegen. Ob daraus dann eine zweite Generation einer fortgeschriebenen Plan-UP-Richtlinie entstehen wird oder ob die Gelegenheit zum Umbau der Plan-UP in eine »strategische Umweltprüfung« genutzt wird, bleibt abzuwarten.

III. Anforderungen der Plan-UP-Richtlinie

Die Plan-UP-Richtlinie erfasst gemäß Art. 2 a) »Pläne und Programme« sowie deren Änderungen, soweit sie von einer Behörde auf nationaler, regionaler oder lokaler Ebene ausgearbeitet und/oder angenommen werden oder soweit sie von einer Behörde für die Annahme durch das Parlament oder die Regierung im Wege eines Gesetzgebungsverfahrens ausgearbeitet werden und aufgrund von Rechts- oder Verwaltungsvorschriften erstellt werden müssen. Diese Definition trifft für die Raumordnungspläne ebenso zu wie für die Bauleitpläne[5]. Erfasst werden sowohl der Raumordnungsplan, den der Bund für die ausschließliche Wirtschaftszone aufstellt, als auch die Landesentwicklungs- bzw. Landesraumordnungsprogramme und die Regionalpläne bzw. regionalen Raumordnungspläne. Für diese Pläne ist gemäß Art. 3 Abs. 2 eine Umweltprüfung durchzuführen, soweit durch sie der Rahmen für die künftige Genehmigung der in den Anhängen I und II der Richtlinie 85/337/EWG aufgeführten Projekte gesetzt wird oder bei denen angesichts ihrer voraussichtlichen Auswirkungen auf Gebiete eine Prüfung nach Art. 6 oder 7 der FFH-Richtlinie für erforderlich erachtet wird. Da die erste Voraussetzung in der Regel auf sämtliche Landespläne und angesichts des durch die Änderungsrichtlinie erweiterten Anwendungsbereichs der Richtlinie 85/337/EWG auch auf die Bauleitpläne in der Regel zutrifft, ist die im Gesetzentwurf zum Ausdruck kommende Annahme, dass diese Pläne und Programme generell einer UP-Pflicht unterworfen sind, zutreffend. Für Ausnahmen von der Umweltprüfpflicht bleibt nicht viel Raum. Die Umweltprüfung besteht gemäß Art. 2 b) in der Ausarbeitung eines Umweltberichts, der Durchführung von Konsultationen, der Berücksichtigung des Umweltberichts und der Ergebnisse der Konsultationen bei der Entscheidungsfindung und in der Unterrichtung über die Entscheidung. Der Umweltbericht ist Teil der Plan- oder Programmdokumentation und muss gem. Art. 2 c), Art. 5 und Anhang I der Richtlinie bestimmte Mindestinformationen enthalten. Insofern gibt es keine Unterschiede zwischen der Umweltprüfung auf der Ebene der Bauleitplanung und der auf der Ebene der Raumordnungsplanung. Ein weiteres zentrales Element der Umweltprüfung ist die Behörden- und Öffentlichkeitsbeteiligung gem. Art. 6 Abs. 2 der Plan-UP-Richtlinie. Unter Öffentlichkeit verstehen europäischen Richtliniengeber der EG gem. Art. 2 d) eine oder mehrere natürliche oder juristische Personen und, soweit dies in Übereinstimmung mit den innerstaatlichen Rechtsvorschriften oder der innerstaatlichen Praxis steht, auch deren Vereinigungen, Organisationen oder Gruppen. Fraglich ist, ob die voraussichtlich erheblichen Auswirkungen bei der Bestimmung des Untersuchungsrahmens auch von dem Zweck der Richtlinie her zu bestimmen ist, wonach lediglich Projekte im Sinne der Projekt-UVP-Richtlinie oder voraussichtlich erhebliche Auswirkungen auf Schutzgebiete im Sinne der FFH-Richtlinie zu erfassen sind oder auf was sich die voraussichtlich erheblichen Auswirkungen beziehen, die gemäß Art. 5 Abs. 1 Plan-UP-Richtlinie in den Umweltbericht aufzunehmen sind. Denn nach dieser Richtlinienbestimmung sind die voraussichtlichen erheblichen Auswirkungen, die die Durchführung des Plans oder Programms auf die Umwelt hat, zu ermitteln, beschreiben und bewerten. Dies würde bedeuten, dass nicht nur die von den in Anhang I und II der Projekt-UVP-Richtlinie aufgeführten Projekte ausgehenden erheblichen Auswirkungen, sondern auch diejenigen, die von anderen Vorhaben ausgehen, auch soweit sie für sich unerheblich sind, im Umweltbericht zu erfassen wären. Dem Wortlaut nach wird zwar sowohl in Art. 5 Abs. 1 Plan-UP-Richtlinie als auch im Anhang I der Plan für die Beschreibung der erheblichen Umweltauswirkungen in Bezug genommen, jedoch sollen gemäß Art. 3 Abs. 2 Plan-UP-Richtlinie nur solche

---

5   Vgl. dazu ebenfalls Porger, in: Spannowsky/Mitschang, Umweltverträglichkeitsprüfung in der Bauleitplanung, Köln u.a., 2002, S. 177 und Krämer, in: Spannowsky/Mitschang, Umweltprüfungen bei städtebaulichen Planungen und Projekten, Köln u. a., 2001, S. 146 ff.

Pläne einer Umweltprüfung zugeführt werden, durch die der Rahmen für die künftige Genehmigung der in den Anhängen I und II der Richtlinie 85/337/EWG aufgeführten Projekte gesetzt wird oder bei denen angesichts ihrer voraussichtlichen Auswirkungen auf Gebiete eine Prüfung nach Art. 6 oder 7 der Richtlinie 92/43/EWG für erforderlich erachtet wird. Anders als die nur vom Wortlaut des Art. 5 Abs. 1 Plan-UP-Richtlinie ausgehende Auslegung führt die Auslegung nach dem Sinn und Zweck sowie dem normsystematischen Zusammenhang zu dem Ergebnis, dass nur die erheblichen Umweltauswirkungen zu bilanzieren sind, die von einem oder mehreren UVP-pflichtigen Projekten innerhalb des Plans ausgehen, oder derjenigen Umweltauswirkungen, die sich einzeln oder in der Summe auf ein Europäisches Schutzgebiet erheblich auswirken. Ist der Wortlaut der Richtlinie nicht eindeutig, kommt der Auslegung nach dem Zweck der Richtlinie aufgrund der Rechtsprechung des EuGH[6] eine ausschlaggebende Bedeutung zu. Da die Plan-UP-Richtlinie eine Vorverlagerung des mit der Projekt-UVP-Richtlinie bezweckten Umweltschutzes in die Planungsphase hinein und eine Stärkung des Umgebungsschutzes für Europäische Schutzgebiete nach der FFH-Richtlinie erstrebt, ist diese Zweckbestimmung auch für die Bestimmung des Untersuchungsrahmens und der Untersuchungstiefe von Bedeutung.

Die den Untersuchungsrahmen und die Untersuchungstiefe betreffende Frage, ob und inwieweit Informationen über Umweltauswirkungen und Prüfungsergebnisse, die aus anderen Umweltprüfverfahren vorliegen, im Rahmen der Plan-UP Berücksichtigung finden dürfen und müssen, die unter den Stichworten der horizontalen und vertikalen Abschichtung abgehandelt wurde, war in den Richtlinienvorschlägen der Kommission vom 25.3.1997 (97/C 129/08, KOM (96) 511) und vom 18.2.1999 (KOM (1999) 73) noch nicht gelöst, ist aber dann während des Rechtsetzungsverfahrens aufgenommen worden. Mit der Möglichkeit der horizontalen Abschichtung sollen Doppelprüfungen bei nach Gemeinschaftsrecht nebeneinander durchzuführenden Umweltprüfungen (insbesondere Verträglichkeitsprüfung und Plan-UP), und mit der Möglichkeit der vertikalen Abschichtung sollen Doppelprüfungen, die in föderal gegliederten Mitgliedstaaten durch den hierarchischen Aufbau des Planungssystems vorkommen würden, vermieden werden. Beide Möglichkeiten der Abschichtung stehen den Mitgliedstaaten nach der geltenden Fassung der Plan-UP-Richtlinie zur Verfügung: Art. 4 und Art. 5 Abs. 2 und 3 Plan-UP-Richtlinie regeln die vertikale Abschichtung in der Weise, dass es den Mitgliedstaaten überlassen bleibt, der Tatsache, dass die Prüfung gemäß der vorliegenden Richtlinie auf verschiedenen Stufen dieser Hierarchie durchzuführen ist, Rechnung zu tragen. Danach besteht für die Mitgliedstaaten die Möglichkeit, zur Vermeidung von Mehrfachprüfungen zu bestimmen, welche Aspekte zur Vermeidung von Mehrfachprüfungen auf den unterschiedlichen Ebenen dieses Prozesses am besten geprüft werden können (vgl. Art. 5 Abs. 2 Plan-UP-Richtlinie) und denjenigen, der den Umweltbericht zu erstellen hat, zu verpflichten, alle verfügbaren relevanten Informationen über die Umweltauswir-

---

6 Schwarze, in: Schwarze (Hrsg.), EU-Kommentar 2000, Art. 220 EGV, Rdnr. 27 ff.; Wegener, in: Caliess/Ruffert (Hrsg.), Kommentar des Vertrages über die EU und des Vertrages zur Gründung der EG 1999, Art. 220 EGV, Rdnr. 9 f., 1999; EuGH, Rs. C–449/93, Slg. 1995, 1–4291 Rn. 28 (Rockfon); Rs. C–202/88, Slg. 1991, I–1223, 1269 (Endgeräte) u. zum „effet utile" Rs. 190/87, Slg. 1988, 4689, Rn. 27.

kungen der Pläne und Programme heranzuziehen, die auf anderen Ebenen des Entscheidungsprozesses gesammelt wurden. Art. 11 Abs. 2 Plan-UP-Richtlinie ermöglicht die horizontale Abschichtung in der Weise, dass die Mitgliedstaaten koordinierte und gemeinsame Trägerverfahren zur Bewältigung von nebeneinander durchzuführenden Umweltprüfungen vorsehen können.

IV. Übersicht über die Änderungen des ROG zur Integration der Anforderungen der Plan-UP-Richtlinie

Der Gesetzentwurf lehnt sich im Wortlaut an den Richtlinieninhalt stark an. Er geht von der zutreffenden Prämisse aus, dass Raumordnungspläne generell einer Umweltprüfung unterworfen sind, weil sie die Regel-Voraussetzungen des Art. 3 Abs. 2 der Plan-UP-Richtlinie für UP-pflichtige Pläne und Programme erfüllen. Damit ist die Konsequenz verbunden, dass es für den Bereich der Raumordnungsplanung grundsätzlich keines Screenings bedarf[7]. Dies würde dann anders, wenn die Länder von der ihnen eingeräumten Befugnis, die UP-Pflicht für Raumordnungspläne im Fall geringfügiger Änderungen von Raumordnungsplänen zu lockern und von einer Einzelfallprüfung abhängig zu machen, Gebrauch machen würden. Es soll nämlich gemäß § 7 Abs. 5 S. 5 des geänderten ROG vorgesehen werden können, dass geringfügige Änderungen von Raumordnungsplänen nur dann einer Umweltprüfung bedürfen, wenn nach den Kriterien des Anhangs II der Plan-UP-Richtlinie festgestellt wurde, dass sie voraussichtlich erhebliche Umweltauswirkungen haben. Im Gesetzentwurf ist aber keine verallgemeinernde Aussage zum Untersuchungsrahmen und zur Untersuchungstiefe enthalten, mit der sich der Gesetzgeber zu der oben angesprochenen Auslegungsfrage für den Bereich der Raumordnung positionieren würde.

§ 7 Abs. 6 der zur Änderung des ROG vorgesehenen Entwurfsfassung regelt die nach der Plan-UP-Richtlinie vorgesehene Behörden- und Öffentlichkeitsbeteiligung für die Ebene der Raumordnungsplanung und sieht vor, dass den öffentlichen Stellen und der Öffentlichkeit frühzeitig und effektiv Gelegenheit zur Stellungnahme zum Entwurf des Raumordnungsplans und seiner Begründung sowie zum Umweltbericht zu geben ist. Dies bedeutet, dass im Zeitpunkt der Offenlage auch der Umweltbericht fertig gestellt sein muss. Die öffentlichen Stellen, deren Aufgabenbereich von den Umweltauswirkungen berührt sein kann, sind aber zudem schon bei der Festlegung des Umfangs und des Detaillierungsgrads des Umweltberichts zu beteiligen. Wie im Rahmen des Bauleitplanverfahrens kann es angezeigt sein, bei der Umsetzung der Plan-UP-Anforderungen in die Landesplanungsgesetze, die Mitwirkungspflicht der öffentlichen Stellen auch für die Ebene der Raumordnungsplanung zu thematisieren und entsprechende Regelungen vorzusehen.

---

7   Anders noch Jacoby, Entwicklung und Inhalte der EU-Richtlinie über die Umweltprüfung für Pläne und Programme, in: Eberle/Jacoby (Hrsg.), Umweltprüfung für Regionalpläne, 2003, S. 1 (7).

Von Bedeutung ist im Bereich der Raumordnung wegen der nicht wenigen Fälle, in denen die Durchführung eines Raumordnungsplans voraussichtlich erhebliche Auswirkungen auf die Umwelt eines anderen Staates haben kann, auch die Regelung des § 7 Abs. 6 S. 2 der Entwurfsfassung, wonach die Beteiligung des betreffenden Staates entsprechend den Grundsätzen des Gesetzes über die Umweltverträglichkeitsprüfung durchzuführen ist. Den Ländern bleibt es überlassen, diese Grundsätze zu präzisieren und insbesondere Fristen für die Behörden- und Öffentlichkeitsbeteiligung vorzusehen sowie die Folgen nicht rechtzeitig abgegebener Stellungnahmen zu regeln.

Die Pflicht zur Berücksichtigung des Umweltberichts in der Abwägung regelt nach dem EAG-Entwurf § 7 Abs. 7 ROG, die Anforderungen an die Begründung des Raumordnungsplans Abs. 8 und dessen Bekanntmachung einschließlich der die Umweltprüfung betreffenden Begründung an die Beteiligten Abs. 9. Gemäß § 7 Abs. 10 der vorgesehenen Fassung des ROG ist es vorzusehen, das die erheblichen Auswirkungen der Durchführung der Raumordnungspläne auf die Umwelt zu überwachen sind. Wie dies geschehen kann und soll und welche Überlegungen insofern bereits angestellt wurden, wird im Folgevortrag Herr Dr. Bunge vom Umweltbundesamt erläutern.

Die Planerhaltung für den Fall der Verletzung von Verfahrens- und Formvorschriften sowie von Abwägungsmängeln folgt gemäß des EAG-Entwurfs in § 10 Abs. 2 Nr. 1 ROG dem Regelungsmodell des § 214 Abs. 1 Nr. 3 BauGB, wonach die Unvollständigkeit der Begründung nur in den Fällen beachtlich ist, in denen in der die Umweltprüfung betreffenden Begründung abwägungserhebliche Angaben fehlen. Bei der landesplanerischen Rahmenausfüllung ist insofern zu beachten, dass eine Verletzung von Vorschriften in Bezug auf den Umweltbericht, soweit es die in der UP-Richtlinie geforderten Mindestangaben anbelangt, wegen des Anwendungsvorrangs des Gemeinschaftsrechts stets beachtlich ist.

Insgesamt lassen die vorgesehenen Änderungen des ROG den Ländern wenig Raum zur selbständigen Ausgestaltung. Dies liegt aber nicht daran, dass auf der Bundesebene der Rahmen kraft eigener Rahmengesetzgebungszuständigkeit des Bundes eng gesteckt worden wäre, ist vielmehr eine Folge der konkreten gemeinschaftsrechtlichen Vorgaben, die der Bund ohne eigenen Steuerungsanspruch im Zuge der Umsetzung der Plan-UP-Richtlinie weitgehend unverändert übernommen und in das Raumordnungsrecht integriert hat.

V. Anwendungsbereich der Plan-UP im Rahmen der Raumordnungsplanung

Die Vorschriften über die Plan-UP finden auf Raumordnungspläne Anwendung, deren Aufstellung nach dem 20. Juli 2004 eingeleitet oder deren Aufstellung zwar bereits vor diesem Zeitpunkt eingeleitet, aber erst nach dem 20. Juli 2006 abgeschlossen wird, es sei denn die Länder entscheiden im Einzelfall, dass die Plan-UP nicht durchführbar ist und unterrichten die Öffentlichkeit über ihre Entscheidung (vgl. Art. 13 Abs. 3 Plan-UP-Richtlinie i. V. mit dem nach Art. 2 Ziff. 9 EAG-Entwurf eingefügten § 23 Abs. 3 ROG). Von dieser letztgenannten Öffnungsklausel für Einzelfallentscheidungen der Länder wird allerdings aus den nachfolgend dargelegten Gründen kaum Raum sein, so dass diese wahrscheinlich ins Leere gehen wird. Möglichkeiten der Einschränkung der Anwendung der Plan-UP sind nur eingeschränkt vorhanden, da Pläne und Programme umweltprüfungspflichtig sind, wenn durch sie der Rahmen für die künftige Genehmigung bestimmter Projekte gesetzt wird. Aufgrund der Einbeziehung von Industriezonen und städtebaulichen Projekten in den Katalog der bauplanungsrechtlichen Vorhaben infolge der Änderungsrichtlinie zur Projekt-UVP-Richtlinie ist der Projektbezug stark abstrahiert und damit erheblich erweitert worden. Denn da für diese bauplanungsrechtlichen Vorhaben die Gemeinden als Vorhabenträger gelten müssen, die an die Ziele der Raumordnung gemäß § 1 Abs. 4 BauGB durch eine Anpassungspflicht gebunden sind und die die Grundsätze der Raumordnung als Abwägungsdirektiven zu berücksichtigen haben, wird der Rahmen in Form von rechtsverbindlichen Vorgaben für die spätere Genehmigungsentscheidung bereits auf der Ebene der Landes- und Regionalplanung gesetzt. Landes- oder Regionalpläne ohne einen solchen räumlichen Steuerungsanspruch könnten die nach § 1 Abs. 1 ROG vorgegebene Koordinierungs- und Steuerungsaufgabe nicht erfüllen und würden nicht den inhaltlichen Anforderungen eines Raumordnungsplans genügen. Die Standortentscheidung für solche Vorhaben wird auf dieser vorgelagerten Planungsebene immer beeinflusst. Darauf, ob einzelne Festlegungen, z. B. die Ausweisung zentraler Orte oder die Festlegung von Ausschlussgebieten aus Gründen der Umweltvorsorge, für sich betrachtet, Projektbezug aufweisen, kommt es nicht an. Denn die UP-Pflichtigkeit eines Plans oder Programms wird schon dadurch ausgelöst, dass einzelne Inhalte des Plans den Rahmen für die künftige Genehmigung von Projekten nach Anhang I und II der UVP-Richtlinie setzen[8]. Auch der Umstand, dass eine Baugenehmigung für städtebauliche Projekte, die auf der Grundlage eines qualifizierten Bebauungsplans verwirklicht werden können, nach den einschlägigen Vorschriften der Landesbauordnungen der Bundesländer nicht erforderlich ist, nimmt dem darüber liegenden Raumordnungsplan, der eine entsprechende Siedlungsflächenerweiterung zur Durchführung eines solchen Städtebauprojekts ermöglicht, nicht seine rahmensetzende Funktion. Denn darauf, wie die Genehmigungswirkung rechtstechnisch erzeugt wird, kommt es nach dem Zweck der Richtlinie nicht an.

Eine Einschränkung der generellen UP-Pflichtigkeit von Raumordnungsplänen im Einzelfall kommt daher für Raumordnungspläne nur in Betracht, wenn und soweit eine Änderung oder Teilfortschreibung sich nicht auf Projekte der Anhänge I und II der UVP-Richtlinie in der geänderten Fassung bezieht und auch keine erheblichen Auswirkungen auf ein Gebiet von gemeinschaftsrechtlicher Bedeutung oder ein Europäisches Vogelschutzgebiet zu erwarten sind oder wenn die Länder gemäß Art. 3 Abs. 3 Plan-UP-Richtlinie und § 7 Abs. 5 S. 5 des EAG-Entwurfs zur Ände-

---

8   Im Ergebnis ähnlich Hendler, Der Geltungsbereich der EG-Richtlinie zur strategischen Umweltprüfung, Natur und Recht 2003, S. 2 (6 ff.), der sich mit der Bedeutung des Erfordernisses der Rahmensetzung zur Bestimmung der Umweltprüfungspflichtigkeit von Plänen und Programmen detailliert auseinandersetzt. Vgl. zudem Hendler, Die strategische Umweltprüfung (sog. Plan-UVP) als neues Instrument des Umweltrechts, in: Hendler/ Marburger/Reinhardt/Schröder (Hrsg.), Umwelt- und Technikrecht, Bd. 76, S. 95 (102 ff.).

rung des ROG bestimmt haben, dass geringfügige Änderungen von Raumordnungsplänen nur dann einer Umweltprüfung bedürfen, wenn anhand der Kriterien des Anhangs II zur Plan-UP-Richtlinie im Einzelfall festgestellt wurde, dass die Änderungen voraussichtlich erhebliche Umweltauswirkungen haben. Eine solche landesrechtliche Regelung kann für die Träger der Raumordnungsplanung keine beträchtliche, aber immerhin eine gewisse Entlastungswirkung haben, zumal auch geringfügige Änderungen im Verfahren nach bereits durchgeführter Umweltprüfung keine erneute ergänzende Umweltprüfung erforderlich machen, wenn mit den Korrekturen keine zusätzlichen erheblichen Umweltauswirkungen verbunden sind.

Fraglich ist, ob dann, wenn die Länder eine die generelle UP-Pflicht von Raumordnungsplänen durchbrechende Einzelfallprüfung für geringfügige Änderungen von Raumordnungsplänen zulassen, die Prüfung solcher Teilfortschreibungen, die bestimmte Gebiete von bestimmten, raumbedeutsamen Nutzungen und Maßnahmen im Interesse des Umweltschutzes und der Umweltvorsorge freihalten, immer zu dem Ergebnis führt, dass die Änderungen voraussichtlich keine erheblichen Umweltauswirkungen haben werden. Dies ist zu verneinen[9]. Soweit die Teilfortschreibung eines Raumordnungsplans nur mit dem Ziel einer Ausweisung von Ausschlussgebieten für bestimmte, raumbedeutsame Maßnahmen durchgeführt würde, kann dahingestellt bleiben, ob dies in jedem Fall eine reine Negativplanung darstellen würde und ob diese unzulässig wäre, auch eine solche Änderung kann jedoch UP-pflichtig sein. Dies folgt daraus, dass standortausschließende Pläne den Rahmen für künftige Projekte verändern, weil bestimmte Standorte als Alternativen nicht mehr zur Verfügung stehen. Dies wäre insbesondere dann von Bedeutung, wenn die ausgeschlossenen Standorte, z. B. bei einem Standort für den Bau eines Flughafens, unter Umweltschutzgesichtspunkten besser für die Projektrealisierung geeignet wären als die verfügbar bleibenden Standorte.

Der Raum für eine die generelle UP-Pflichtigkeit von Raumordnungsplänen durchbrechende Einzelfallprüfung im Fall geringfügiger Änderungen ist daher nur gering. Selbst wenn die Länder von der in § 7 Abs. 5 S. 5 des EAG-Entwurfs zur Änderung des ROG eröffneten Möglichkeit Gebrauch machen sollten, wird es voraussichtlich nur wenige Fälle geben, in denen wegen der Prognose, dass die Änderungen voraussichtlich keine erheblichen Umweltauswirkungen haben werden, von einer Umweltprüfung abgesehen werden kann. Dennoch kann einer solchen Regelung eine gewisse Entlastung insbesondere hinsichtlich verfahrensimmanenter Änderungen des Plans zukommen.

---

9   Im Ergebnis ebenso Hendler, Der Geltungsbereich der EG-Richtlinie zur strategischen Umweltprüfung, Natur und Recht 2003, S. 2 (6 f.).

VI. Verfahrensanforderungen und deren Konsequenzen für die Raumordnungsplanung

Die Verfahrensanforderungen der Plan-UP-Richtlinie werden nach der Konzeption des Gesetzentwurfs in das Verfahren der Aufstellung eines Raumordnungsplans integriert. Dieses Verfahren mit Umweltprüfung lässt sich unter Ausklammerung von landesrechtlichen Nuancen wie folgt darstellen:

Regelverfahren zur Aufstellung eines Raumordnungsplans

1. Einleitung des Aufstellungsverfahrens

Anwendungsbereich:
§ 23 ROG 2004
Generelle UP-Pflicht!
Möglichkeit von landesrechtlichen Ausnahmen, insb. bei geringfügigen Änderungen

2. Soweit landesrechtlich vorgesehen, Einzelfallprüfung der Ausnahmevoraussetzungen bei geringfügigen Änderung ohne erhebliche Umweltauswirkungen (vgl. § 7 Abs. 5 S. 5 ROG).

3. Festlegung des vorgesehenen Umfangs und Detaillierungsgrades der Umweltprüfung unter Beteiligung betroffener öffentlicher Stellen (vgl. § 7 Abs. 5 S. 4 ROG) nach Prüfung von Möglichkeiten der vertikalen und horizontalen Abschichtung (§ 7 Abs. 5 S. 8 und 9 ROG) sowie etwaigen ergänzenden landesrechtlichen Vorschriften

Scoping im Rahmen der Umweltprüfung
Erfordernis einer Verträglichkeitsprüfung gem. § 7 Abs. 5 S. 9 ROG i. V. mit § 34 und 35 BNatSchG?
Evtl. Gedanken zur Ausgleichskonzeption, Abstandswahrungsgebot gem. Art. 12 der Seveso-II-Richtlinie
Beginn der Erstellung eines Umweltberichts

4. Ausarbeitung des Entwurfs mit Begründung und integriertem Umweltbericht; Anforderungen an Mindestinhalte von Umweltbericht und Inhalte der Planbegründung beachten (vgl. § 7 Abs. 8 ROG)
5. Frühzeitige Öffentlichkeits- und Behördenbeteiligung (§ 7 Abs. 6 S. 1 ROG); ggf. nachbarstaatliche Beteiligung gem. § 7 a Abs. 6 S. 2 ROG i. V. mit §§ 9 a UVPG

6. Abwägung unter Berücksichtigung des Umweltberichts und der eingegangenen Stellungnahmen

Bei wesentlichen Änderungen der Grundzüge der Planung ggf. erneute Offenlage bzw. Gelegenheit zur Stellungnahme

7. Beschlussfassung

Soweit bereits freiwillig Umweltprüfungen durchgeführt worden sind, hat sich ergeben, dass diese mit nicht unerheblichen finanziellen und personellen Mehrbelastungen verbunden gewesen sind. Dies wird zum Teil dadurch verstärkt, dass auch die erneute Offenlage in Betracht zu ziehen ist. Die Voraussetzungen dafür sollten im Interesse der Rechtsklarheit von den Ländern entsprechend der Vorschriften zur Änderung des BauGB geregelt werden, wonach eine erneute Offenlage nur notwendig ist, wenn der Entwurf des Raumordnungsplans geändert oder ergänzt wird. Soweit die Grundzüge der Planung nicht berührt sind, sollte in den Landesplanungsgesetzen eine sachlich-gegenständliche und umfängliche Beschränkung der Öffentlichkeits- und Behördenbeteiligung vorgesehen werden. Auf der Landesebene wird die Mitwirkungspflicht der in ihrem Zuständigkeitsbereich betroffenen Behörden zu thematisieren sein. Außerdem wird zu erwägen sein, welche Rechtsfolgen es haben soll, wenn Behörden oder Träger öffentlicher Belange nicht innerhalb einer etwaigen Fristenregelung ihre Stellungnahme abgegeben haben (vgl. § 4a Abs. 2 BauGB gemäß Art. 1 EAG-Entwurf).

VI. Bestimmung des Umfangs und des Detaillierungsgrades der Umweltprüfung im Rahmen der Raumordnungsplanung

Im Zentrum der Umweltprüfung steht der Umweltbericht, der in die Planbegründung integriert werden soll. Gemäß Art. 5 Abs. 1 der Plan-UP-Richtlinie werden im Umweltbericht die voraussichtlichen erheblichen Auswirkungen, die die Durchführung des Plans oder Programms auf die Umwelt hat, sowie vernünftige Alternativen, die die Ziele und den geographischen Anwendungsbereich des Plans oder Programms berücksichtigen, ermittelt, beschrieben und bewertet. Gemäß Anhang I sind folgende Informationen vorzulegen:

a) eine Kurzdarstellung des Inhalts und der wichtigsten Ziele des Plans oder Programms sowie der Beziehung zu anderen relevanten Plänen und Programmen;

b) die relevanten Aspekte des derzeitigen Umweltzustands und dessen voraussichtliche Entwicklung bei Nichtdurchführung des Plans oder Programms;

c) die Umweltmerkmale des Gebiets, die voraussichtlich erheblich beeinträchtigt werden;

d) sämtliche derzeitigen für den Plan oder das Programm relevanten Umweltprobleme unter besonderer Berücksichtigung der Probleme, die sich auf Gebiete mit einer speziellen Umweltrelevanz beziehen, die etwa die gemäß den Richtlinien 79/409/EWG und 92/43/EWG ausgewiesenen Gebiete;

e) die auf internationaler oder gemeinschaftlicher Ebene oder auf der Ebene der Mitgliedstaaten festgelegten Ziele des Umweltschutzes, die für den Plan oder das Programm von Bedeutung sind, und die Art, wie diese Ziele und alle Umwelterwägungen bei der Ausarbeitung des Plans oder Programms berücksichtigt wurden;

f) die voraussichtlichen erheblichen Umweltauswirkungen, einschließlich der Auswirkungen auf Aspekte wie die biologische Vielfalt, die Bevölkerung, die Gesundheit des Menschen, Fauna, Flora, Boden, Wasser, Luft, klimatische Faktoren, Sachwerte, das kulturelle Erbe einschließlich der architektonisch wertvollen Bauten und der archäologischen Schätze, die Landschaft und die Wechselbeziehungen zwischen den genannten Faktoren;

g) die Maßnahmen, die geplant sind, um erhebliche negative Umweltauswirkungen aufgrund der Durchführung des Plans oder Programms zu verhindern, zu verringern und soweit wie möglich auszugleichen;

h) eine Kurzdarstellung der Gründe für die Wahl der geprüften Alternativen und eine Beschreibung wie die Umweltprüfung vorgenommen wurde, einschließlich etwaiger Schwierigkeiten bei der Zusammenstellung der erforderlichen Informationen (zum Beispiel technische Lücken oder fehlende Kenntnisse);

i) eine Beschreibung der geplanten Maßnahmen zur Überwachung gemäß Artikel 10 und

j) eine nichttechnische Zusammenfassung der oben beschriebenen Informationen.

Ausgehend von den geforderten Informationen muss sich der Umfang der Umweltprüfung auf diese Informationen beziehen. Verlangt werden Angaben zu den Folgen der Durchführung des Plans oder Programms. Welche Folgen die Durchführung eines Plans oder Programms haben kann, richtet sich zunächst einmal nach dessen rechtlicher Steuerungs- bzw. Bindungswirkung. Denn haben Inhalte des Plans oder Programms nur Informationswirkung, ohne dass sie auf Umsetzung angelegt sind oder Rechtsfolgen auslösen, bleibt die Durchführung des Plans oder Programms insofern ohne Folgen; die Folgen resultieren nicht aus dem Plan. Dies wäre etwa der Fall bei nachrichtlichen Übernahmen der Inhalte anderer Planungen.

Bei Raumordnungsplänen ist daher von Bedeutung, welchen Inhalten Steuerungs- bzw. Bindungswirkung zukommt. Welche dies sind, sagt § 4 ROG. Danach sind Ziele der Raumordnung von öffentlichen Stellen bei ihren raumbedeutsamen Planungen und Maßnahmen zu beachten und die Grundsätze der Raumordnung zu berücksichtigen. Welche Folgen die Durchführung eines Plans oder Programms hat, wird zudem durch dessen Funktion und Aufgabenstellung bestimmt. Danach gehört es zu der Aufgabe der Raumordnungspläne, den Gesamtraum der Bundesrepublik Deutschland sowie seine Teilräume durch Abstimmung raumbedeutsamer Planungen und Maßnahmen zu entwickeln, zu ordnen und zu sichern. Dies geht nur, wenn die unterschiedlichen Anforderungen an den Raum aufeinander abgestimmt und die auf der jeweiligen Planungsebene auftretenden Konflikte ausgeglichen werden und wenn Vorsorge für einzelne Raumfunktionen und Raumnutzungen getroffen werden.

Welche Umweltauswirkungen der Plan oder das Programm hat, ist ausgehend von dessen Funktion, Aufgabe und Bindungs- bzw. Steuerungswirkung und dessen umweltrelevanten Inhalt zu bestimmen; welche Umweltauswirkungen als erheblich einzustufen sind, richtet sich nach Inhalt und Zweck der Plan-UP-Richtlinie. Diese verwendet den Begriff der erheblichen Umweltauswirkungen. Die aktuelle Richtlinienfassung macht deutlich, dass nicht nur die erheblichen negativen Umweltauswirkungen, wie noch in dem Kommissionsvorschlag vorgesehen[10], erfasst werden sollen, sondern auch positive Umweltauswirkungen. Soweit der Begriff der erheblichen Umweltauswirkung auf die Gesamtbewertung eines Plans und Programms bezogen ist, erscheint dies auch sachgerecht. Denn insofern sind auch die positiven Umweltauswirkungen eines Plans von Bedeutung. Die Richtlinie unterscheidet zwischen erheblichen und erheblich negativen Umweltauswirkungen. Erheblich negative Umweltauswirkungen sollen verhindert, verringert und soweit möglich ausgeglichen werden. Deshalb verlangt Anhang I Ziff. g) Informationen über Maßnahmen, die geplant sind, um die erheblichen negativen Umweltauswirkungen zu verhindern, verringern oder soweit wie möglich auszugleichen. Im Umweltbericht sollen jedoch gemäß des Anhangs II sämtliche erheblichen Umweltauswirkungen einschließlich der sekundären, kumulativen, synergetischen, kurz-, mittel- und langfristigen, ständigen und vorübergehenden, positiven und negativen Auswirkungen erfasst werden.

Entscheidend für die Festlegung des Umfangs und den Detaillierungsgrad der Umweltprüfung ist, was Anknüpfungspunkt für die Beurteilung der erheblichen Auswirkungen des Plans oder Programms ist. Diesbezüglich können die für die Bestimmung des Geltungsbereichs der Plan-UP-Richtlinie und die in Anhang II aufgeführten Kriterien für Bestimmung der voraussichtlichen Erheblichkeit von Umweltauswirkungen herangezogen werden. Da die Plan-UP-Richtlinie vor allem eine Vorverlagerung des Schutzes der Projekt-UVP-Richtlinie und der FFH-Richtlinie bezweckt, sollen nach dem Zweck der Plan-UP-Richtlinie vor allem die Umweltauswirkungen, die von UVP-pflichtigen Projekten ausgehen, erfasst werden, und diejenigen Umweltauswirkungen, die sich auf ein Europäisches Schutzgebiet erheblich auswirken. Von dieser Zweckbestimmung her werden der Umfang und der Detaillierungsgrad der Umweltprüfung entscheidend vorgeprägt. Soweit der Anhang II zur Bestimmung der Pläne und Programme, die nicht von vornherein in den Anwendungsbereich der Plan-UP-Richtlinie fallen und bei denen dem Mitgliedstaat eine Einschätzungsprärogative verbleibt, Indikatoren für deren voraussichtlich erhebliche Umweltauswirkungen nennt, können diese auch für die Beurteilung des Umfangs und die Untersuchungstiefe herangezogen werden. Danach ist von Bedeutung, das Ausmaß, in dem der Plan oder das Programm für Projekte und andere Tätigkeiten in Bezug auf Standort, Art, Größe und Betriebsbedingungen oder durch die Inanspruchnahme von Ressourcen einen Rahmen setzt, das Ausmaß, in dem der Plan oder das Programm andere Pläne und Programme – einschließlich solcher in einer Planungs- oder Programmhierarchie – beeinflusst, die Bedeutung des Plans oder des Programms für die Einbeziehung der Umwelterwägungen, insbesondere im Hinblick auf die Förderung der nachhaltigen Entwicklung; die für den Plan oder das Programm relevanten Umweltprobleme und die Bedeutung des Plans oder Programms für die Durchführung der Umweltvorschriften der Gemeinschaft.

Ausgehend von diesen Kriterien müssen die Festlegungen der Raumordnungspläne auf ihre Umweltauswirkungen im Hinblick auf ihre rahmensetzende Funktion für UVP-pflichtige Projekte und ihre Auswirkungen auf Europäische Schutzgebiete

---

10 Vgl. Art. 4 Abs. 3, 4 des Vorschlags für eine Richtlinie des Rates über die Prüfung der Umweltauswirkungen bestimmter Pläne und Programme, KOM (96) 511 endg., ABl. EG Nr. C 129 v. 25.4.1997, S. 14.

überprüft werden. Da die Raumordnungspläne innerhalb der Planungshierarchie nicht nur eine Bindungswirkung für die kommunale Bauleitplanung, sondern auch für die Fachplanung und für sonstige raumbedeutsame Planungen und Maßnahmen privater und öffentlicher Stellen entfalten, müssen auch die rahmensetzenden Folgen erfasst werden, deren Auswirkungen sich erst bei der Realisierung der Planungen und Maßnahmen auf der nächsten Planungsstufe zeigen und konkretisieren. Da der Raumordnungsplan die Projekt- und Maßnahmenrealisierung grundsätzlich nicht unmittelbar regelt, bewegt sich die Umweltfolgenabschätzung stärker im prognostischen Bereich. Wegen der rahmensetzenden Funktion der Raumordnung und dem großen Planungsmaßstab ist klar, dass der Detaillierungsgrad der Umweltprüfung verhältnismäßig gering ist. Insofern ist zu beachten, dass die Festlegungen grundsätzlich nur gebietsscharf erfolgen, dass die Raumordnungsplanung auf Konkretisierung angelegt ist und die denkbaren Projekte, für die ein Nutzungsrahmen eröffnet wird, oftmals noch nicht im Einzelnen feststehen. Deshalb können auch nur auf diesen Beurteilungsrahmen bezogene Aussagen im Umweltbericht verlangt werden.

Inhaltlich sollen Raumordnungspläne gemäß § 7 Abs. 2 ROG Festlegungen zur Raumstruktur enthalten, insbesondere zu der anzustrebenden Siedlungsstruktur, wozu Raumkategorien, Zentrale Orte, besondere Gemeindefunktionen, Siedlungsentwicklungen, Achsen gehören, sowie zu der anzustrebenden Freiraumstruktur, wozu großräumig übergreifende Freiräume und Freiraumschutz, Nutzungen im Freiraum, wie Standorte für die vorsorgende Sicherung sowie die geordnete Aufsuchung und Gewinnung von standortgebundenen Rohstoffen, und die Sanierung und Entwicklung von Raumfunktionen. Überdies sollen Raumordnungspläne Festlegungen zu den zu sichernden Standorten und Trassen für Infrastruktur enthalten, wozu die Verkehrsinfrastruktur und Umschlaganlagen von Gütern und Ver- und Entsorgungsstruktur gehören, und Festlegungen zu raumbedeutsamen Planungen und Maßnahmen von öffentlichen Stellen und Personen des Privatrechts. Neben den Darstellungen in Fachplänen des Verkehrsrechts sowie des Wasser- und Immissionsschutzrechts gehören hierzu insbesondere: die raumbedeutsamen Erfordernisse und Maßnahmen des Naturschutzes und der Landschaftspflege, der forstlichen Rahmenpläne, der Abfallwirtschaftspläne und der Vorplanung nach des Vorschriften des Gesetzes über die Gemeinschaftsaufgabe »Verbesserung der Agrarstruktur und des Küstenschutzes«.

Gemäß § 7 Abs. 4 ROG können als Gebietskategorien auch Vorrang-, Vorbehalts- und Eignungsgebiete bezeichnet werden, wobei die Eignungsgebiete nicht von allen Bundesländern als Gebietskategorie in das Landesrecht übernommen worden sind. Die Festlegung von Vorranggebieten entfaltet nach herrschender Meinung, soweit bestimmte, raumbedeutsame Funktionen und Nutzungen mit Vorrang belegt sind, die Bindungswirkung eines Ziels der Raumordnung, während der Festlegung von Vorbehaltsgebieten nach herrschender Meinung der Charakter einer Abwägungsdirektive und damit der Stellenwert eines Grundsatzes der Raumordnung beizumessen ist. Dabei ist freilich nicht zu verkennen, dass die mit der Festlegung eines Vorbehaltsgebiets verbundene Gewichtungsvorgabe rechtliche Bindungswirkung entfaltet und der landes- oder regionalplanerische Abwägungsbelang bei der nachfolgenden Abwägungsentscheidung entsprechend einzustellen ist. Die Eignungsgebiete entfalten nach herrschender Meinung hinsichtlich ihrer außergebietlichen Ausschlusswirkung die Bindungswirkung eines Ziels der Raumordnung und innerhalb des Gebiets, soweit die räumliche Eignung für bestimmte, raumbedeutsame Maßnahmen festgelegt wird, grundsätzlich den Charakter von Grundsätzen der Raumordnung.

Da im Umweltbericht eine Information darüber verlangt wird, ob die Durchführung des Plans oder Programms erhebliche Umweltauswirkungen beinhaltet, sind sämtliche Festlegungen des Raumordnungsplans daraufhin zu überprüfen. Nur dann kann der Plan insgesamt einer Bewertung zugeführt werden. Betrachtet man die Steuerungs- und Bindungswirkung der verschiedenen Festlegungsmöglichkeiten ergeben sich schon daraus Unterschiede im Hinblick auf den Umfang und Detaillierungsgrad der Umweltprüfung. Allgemeine raumfunktionelle und –strukturelle Aussagen ohne konkreten Projektbezug können hinsichtlich ihrer Umweltauswirkungen nur allgemein abgeschätzt werden. Es müssen insofern nicht alle innerhalb des Festlegungsrahmens liegenden denkbaren Entwicklungsmöglichkeiten auf ihre möglichen Auswirkungen hin untersucht werden. Denn gemäß Art. 5 Abs. 2 Plan-UP-Richtlinie sind im Umweltbericht nur diejenigen Angaben zu machen, die vernünftigerweise verlangt werden können. Nur theoretisch denkbare Entwicklungsvarianten, die sich im Bereich des Spekulativen bewegen, brauchen deshalb nicht zum Gegenstand des Umweltberichts gemacht zu werden. Dieser orientiert sich an den tatsächlich zu erwartenden Auswirkungen.

Während die Ausweisung Zentraler Orte in einem Raumordnungsplan im Hinblick auf die betroffenen Projekte und damit auch in Bezug auf die in Anhang II der Richtlinie angegebenen Merkmale für erhebliche Umweltauswirkungen, wie insbesondere die Wahrscheinlichkeit, Dauer, Häufigkeit und Umkehrbarkeit der Auswirkungen sowie die Risiken für die menschliche Gesundheit oder die Umwelt, einen geringen projektbezogenen Konkretisierungsgrad besitzt, hat die Festlegung eines Gebiets als Standort für den Bau eines Flughafens oder für den Bau einer sonstigen raumbedeutsamen Verkehrsanlagen in Form eines Ziels der Raumordnung konkret abschätzbare Auswirkungen. Da mit der Ausweisung Zentraler Orte die Ansiedlung von Versorgungseinrichtungen mit überörtlichem Einzugsbereich verbunden ist, ist trotz des Abstraktionsgrades der Ausweisung der Projektbezug abschätzbar. Denn es ist mit dieser Ausweisung der Bau von großflächigen Einzelhandelsbetrieben, von Sportstätten, Krankenhäusern, Museen usw. verknüpft. Nicht anders verhält es sich bei der Festlegung einer Entwicklungsachse. Diese ist auf die Konzentration der Siedlungs- und Verkehrswegeentwicklung ausgerichtet.

Die Beurteilungskriterien sind jedoch auf den Planungsmaßstab und die raumfunktionelle und –strukturelle Aufgabe der Raumordnung bezogen. Deshalb können keine bis ins Detail gehende projektbezogene Angaben verlangt werden, soweit das konkrete Projekt noch nicht feststeht. So lässt sich zwar auf der Ebene der Landes- und Regionalplanung bei der Ausweisung eines Gemeindegebiets als Vorranggebiet für gewerbliche und industrielle Nutzung - ausgehend von der Typisierung der §§ 8 und 9 BauNVO - eine grobe Umweltfolgenabschätzung vornehmen, die konkreten Auswirkungen des Baugebiets, dessen Ausgestaltung in der Hand der Gemeinde liegt, oder gar die Auswirkungen der einzelnen gewerblichen bzw. industriellen Anlagen können jedoch auf dieser Planungsebene nicht mit Detailgenauigkeit abgeschätzt werden. Das gleiche gilt bei der Ausweisung von Zentralen Orten und Achsen. Auch bezüglich dieser Festlegungen können bezogen auf den Planungsmaßstab und die raumfunktionelle und -strukturelle Steuerungsfunktion der Raumordnung nur grobe prognostische Abschätzungen der Umweltauswirkungen vorgenommen werden.

Fraglich ist, ob und inwieweit auch Ausschlussgebiete, die dem Umweltschutz und der Umweltvorsorge dienen, und klarstellende Regelungen ohne eigene Steuerungswirkung, auf ihre Umweltauswirkungen hin zu überprüfen sind. Da in dem Umweltbericht die voraussichtlichen erheblichen Auswirkungen und zwar auch die in positiver Hinsicht erheblichen, die die Durchführung des Plans oder Programms auf die Umwelt hat, erfasst werden sollen, müssen auch Ausschlussgebiete oder sonstige Festlegungen, die dem Umweltschutz und der Umweltvorsorge dienen, wie z. B. das Herstellen großräumig übergreifender Freiräume, der Umweltprüfung unterzogen werden. Dies ist nicht nur hinsichtlich der Umweltberichtspflicht von Bedeutung, sondern auch unter dem Aspekt des vollständigen Sammelns des abwägungsrelevanten Materials.

Dagegen brauchen nur klarstellende Regelungen ohne eigene Steuerungswirkung, wie z. B. die Klarstellung, dass diejenigen Gebiete, die nicht als Vorrang- und auch nicht aus Ausschlussgebiete festgelegt werden bzw. auf die sich die Ausschlusswirkung nicht erstrecken soll, ohne raumordnerische Steuerung bleiben, nicht in die Umweltprüfung einbezogen zu werden, weil insoweit durch die Durchführung des Plans keine Auswirkungen entstehen.

VIII. Die Thematik der Abschichtung

In der Plan-UP-Richtlinie ist die Thematik der Abschichtung gem. Art. 4 Abs. 3 in den Kontext der Bestimmung des Umfangs und des Detaillierungsgrades (Scoping) und der Anforderungen an den Umweltbericht gestellt worden[11]. Aufgrund der Richtlinienkonzeption ist nunmehr in der Umsetzungsphase vor allem folgende Frage zu betrachten: Wie wird im Gesetzentwurf von den Möglichkeiten der vertikalen und horizontalen Abschichtung im Interesse der Vermeidung von Mehrfachprüfungen Gebrauch gemacht?

Nach dem EAG-Entwurf wird die Abschichtung für den Bereich der Raumordnung wie folgt geregelt: Das Thema der vertikalen Abschichtung wird gemäß des EAG-Entwurfs in § 7 Abs. 5 S. 7 ROG nur für das Verhältnis der Raumordnungspläne untereinander be-

---

11 Vgl. dazu allgemein Bunge, Möglichkeiten und Grenzen der »Abschichtung« bei der strategischen Umweltprüfung, in: Eberle/Jacoby (Hrsg.), Umweltprüfung für Regionalpläne, S. 20 ff.; zur Problematik auch Orth, Die UVP für Pläne und Programme in der Gebietsentwicklungsplanung/Regionalplanung, in: Ministerium für Umwelt, Raumordnung und Landwirtschaft des Landes Nordrhein-Westfalen (Hrsg.), Die UVP für Pläne und Programme – Eine Chance zur Weiterentwicklung von Planungsinstrumenten?, S. 49 (53)

handelt. So soll es in dem § 7 Abs. 5 S. 7 ROG nach dem EAG-Entwurf heißen, dass auf der Länderebene vorgesehen werden können, dass die Umweltprüfung bei Regionalplänen auf zusätzliche oder andere erhebliche Umweltauswirkungen zu beschränken ist, wenn der Raumordnungsplan für das Landesgebiet, aus dem die Regionalpläne entwickelt werden, bereits eine Umweltprüfung im Sinne der Plan-UP-Richtlinie enthält. Offen bleibt, ob und inwieweit bei einer Änderung des Landesentwicklungsprogramms auch umgekehrt auf die im Rahmen eines Verfahrens zur Aufstellung eines Regionalplans durchgeführte Umweltprüfung zurückgegriffen werden darf. Auch dies müsste bejaht werden. Für das Verhältnis zwischen der in einem Raumordnungsplan durchgeführten Umweltprüfung und einem zeitlich nachfolgenden Bauleitplanverfahren ist im Verhältnis der vertikalen Abschichtung auch § 2 Abs. 4 BauGB von Bedeutung. Danach soll die Umweltprüfung in einem zeitlich nachfolgenden Bauleitplanverfahren auf zusätzliche oder andere erhebliche Umweltauswirkungen beschränkt werden. Die Umweltprüfung auf der Ebene der Flächennutzungsplanung kann insoweit ergänzend sein, als innerhalb der auf der Ebene der Raumordnungsplanung festgelegten Siedlungserweiterungsflächen oder innerhalb der Standort- oder Trassenfestlegungen sowie innerhalb der gebietsbezogenen Strukturaussagen (Zentrale-Orte-Ausweisung bzw. Entwicklungsachsen) aufgrund des Darstellungsprogramms eine Ausgestaltung und Konkretisierung erfolgt[12]. Nicht geregelt ist der umgekehrte Fall, in dem ein Verfahren der Raumordnungsplanung einem Bauleitplanverfahren nachfolgt. Folgt der Raumordnungsplan dem Standortkonzept des Bauleitplans, schließt er sich zum Beispiel der auf der Ebene der Bauleitplanung getroffenen Standortentscheidung für einen Windkraftanlagenpark für das fragliche Gemeindegebiet an, so muss es konsequenterweise möglich sein, dass bei der Umweltprüfung im Rahmen der Raumordnungsplanung die diesbezüglich auf der Ebene der Bauleitplanung durchgeführte Umweltprüfung zugrunde gelegt wird. Obwohl dieser Fall nicht ausdrücklich geregelt ist, folgt dies aus der Notwendigkeit der Berücksichtigung eines wirksamen Bauleitplans oder eines Bauleitplans, der zumindest schon Planreife im Sinne des § 33 BauGB erreicht hat, im Rahmen der raumordnungsplanerischen Abwägung, dass auch das der Bauleitplanung zugrunde liegende Abwägungsmaterial und damit auch die Ergebnisse der Umweltprüfung berücksichtigt werden können und aus Gründen der Effektivität der Raumordnungsplanung auch sollten.

Nach der bisherigen Abschichtungsregelung im Gesetzentwurf ist nur teilweise geklärt, wie mit den Umweltprüfungen umzugehen ist, die bezüglich der raumbedeutsamen Planungen und Maßnahmen, insbesondere im Bereich der Fachplanung, durchzuführen sind bzw. durchgeführt worden sind[13]. Es handelt sich dabei ebenfalls um eine Problematik der vertikalen Abschichtung, weil die hierarchische Stufung nicht nur im Verhältnis der örtlichen und überörtlichen Gesamtplanung besteht, sondern wegen Kollisionsregelungen zum Teil auch im Verhältnis zur Fachplanung.

---

12 Ähnlich Bunzel, Abschichtung der Umweltprüfung zwischen Regional- und Bauleitplanung, in: Eberle/Jacoby, Umweltprüfung für Regionalpläne, S. 27 (34)
13 Bunge vertritt die Ansicht, dass eine Abschichtung zwischen verschiedenen Planungsarten nach der Plan-UP-Richtlinie (2001/42/EG) nicht zulässig sei, vgl. in: Eberle/Jacoby (Hrsg.), Umweltprüfung für Regionalpläne, S. 20 (23)

Soweit die Fachplanung mit einer Zulassungsentscheidung verknüpft ist, regelt § 16 Abs. 3 des Art. 3 EAG zur Änderung des Gesetzes über die Umweltverträglichkeitsprüfung das Verhältnis zwischen einer Raumordnungsplanung und einem nachfolgenden Zulassungsverfahren. Demzufolge kann dann, wenn eine Umweltprüfung in einem Verfahren nach Absatz 1 und eine Umweltverträglichkeitsprüfung in einem nachfolgenden Zulassungsverfahren für ein Vorhaben durchgeführt werden, die Umweltverträglichkeitsprüfung im nachfolgenden Zulassungsverfahren auf zusätzliche oder andere erhebliche Umweltauswirkungen des Vorhabens beschränkt werden. Soweit demzufolge ein Planfeststellungsverfahren, das zugleich die Fachplanungs- als auch die Zulassungsentscheidung für ein Vorhaben beinhaltet, auf die Aufstellung und Änderung eines Raumordnungsplans mit integrierter Umweltprüfung folgt, ist eine Weiterverwertung der Ergebnisse der im Rahmen des Verfahrens der Raumordnungsplanung durchgeführten Umweltprüfung vorgesehen. Nicht ausdrücklich geregelt ist hingegen, wie zu verfahren ist, wenn eine Teilfortschreibung des Raumordnungsplans auf ein Planfeststellungsverfahren folgt. Die Antwort ist aber in den Kollisionsregelungen zu suchen. Denn so wie in § 38 BauGB ein Vorrang zugunsten der dort aufgeführten privilegierten Fachplanungsvorhaben mit der Rechtswirkung der Planfeststellung mit der Folge besteht, dass für eine erneute Umweltprüfung im Rahmen der nachfolgenden Bauleitplanung grundsätzlich dann kein Raum ist, wenn die im Rahmen der Fachplanung getroffene Nutzungsentscheidung für den fraglichen Standort im Rahmen der Bauleitplanung unberührt bleibt, müssen bereits bestandskräftige Planfeststellungsbeschlüsse bei der Fortschreibung eines Raumordnungsplans mit dem einer solchen vorausgegangenen Entscheidung zukommenden Gewicht berücksichtigt werden. Für die erneute Durchführung einer Umweltprüfung bezüglich planfestgestellter Vorhaben ist nur Raum, wenn der Planfeststellungsbeschluss nichtig ist oder wenn er aufgehoben worden ist oder wenn auf der Ebene der Flächennutzungsplanung gemäß § 7 S. 2 BauGB wegen Änderung der Sachlage eine abweichende Planung erforderlich ist oder wenn auf der Ebene der Raumordnungsplanung abwägungsgerecht mit Zielbindung ein anderer Standort festgelegt worden ist und dies ohne Widerspruch des Fachplanungsträgers geblieben ist (§ 5 Abs. 3 ROG). Dies wäre etwa der Fall, wenn ein Flugplatz nach dem LuftverkehrsG bestandskräftig nach Durchführung einer Umweltverträglichkeitsprüfung planfestgestellt ist und danach aufgrund eines Raumordnungsplans ein anderer Standort präferiert würde. In diesem Fall ist eine Umweltprüfung durchzuführen, wenn der Raumordnungsplan sich nicht an den Standort für das bereits planfestgestellte Vorhaben hält. Dabei kommt es nicht darauf an, ob der Fachplanungsträger mit der Konsequenz Widerspruch gem. § 5 Abs. 3 ROG eingelegt hat, dass die Bindungswirkung des Ziels der Raumordnung gegenüber der widersprechenden Stelle nicht entsteht; ausschlaggebend ist insofern vielmehr, dass in diesem Fall aus den Festlegungen im Raumordnungsplan, wenn er durchgeführt würde, andere Umweltauswirkungen resultieren würden. Dagegen kann die Regionalplanung die im Rahmen eines Planfeststellungsverfahrens zur Errichtung einer Polderanlage zum Schutz vor Hochwasser durchgeführte Umweltprüfung zugrunde legen, wenn gegen den Standort unter Berücksichtigung der geprüften und in den Unterlagen des Vorhabenträgers gemäß § 6 Abs. 3 Nr. 5 UVPG aufzuführenden Alternativen aus Sicht der

Raumordnungsplanung keine gewichtigen Einwendungen bestehen. Allerdings können sich aufgrund des größeren Planungsmaßstabs und der daraus resultierenden weiter gesteckten gebietsbezogenen Beurteilung andere Alternativen ergeben, die ggf. einer gesonderten Beurteilung im Rahmen der Umweltprüfung bezüglich des Raumordnungsplans bedürfen.

Die Problematik der horizontalen Abschichtung soll ebenfalls auf der Ebene der Länder gelöst werden. Dementsprechend lautet § 7 Abs. 5 S. 8 des Gesetzentwurfs, es könne vorgesehen werden, dass die Umweltprüfung sowie andere, auf Grund von Rechtsvorschriften der Europäischen Gemeinschaft erforderliche Verfahren zur Prüfung von Umweltauswirkungen gemeinsam durchgeführt werden können. Diese Regelung ermöglicht die Einführung eines Trägerverfahrens für sämtliche Umweltprüfungen. Sie ist notwendig, weil wie im Bebauungsplanverfahren neben der Umweltprüfung aufgrund der Plan-UP-Richtlinie auch eine Verträglichkeitsprüfung auf der Basis der Art. 6 und 7 FFH-Richtlinie bzw. den zu deren Umsetzung ergangenen §§ 34 und 35 BNatSchG durchzuführen sein kann, wenn bei Durchführung des Plans erhebliche Beeinträchtigungen eines Euopäischen Schutzgebiets im Sinne dieser Richtlinie zu erwarten sind. Die besonderen verfahrensmäßigen Prüfschritte der Verträglichkeitsprüfung müssen jedoch zusätzlich zu den Verfahrenserfordernissen der Plan-UP-Richtlinie erfüllt werden. Auch das Abstandswahrungsgebot der Seveso-II-Richtlinie für störanfällige Betriebe kann auf der Ebene der Raumordnungsplanung zu berücksichtigen sein. So heißt es in der Richtlinie 2003/105/EG des Europäischen Parlaments und des Rates vom 16. Dezember 2003 zur Änderung der Richtlinie 96/82/EG des Rates zur Beherrschung der Gefahren bei schweren Unfällen mit gefährlichen Stoffen[14] (Änderungsrichtlinie zur Seveso-II-Richtlinie):»Die Mitgliedstaaten sorgen dafür, dass in ihrer Politik der Flächenausweisung oder Flächennutzung und/oder anderen einschlägigen Politiken sowie den Verfahren für die Durchführung dieser Politiken langfristig dem Erfordernis Rechnung getragen wird, dass zwischen den unter diese Richtlinie fallenden Betrieben einerseits und Wohngebieten, öffentlich genutzten Gebäuden und Gebieten, wichtigen Verkehrswegen (so weit wie möglich), Freizeitgebieten und unter dem Gesichtspunkt des Naturschutzes besonders wertvollen bzw. besonders empfindlichen Gebieten andererseits ein angemessener Abstand gewahrt bleibt« ....., »damit es zu keiner Zunahme der Gefährdung der Bevölkerung kommt.« Die durch diese Richtlinie geänderte Fassung enthält bereits ein entsprechendes Erfordernis wurde aber durch diese Änderung in ihrem Schutzzweck auf Verkehrswege und Freizeitgebiete ausgedehnt. Diese Richtlinie entfaltet auch schon in ihrer bisherigen Fassung im Bereich der Raumordnung unmittelbare Direktwirkung[15].

---

14 ABl. Nr. L 345 vom 31.12.2003, S. 97 ff.
15 Weiter wird die Kommission gemäß Abs. 1 a) ersucht, bis zum 31. Dezember 2006 in enger Zusammenarbeit mit den Mitgliedstaaten Leitlinien zur Definition einer technischen Datenbank einschließlich Risikodaten und Risikoszenarien aufzustellen, die der Beurteilung der Vereinbarkeit zwischen den unter diese Richtlinie fallenden Betrieben und den in Absatz 1 genannten Gebieten dient. Mit dieser Bestimmung wird offenbar eine Verzahnung mit dem in der Plan-UP-Richtlinie vorgesehenen Monitoring erstrebt.

Die spezielle raumordnerische Abschichtungsproblematik zwischen der Raumverträglichkeitsprüfung im Rahmen des Raumordnungsverfahrens und der Umweltverträglichkeitsprüfung soll gemäß des EAG-Entwurfs in § 16 Abs. 2, 4 und 5 des geänderten UVPG in dem Sinne geregelt werden, dass die Ergebnisse der in der Raumverträglichkeitsprüfung enthaltenen Umweltprüfung, die sich in der Dokumentation der Ermittlung, Beschreibung und Bewertung der Umweltauswirkungen eines Vorhabens niederschlagen, im nachfolgenden Zulassungsverfahren bei der Entscheidung über die Zulässigkeit des Vorhabens zu berücksichtigen sind und dass von den Verfahrensschritten der Umweltverträglichkeitsprüfung insoweit abgesehen werden kann, als diese bereits im Raumordnungsverfahren durchgeführt worden sind.

IX. Auswirkungen auf die Praxis der Raumordnungsplanung

Im Bereich der Raumordnung hat die Plan-UP-Richtlinie auf die Praxis erhebliche Auswirkungen. Nicht nur die Öffentlichkeitsbeteiligung, sondern vor allem auch die Durchführung der Plan-UP im Rahmen der Raumordnungsplanung löst Mehraufwand aus, der von den Landes- und Regionalplanungsträgern mit vergleichsweise geringer Personal- und Mittelausstattung erbracht werden muss. Die funktionale Privatisierung in Form der Einschaltung von spezialisierten Verwaltungshelfern zur Durchführung der Plan-UP dürfte anders als im Bereich der Bauleitplanung im Bereich der Landes- und Regionalplanung keine sinnvolle Alternative sein. Denn zum einen ist der »Markt« für Private in diesem Bereich der Planung zu klein, um nur für diesen Spezialisten vorhalten zu können und zum anderen dürfte die Privatisierung in diesem Bereich zu teuer sein, da eine Kostenabwälzung auf Private anders als im Bereich der Bauleitplanung auf der Grundlage von städtebaulichen Verträgen kaum in Betracht kommen wird. Soweit darüber hinaus eine »Entscheidungsprivatisierung« erwogen wird, ist der Weg im Bereich der Raumordnung überdies durch die Tatsache verstellt, dass es sich bei der Raumordnung um eine Staatsaufgabe handelt und dass die Entscheidung deshalb der demokratischen Legitimation bedarf.

Außerdem ist abzusehen, dass die Planungsunsicherheit wegen der durch die Umweltprüfung erhöhten Fehleranfälligkeit wegen Verfahrensfehlern zunehmen wird. Von der Möglichkeit der Planerhaltung gemäß § 10 Abs. 2 ROG, wonach landesrechtlich ausgeschlossen werden kann, dass Abwägungsmängel und die Verletzung von Verfahrens- und Formvorschriften zur Nichtigkeit des Plans führen, haben einige Bundesländer[16] bislang nur einen eingeschränkten Gebrauch gemacht. Nachdem nunmehr durch die Änderung des § 10 Abs. 2 Nr. 1 klargestellt wird, dass die Unvollständigkeit der die Umweltprüfung betreffenden Begründung, sofern hier abwägungserhebliche Angaben fehlen, nicht als unbeachtlicher Verfahrensfehler angese-

---

16 Vgl. § 17 LPlG Nordrhein-Westfalen v. 17. Mai 2001; Bayerisches LPlG v. 25. April 2000 und LPlG Schl.-H. v. 10. Februar 1996. Die neueren Landesplanungsgesetze haben die Möglichkeiten des § 10 ROG weitgehend ausgeschöpft, vgl. § 15 Hess. LPlG v. 6. September 2002; § 6 Abs. 7 LPlG Rh.-Pf. v. 10. April 2003 und § 9 Sächs. LPlG v. 11. Dezember 2001.

hen werden kann, müssen sich diese Bundesländer des Risikos bewusst sein, dass sowohl Verfahrensfehler als auch Abwägungsfehler zur Nichtigkeit des Raumordnungsplans führen können. Der erweiterten Fehleranfälligkeit mit der damit verbundenen Planungsunsicherheit kann nur begegnet werden, wenn von den Möglichkeiten der Planerhaltung möglichst weitgehend Gebrauch gemacht wird[17].

X. Schlussfolgerungen und Ausblick

Aus meiner Sicht müssen aus dieser Analyse für die Raumordnung folgende Schlussfolgerungen gezogen werden:

1. Die örtliche und überörtliche Gesamtplanung wird hinsichtlich des Verfahrens umweltpolitisch dirigiert und hat aufgrund des einzuführenden »Monitorings« umweltbezogene Rechenschaftspflichten zu erfüllen. Den Ländern bleibt für den Bereich der Landes- und Regionalplanung angesichts der konkreten Anforderungen der Plan-UP-Richtlinie trotz rahmenrechtlicher Regelung des Bundes nur wenig Ausgestaltungsspielraum.
2. Im Interesse der Effizienz der Planung erscheint es angezeigt, dass unnötiger Aufwand auf der Ebene der Landes- und Regionalplanung vermieden und die Koordinierungs- und Steuerungsfunktion auf das notwendige Maß beschränkt wird.
3. Der »schlanke Plan«, der auf die notwendigen Ordnungs-, Steuerungs- und Koordinierungsfunktionen begrenzt ist, wird zu einem Erfordernis der Planungseffizienz.
4. Effizienz lässt sich überdies nur erreichen, wenn die vertikalen und horizontalen Abschichtungsmöglichkeiten ausgeschöpft und die etwaigen Bindungswirkungen anderer Planungen beachtet werden.
5. Es müssen unnötige Planungsebenen abgebaut werden. Das Beispiel einer zweistufigen Regionalplanung im Rahmen der landesgrenzenüberschreitenden Kooperation im Rhein-Neckar-Dreieck mag dies verdeutlichen. Im Rhein-Neckar-Dreieck, in dem ca. 290 Kommunen, 7 Landkreise und 3 Bundesländer zusammenarbeiten, gibt es auf der Ebene der Regionalplanung 4 Pläne: aufgrund des Staatsvertrags zwischen den Bundesländern Baden-Württemberg, Hessen und Rheinland-Pfalz einen übergreifenden, die grenzüberschreitende Region umfassenden Raumordnungsplan, der nur »beschränkte« Bindungswirkung, nämlich nur gegenüber den Regionalplanungsträgern auf der jeweiligen Landesebene entfaltet, und auf der jeweiligen Landesebene einen Regionalplan mit »voller« Bindungswirkung anderen öffentlichen Stellen und Privaten gegenüber im Sinne von § 4 ROG. Der Raumordnungsplan für das Verbandsgebiet des grenzüberschrei-

---

17 Zu den Einzelheiten vgl. Reitzig, in: Bielenberg/ Runkel/ Spannowsky, Raumordnungs- und Landesplanungsrecht des Bundes und der Länder, K § 10. Umstritten ist in verfassungsrechtlicher Hinsicht bislang allerdings die Fristenregelung für qualifizierte Abwägungsmängel. Dazu ebenfalls Reitzig, a.a.O., Rdnr. 53 f.

tenden Raumordnungsverbands wird vom Raumordnungsverband Rhein-Neckar, der regionale Raumordnungsplan in Rheinland-Pfalz von der Planungsgemeinschaft Rheinpfalz, der Regionalplan in Baden-Württemberg vom Regionalverband Rhein-Neckar-Odenwald und der Regionalplan in der Planungsregion Südhessen von der Regionalversammlung beschlossen. Insgesamt existieren in Rhein-Neckar-Dreieck unter Einbeziehung der jeweiligen Landesplanung der Bundesländer und der kommunalen Bauleitplanung für ein Gemeindegebiet 5 Pläne, die generell UP-pflichtig sind, und die jeweils bezüglich der Umweltprüfung einen anderen Untersuchungsumfang und Detaillierungsgrad aufweisen. Auf jeder Stufe muss die Aufgabe der horizontalen und vertikalen Abschichtung erfüllt werden. Bei »Städtebauprojekten« und »Industriezonen« werden mit der fortschreitenden Konkretisierung der Planung innerhalb der Planungshierarchie zusätzliche Auswirkungen sichtbar. Bei einer industriellen Anlage, die innerhalb eines Industriegebiets verwirklicht werden soll, kann am Ende des Planungsprozesses noch eine auf das industrielle Vorhaben bezogene Umweltverträglichkeitsprüfung hinzukommen.

6. Außerdem muss die Mitwirkung der betroffenen Behörden auf der Landesebene verbessert und beschleunigt werden.

7. Die Planer müssen im Bereich der Raumordnung durch Fortbildungsmaßnahmen rasch mit den Anforderungen der Plan-UP vertraut gemacht werden.

Die Beteiligung der Öffentlichkeit und der Behörden an der Umweltprüfung

Michael Krautzberger

I. Zur Bedeutung des Verfahrensrechts im europäischen Verwaltungsrecht

Die Beteiligung von Öffentlichkeit und Behörden bei Planungen im Sinne der Richtlinie über die Umweltprüfung von Plänen und Programmen bezeichnet einen Kernbereich des mit der Richtlinie verfolgten Anliegens und reflektiert zugleich einige grundsätzliche Fragen zur Kongruenz des europäischen und deutschen Verwaltungsrechts auf. Diese Fragen dürften sich auch bei künftigen Umsetzungen europäischer Richtlinien mit planungsrechtlichen Implikationen stellen[1]:

- Das europarechtliche Umwelt-, aber auch das sonstige EU-Verwaltungsrecht ist von der angloamerikanischen Orientierung auf Verfahrenrecht geprägt. Das ist dem traditionellen deutsche Ansatz nicht von vorneherein zugänglich, das im Zweifel bei Verfahrensverstößen dem jedenfalls erzielten richtigen Ergebnis den Vorzug gibt.
- Bei der Umsetzung in das BauGB hat dies zur Folge: Die europäischen Regeln zum Umweltrecht sind uneingeschränkt umzusetzen. Damit werden speziell zu diesen »Belangen« gesonderte Verfahrensschritte eingeführt – namentlich bei den Beteiligungen, aber auch bei der Begründung der Bauleitpläne und deren Überwachung. Dies muss als Übergewicht der Umweltbelange gegenüber anderen Belangen wirken, ist aber tatsächlich nur eine Folge der unterschiedlichen Regelungskompetenzen der EU (:Umweltrecht) einerseits und des Mitgliedstaats (:sonstige Belange) andererseits.
- Für den (nationalen) Gesetzgeber dürfte sich hieraus eines Tages die Frage stellen, ob er die Verfahrensorientierung auf die Umweltbelange beschränkt oder ob er – etwa im Sinne einer »Nachhaltigkeitsprüfung« – die EU-rechtlich bestimmten Verfahren zum Regelverfahren der Bauleitplanung ausgestaltet. Da das europäische Recht – wie erwähnt – diesen Verfahrensansatz auch in sonstigen Bereichen umsetzt, wird es vermutlich ohnehin längerfristig entgegenstehende nationale Rechtstraditionen überwölben.

---

1 Zu den Strukturproblemen der Umsetzung bereits der UVP-Richtlinie in das deutsche Verwaltungsrecht auch im Vergleich zur Umsetzung vgl. instruktiv Prelle, Die Umsetzung der UVP-Richtlinie in nationales Recht und ihre Koordination mit dem allgemeinen Verwaltungsrecht, Berlin 2001.

II.   Zur Bedeutung der Beteiligung von Öffentlichkeit und Behörden bei der Umsetzung der Plan-UP-Richtlinie

1. Das Umsetzungskonzept

Zentraler Lösungsvorschlag des Regierungsentwurfs ist – entsprechend dem Vorschlag der von der Bundesregierung zur Vorbereitung der Gesetzgebung eingesetzten »Unabhängigen Expertenkommission«[2] –, die Umweltprüfung vollständig in das Bauleitplanverfahren zu integrieren. Sie wird für grundsätzlich alle Flächennutzungspläne und Bebauungspläne sowie sonstige Baurecht schaffende Satzungen zu einem selbstverständlichen Bestandteil des Planungsprozesses ausgestaltet. Zugleich wird die Umweltprüfung – wie erwähnt – als ein formales Trägerverfahren ausgestaltet, mit dem auch die bauplanungsrechtlich relevanten umweltbezogenen Maßgaben und Verfahren wie z.B. die naturschutzrechtliche Eingriffsregelung und die Verträglichkeitsprüfung nach der Fauna-Flora-Habitat-Richtlinie in einen einheitlichen Prüfablauf überführt werden, soweit dies im Bauleitplanverfahren selbst möglich und notwendig ist.

2. Die vorgeschlagenen Regelungen

Im Einzelnen soll dies durch folgende Regelungen erreicht werden:

– Die weitgehend neu gefassten §§ 1 und 1a BauGB enthalten die materiell-rechtlichen Anforderungen insbesondere an die Abwägungsentscheidung, die vorgeschlagenen §§ 2 bis 4b Baugesetzbuch die wesentlichen Verfahrensvorgaben für die Aufstellung der Bauleitpläne.

– In § 1 Abs. 6 BauGB wird ein einheitlicher Katalog der städtebaulichen Belange geschaffen, in dem das gesamte umweltbezogene Abwägungsmaterial des bisherigen § 1a BauGB mit dem Katalog auch des bisherigen § 1 Abs. 5 Satz 2 BauGB zusammengeführt wird. Die auch von der Expertenkommission zur Novellierung des Baugesetzbuchs empfohlene Regelung[3] soll dazu beitragen, die Planungsentscheidung im Hinblick auf ökonomische, soziale, ökologische und andere städtebauliche Belange ausgewogen vorzubereiten und zu verbessern.

– Im Hinblick auf die Umweltbelange wird die Umweltprüfung nach dem vorgeschlagenen § 2 Abs. 4 BauGB der Vorbereitung der Beschlussfassung über den Bauleitplan dienen. Sie sieht das Verfahren in den Arbeitsschritten der Ermittlung und Bewertung sowie der Beschreibung vor und enthält damit eine der Pra-

---

2   Bericht der Unabhängigen Expertenkommission – »Gaentzsch-Kommission« –, Berlin 2002, Rdnr. 013; der Bericht der Gaentzsch-Kommission ist auf der Homepage des Bundesministeriums für Verkehr, Bau- und Wohnungswesen einzusehen: www.bmvbw.de; vgl. dazu auch Stüer/Upmeier, ZfBR 2003, S. 214; der Bericht ist auch erhältlich beim Fraunhofer-Informationszentrum für Raum und Bau (IRB), Nobelstr. 12, 70569 Stuttgart.

3   Bericht a.a.O. (Fn. 2), Rdnr. 082.

xis entsprechende Vorgehensweise für eine systematische und rechtssichere Aufbereitung des Abwägungsmaterials.

– Die methodischen Anforderungen an die Ermittlung und Bewertung der Belange im Rahmen der Umweltprüfung werden in einer Anlage zum BauGB geregelt werden. Die im bisherigen Recht in § 2a BauGB über den Umweltbericht enthaltenen »technisch-formularmäßigen« Anforderungen können so gesetzestechnisch adäquater und im Übrigen konzeptionell vergleichbar der Plan-UP-Richtlinie geregelt werden. In der neuen Anlage zum BauGB wird danach mit dem Verfahren der Bestandsaufnahme, Prognose, Prüfung von Vermeidungs- und Ausgleichmaßnahmen und Prüfung der anderweitigen Planungsmöglichkeiten sowie mit den Regelungen zu Prüfungsumfang und Prüfungstiefe ein Prüfschema für die Zusammenstellung des umweltbezogenen Abwägungsmaterials vorgegeben.

– Die Umweltprüfung erfasst als Trägerverfahren auch die Ermittlung und Bewertung der Grundlagen etwa für die umweltschützenden Vorgaben der naturschutzrechtlichen Eingriffsregelung oder der Verträglichkeitsprüfung nach der Fauna-Flora-Habitat-Richtlinie. Die sich aus nationalem und europäischem Recht ergebenden besonderen materiellen Rechtsfolgen dieser Umweltvorgaben werden zur Wahrung des hohen Umweltschutzniveaus für die Bauleitplanung in dem neugefassten § 1a BauGB geregelt.
Weitere Verfahrensvereinfachungen sollen durch Abschichtungsmöglichkeiten erreicht werden, indem die Ergebnisse einer bereits auf einer anderen Planungsstufe durchgeführten Umweltprüfung berücksichtigt und damit Doppelprüfungen vermieden werden können.

– Entsprechend den formalen Vorgaben der EU-Richtlinie wird in dem neuen § 2a BauGB über die Begründung und den Umweltbericht u.a. bestimmt, dass in einem gesonderten Teil der Begründung ein Umweltbericht aufzunehmen ist, der die Ergebnisse der Umweltprüfung enthält. Zugleich wird hierdurch verdeutlicht, dass es sich bei der Berücksichtigung von Umweltbelangen um einen Bestandteil jeder städtebaulichen Planung zusammen mit der Berücksichtigung der anderen städtebaulichen Belange handelt.

III. Zur Änderung der Beteiligungsvorschriften im Hinblick auf die europarechtlichen Anforderungen im Einzelnen

Die Anpassung der Verfahrensvorschriften der Bauleitplanung ist – neben der Vernetzung von UP und national vorgegebenen Umweltanforderungen – die auffälligste Änderung im Gesetzentwurf der Bundesregierung:

– Die Verfahrensvorschriften für die Bauleitplanung müssen zur Aufnahme der EU-rechtlichen Anforderungen u.a. durch die Einführung einer frühzeitigen Behördenbeteiligung ergänzt werden, und zwar im Hinblick auf den erforderlichen Umfang und Detaillierungsgrad der Zusammenstellung des Abwägungsmaterials.

In dem neu gefassten § 4 Abs. 1 BauGB wird das durch die Plan-UP-Richtlinie vorgegebene sog. Scoping[4] in das System der Bauleitplanung eingepasst. Es bildet eine strukturelle Entsprechung zu dem Verfahrensschritt der frühzeitigen Öffentlichkeitsbeteiligung nach § 3 Abs. 1 BauGB, der ebenfalls im Hinblick auf die Erörterung des erforderlichen Umfangs und Detaillierungsgrades der Umweltprüfung ergänzt wird.

– Das Scoping soll dazu dienen, durch frühzeitige Einbeziehung externen Sachverstandes in den Planungsprozess sowohl Ermittlungsfehler als auch unnötigen Aufwand bei der Zusammenstellung des Abwägungsmaterials zu vermeiden. Zugleich soll dies zur Straffung des Verfahrens beitragen, da hierdurch die Wahrscheinlichkeit verringert wird, dass auf Grund der im Rahmen der späteren, formalen Beteiligung eingehenden Stellungnahmen der Planentwurf nachträglich ergänzt und erneut ausgelegt werden muss. Diese umweltbezogenen Verfahrensvorgaben des Gemeinschaftsrechts entsprechen auch im Hinblick auf die Behördenbeteiligung bereits jetzt in Teilen gängiger Planungspraxis.

– Durch die Änderung des Begriffs der »Bürgerbeteiligung« in den der »Öffentlichkeitsbeteiligung« sowie der »Beteiligung der Träger öffentlicher Belange« in eine »Behördenbeteiligung« wird das BauGB auch an die Terminologie des Europa- und Völkerrechts angeglichen. Eine Änderung im Umfang der bestehenden Beteiligungsregelungen ist damit nicht verbunden, da insbesondere die förmliche Beteiligung der Behörden nach dem neugefassten § 4 Abs. 2 BauGB ausdrücklich auch »sonstige Träger öffentlicher Belange« einbezieht.

– Eine für die Beteiligungsverfahren der Zukunft bedeutsame Weichenstellung enthält die Ermöglichung der Beteiligung an der Aufstellung der Bauleitpläne durch die Nutzung von elektronischen Medien. Diese Regelung setzt die sog. Aarhus-Konvention um und die entsprechende Bestimmung der auf EU-Ebene erlassenen Richtlinie 2003/35/EG des Europäischen Parlaments und des Rates vom 26. Mai 2003 über die Beteiligung der Öffentlichkeit bei der Ausarbeitung bestimmter umweltbezogener Pläne und Programme und zur Änderung der Richtlinien 85/337/EWG und 96/61/EG des Rates in Bezug auf die Öffentlichkeitsbeteiligung und den Zugang zu Gerichten[5]. Wird aus der jetzt zur Einführung vorgesehenen Befugnis in Zukunft – dann wohl erneut EU-rechtlich veranlasst – eine Verpflichtung, diese Medien für die Beteiligung für die Öffentlichkeitsbeteiligung zu öffnen, wäre ein wichtiger Beitrag geleistet, die in Deutschland – gemessen an international üblich Standards – formell korrekte, jedoch faktisch erheblich restriktive[6] Öffentlichkeitsbeteiligung zu modernisieren.

– Die Aufgaben einer Umweltprüfung stellen sich im übrigen auch für den Vorhaben- und Erschließungsplan nach § 12 BauGB, d.h. der Vorhabenträger hat auf der Grundlage der gemeindlichen Beteiligungen von Öffentlichkeit und Behörden auch den künftig erweiterten Umweltbericht zu erarbeiten. Die Änderung im

---

4   Artikel 5 Abs. 4 der Plan-UP-Richtlinie.
5   ABl. EG Nr. L 156 S. 17; sog. Öffentlichkeitsbeteiligungsrichtlinie.
6   Amtsblätter bzw. Anzeigen in örtlichen Tageszeitungen sind mit der Transparenz einer Internet-Plattform nicht konkurrenzfähig.

RegE kann auch dabei an die bereits in der UVPG-Novelle 2001[7] gefundene Aufgabe anknüpfen. Beim städtebaulichen Vertrag des § 11 BauGB ist die Übertragung der Erstellung des Umwelberichts bereits durch die UVPG-Novelle 2001 eingeführt worden; hier bedurfte es keiner weiteren Änderung: § 11 Abs. 1 Satz 2 Nr. 1 BauGB.

VI. Einführung eines Monitoring

Mit der Einführung des durch Artikel 10 der Plan-UP-Richtlinie vorgegebenen Instruments des sog. Monitoring werden die Gemeinden verpflichtet, die erheblichen Auswirkungen der Durchführung der Bauleitpläne auf die Umwelt zu überwachen. Der europarechtlich eröffnete Gestaltungsspielraum soll den Gemeinden als Trägern der Planungshoheit erhalten bleiben, damit diese über Zeitpunkt, Inhalt und Verfahren des Monitoring entsprechend den Bedürfnissen der jeweiligen Planungskonzepte entscheiden und das Monitoring somit als Instrument zur Verbesserung der Planungspraxis und auch zur Erfolgsbilanzierung insgesamt nutzen können. Das im Einzelfall geeignete Konzept zur Planüberwachung soll von der Gemeinde im Umweltbericht beschrieben werden, um es so der Öffentlichkeit zugänglich zu machen. Zur Entlastung der Gemeinden und zur Vermeidung von Doppelarbeit sollen die beteiligten Behörden gesetzlich verpflichtet werden, die Kommunen über bei ihnen im Rahmen ihrer gesetzlichen Aufgabenerfüllung anfallende Erkenntnisse über Umweltauswirkungen zu unterrichten, vgl. § 4 Abs. 3 sowie § 4c RegE.

V. Auswirkungen auf §§ 13 und 33 Abs. 2

1. Auseinanderfallen von materiellem und formellem Recht

Dagegen hat die UP-Pflicht Auswirkungen auf den Anwendungsbereich von § 13 BauGB (Vereinfachtes Verfahren) einerseits und § 33 Abs. 2 BauGB (materielle Planreife) andererseits: Im ersten Fall ist der Anwendungsbereich für ein »Vereinfachtes Verfahren« – keine Änderung der Grundzüge der Planung – nicht notwendigerweise deckungsgleich mit Umweltrelevanz im Sinne der Richtlinie; das Verfahren von § 13 BauGB eröffnet vor allem »vereinfachte« Beteiligungsverfahren, die jedoch ggf. »unterhalb« des für Plan-UP-pflichtige Bebauungspläne vorgesehenen Umfangs sind. Bei § 33 Abs. 2 BauGB (geltende Fassung) gilt nichts anderes, weil das EU-Recht nicht auf materielle Kompatibilität mit z.B. Umwelterfordernissen abstellt – dies wäre bei materieller Planreife zu bejahen – sondern auf das Einhalten von Verfahrenserfordernissen, was bei der gleichfalls »reduzierten« Beteiligungsform des

---

7 Vgl. Gesetz vom 27. Juli 2001 (BGBl. I S. 1950).

§ 33 Abs. 2 BauGB bei Plan-UP-pflichtigen Bebauungsplänen nicht (mehr) ausreicht, d.h. die »formelle Planreife« hat einen eigenen Stellenwert, der durch die materielle Planreife nicht zu substituieren ist. An diesen beiden Veränderungsnotwendigkeiten lässt sich die gegenüber dem deutschen Verwaltungsrecht andere, nämlich verfahrensbezogene Sichtweise des EU-Verwaltungsrechts eindrucksvoll belegen.

Der Gesetzentwurf sieht deshalb keine vorgezogene Baugenehmigung bei »materieller Planreife« (§ 33 Abs. BauGB geltendes Recht) vor.

2. Neugestaltung des Vereinfachten Verfahrens

Auf die nur begrenzte Kompatibilität der Anwendungsvoraussetzungen für das die Beteiligungen vereinfachende Verfahren nach § 13 BauGB – »Grundzüge der Planung« – mit den Aufgaben der Umweltprüfung wurde schon hingewiesen. Um in dem EU-rechtlich vorgegebenen Rahmen das Vereinfachte Verfahren weiter zu ermöglichen enthält der RegE einen Vorschlag, der sich auf eine Ausnahmevorschrift der EU-Richtlinie zur Anwendungspflicht bezieht: Das Vereinfachte Verfahren nach § 13 BauGB wird danach als ein von den Voraussetzungen her eng begrenztes, vereinfachtes Verfahren zur sachgerechten Behandlung von solchen Bauleitplänen fortentwickelt, bei denen von vornherein keine erheblichen Umweltauswirkungen zu erwarten sind (wie z.B. bei bestandssichernden Bebauungsplänen). In solchen Fällen wird von den in der Sache auch nicht erforderlichen umweltbezogenen Verfahrensanforderungen abgesehen. Die integrierte Umweltprüfung findet keine Anwendung, wenn sie nicht zur Verbesserung der bauleitplanerischen Abwägung beitragen kann. Diese auf begrenzte Sachverhalte beschränkte Regelung stellt europarechtskonform eine abstrakt-generelle Artfestlegung nach Artikel 3 Abs. 5 der Plan-UP-Richtlinie dar.

Anhang

Art. 6 SUP-RL: Konsultationen

(1) Der Entwurf des Plans oder Programms und der nach Artikel 5 erstellte Umweltbericht werden den in Absatz 3 genannten Behörden sowie der Öffentlichkeit zugänglich gemacht.

(2) Den Behörden nach Absatz 3 und der Öffentlichkeit nach Absatz 4 wird innerhalb ausreichend bemessener Fristen frühzeitig und effektiv Gelegenheit gegeben, vor der Annahme des Plans oder Programms oder seiner Einbringung in das Gesetzgebungsverfahren zum Entwurf des Plans oder Programms sowie zum begleitenden Umweltbericht Stellung zu nehmen.

(3) Die Mitgliedstaaten bestimmen die zu konsultierenden Behörden, die in ihrem umweltbezogenen Aufgabenbereich von den durch die Durchführung des Plans oder Programms verursachten Umweltauswirkungen betroffen sein könnten.

(4) Die Mitgliedstaaten bestimmen, was unter »Öffentlichkeit« im Sinne des Absatzes 2 zu verstehen ist; dieser Begriff schließt die Teile der Öffentlichkeit ein, die vom Entscheidungsprozess gemäß dieser Richtlinie betroffen sind oder voraussichtlich betroffen sein werden oder ein Interesse daran haben, darunter auch relevante Nichtregierungsorganisationen, z.B. Organisationen zur Förderung des Umweltschutzes und andere betroffene Organisationen.

(5) Die Einzelheiten der Information und Konsultation der Behörden und der Öffentlichkeit werden von den Mitgliedstaaten festgelegt.

Art. 8 SUP-RL: Entscheidungsfindung

Der nach Artikel 5 erstellte Umweltbericht, die nach Artikel 6 abgegebenen Stellungnahmen und die Ergebnisse von nach Artikel 7 geführten grenzüberschreitenden Konsultationen werden bei der Ausarbeitung und vor der Annahme des Plans oder Programms oder vor dessen Einbringung in das Gesetzgebungsverfahren berücksichtigt.

Art. 9 SUP-RL: Bekanntgabe der Entscheidung

(1) Die Mitgliedstaaten stellen sicher, dass nach der Annahme eines Plans oder eines Programms dies den Behörden nach Artikel 6 Absatz 3, der **Öffentlichkeit und jedem gemäß Artikel 7 konsultierten Mitgliedstaat bekannt gegeben** wird und dass diesen **Folgendes zugänglich gemacht wird:**

a) der **angenommene Plan** oder das angenommene Programm;

b) eine **zusammenfassende Erklärung**, wie Umwelterwägungen in den Plan oder das Programm einbezogen wurden, wie der nach Artikel 5 erstellte Umweltbericht, die nach Artikel 6 abgegebenen Stellungnahmen und die Ergebnisse von nach Artikel 7 geführten Konsultationen gemäß Artikel 8 berücksichtigt wurden und aus welchen Gründen der angenommene Plan oder das angenommene Programm, nach Abwägung mit den geprüften vernünftigen Alternativen, gewählt wurde; und

c) die **Maßnahmen, die zur Überwachung gemäß Artikel 10 beschlossen wurden.**

(2) Die Einzelheiten der Unterrichtung nach Absatz 1 werden von den Mitgliedstaaten festgelegt.

Fachlich-methodische Anforderungen einer Umweltprüfung (UP) im Rahmen der Raumordnungsplanung

Christian Jacoby

I. Einleitung

Die Richtlinie 2001/42/EG des Europäischen Parlaments und des Rates vom 27. Juni 2001 über die Prüfung der Umweltauswirkungen bestimmter Pläne und Programme[1] geht auf eine mehr als 20-jährige unstetige Entwicklung und kontroverse Diskussion über Notwendigkeit, Sinn und Zweck der sog. »Strategischen Umweltprüfung« (SUP) bzw. »Plan-UVP« oder »Plan-UP« zurück.[2, 3]

Ziel der Richtlinie ist es gemäß Art. 1, »im Hinblick auf die Förderung einer nachhaltigen Entwicklung ein hohes Umweltschutzniveau sicherzustellen und dazu beizutragen, dass Umwelterwägungen bei der Ausarbeitung und Annahme von Plänen und Programmen einbezogen werden, indem dafür gesorgt wird, dass bestimmte Pläne und Programme, die voraussichtlich erhebliche Umweltauswirkungen haben, entsprechend dieser Richtlinie einer Umweltprüfung unterzogen werden.«

Es geht also nicht – wie bei der Projekt-UVP – darum, einen fertig gestellten Plan im Rahmen seiner Genehmigung einer Umweltprüfung zu unterziehen, also um eine Umweltprüfung im Plangenehmigungsverfahren. Nein, bereits während der Ausarbeitung des Plans und dann noch einmal bei seiner Annahme, d.h. bei der abschließenden Entscheidung des Planungsträgers über den Plan und damit im Vorfeld eines möglichen Plangenehmigungs- oder Gesetzgebungsverfahrens, sollen mit Hilfe der Umweltprüfung Umwelterwägungen in der Weise in den Planungs- und Entscheidungsprozess einbezogen werden, dass ein hohes Umweltschutzniveau sichergestellt und eine nachhaltige Entwicklung gefördert wird.

Der Hinweis auf die anzustrebende »Förderung einer nachhaltigen Entwicklung« ist im Übrigen erst in den Richtlinienentwürfen von 1999 neu hinzugekommen. Dieser Einschub in der Zielsetzung wirkt wie aufgesetzt, da an keiner anderen Stelle

---

1 Richtlinie 2001/42/EG des Europäischen Parlaments und des Rates vom 27. Juni 2001 über die Prüfung der Umweltauswirkungen bestimmter Pläne und Programme, ABl. EG Nr. L 197, S. 30 (Plan-UP-Richtlinie).

2 Zur Entwicklung der Richtlinie s. Jacoby/Kraetzschmer/Kreja, Umweltprüfung für Regionalpläne. Zwischenergebnisse eines Praxistests, UVP-report (17) 2/2003, S. 68-73.

3 In der Fachdiskussion werden für diese Prüfung häufig die Begriffe »Plan-UVP« oder »Strategische Umweltprüfung«, neuerdings auch zunehmend »Plan-UP« verwendet. Der Richtlinie selbst ist lediglich die Bezeichnung »Umweltprüfung« bzw. „Umweltprüfung für Pläne und Programme" zu entnehmen. Die Bezeichnung »Umweltprüfung« (UP) soll deshalb im Folgenden bevorzugt werden.

der Richtlinie mehr auf den Aspekt der Nachhaltigkeit explizit eingegangen wird. Dennoch wird dieses Teilziel der Umweltprüfung in Verbindung mit der integrierten Alternativenprüfung noch eine wichtige Rolle spielen, wie weiter unten noch näher dargelegt wird.

In den obligatorischen Anwendungsbereich der Umweltprüfung fallen gemäß Art. 3 Abs. 1 und 2 der Richtlinie (Geltungsbereich) in Verbindung mit Art. 2 (Begriffsbestimmungen) zweifelsfrei Raumordnungspläne und -programme der Landes- und Regionalplanung. Geringfügige Änderungen solcher Pläne und Programme sind gemäß Art. 3 Abs. 3 bis 7 der Richtlinie ggf. vorab zur Feststellung ihrer Prüfpflichtigkeit einer Vorprüfung zu unterziehen (Screening).

Zwar ist die Zielsetzung der Umweltvorsorge durch Integration der Umweltbelange in die räumliche Planung, speziell die Raumordnungsplanung, keinesfalls neu für das deutsche Planungsrecht und die Planungspraxis. Die Richtlinie 2001/42/EG enthält auch keine neuen bzw. weitergehenden materiellen Umweltziele oder -standards. Somit werden mit den Vorgaben dieser Richtlinie vordergründig lediglich erhöhte verfahrensrechtliche Anforderungen an die Aufstellung bestimmter Pläne und Programme, nicht zuletzt auch der Raumordnungspläne, gestellt. Diese Verfahrensvorgaben begründen für die Raumordnungsplanung zunächst einmal nur zusätzliche Dokumentations-, Beteiligungs- und Begründungspflichten, haben jedoch damit auch neue fachlich-methodische Anforderungen an die inhaltliche Ausgestaltung des Planungs- und integrierten Prüfungsprozesses zur Folge.

II. Forschungsaktivitäten zur Umweltprüfung in der Raumordnungsplanung

Nach Verabschiedung der Projekt-UVP-Richtlinie im Jahre 1985 wurde bereits parallel mit den Aktivitäten zur Einführung der Projekt-UVP in Deutschland damit begonnen, anwendungsbezogene Forschungsarbeiten zur Umweltprüfung in der Regionalplanung durchzuführen. Zu nennen sind hierbei insbesondere:

• Aufgaben und methodische Ansätze einer Plan-UVP in der räumlichen Planung unter besonderer Berücksichtigung der Regionalplanung in Rheinland-Pfalz (Lehrstuhl Regional- und Landesplanung im Auftrag des Ministeriums für Umwelt und Gesundheit Rheinland-Pfalz 1989-1990),[4]

• Planspiel zur SUP in der Gebietsentwicklungsplanung NRW (UVP-Gesellschaft im Auftrag des MURL NRW 1998-1999),[5]

---

4 Kistenmacher et al, Aufgaben und methodische Ansätze einer »Plan-UVP« in der räumlichen Planung unter besonderer Berücksichtigung der Regionalplanung in Rheinland-Pfalz, Forschungsprojekt im Auftrag des Ministeriums für Umwelt und Gesundheit Rheinland-Pfalz, unveröffentl. Abschlussbericht, Kaiserslautern, 1990.
5 UVP-Gesellschaft e.V. (Hrsg.), Strategische Umweltprüfung. Planspiel zum Anwendungsbereich in der Gebietsentwicklungsplanung NRW, Reihe UVP Spezial Bd. 15, Dortmund, 1999

- Praxisuntersuchung und Expertise zu einer Umsetzung der europarechtlichen Umweltverträglichkeitsrichtlinien in das Raumordnungsrecht (Lehrstühle Öffentliches Recht und Regional- und Landesplanung der Universität Kaiserslautern im Auftrag des BMVBW, 1998-2000),[6]
- Umsetzung der Plan-/Programm-UVP-Richtlinie der EG, Umweltprüfung ausgewählter Regionalpläne (Praxistest) (Forschungsgemeinschaft Planungsgruppe Ökologie + Umwelt GmbH, Hannover / Prof. Dr. Eberle, Universität Tübingen / Prof. Dr. Jacoby, Universität Bw München / Dr. Antje Näckel, Universität Rostock, im Auftrag des Umweltbundesamtes 9/2001-1/2004).[7]

Daneben haben sich in den letzten Jahren nicht zuletzt auch Arbeitsgruppen der Akademie für Raumforschung und Landesplanung und der MKRO mit der Umweltprüfung für Raumordnungspläne intensiv beschäftigt:

- Ad-hoc-Arbeitskreis »Plan-UVP« der ARL (2000-2003) mit der Erarbeitung von zwei Positionspapieren und einem umfassenden Arbeitsbericht,[8]
- Gemeinsame Arbeitsgruppe der Ausschüsse »Recht und Verfahren« und »Struktur und Umwelt« der Ministerkonferenz für Raumordnung (MKRO) mit der Verabschiedung eines Positionspapiers zur »Umsetzung der Richtlinie über die Umweltprüfung für Pläne und Programme (2001/42/EG) in der Raumordnungsplanung«[9].

In der Zwischenzeit haben sich die Leitung des ehemaligen Ad-hoc Arbeitskreis Plan-UVP der ARL und die der Unterarbeitsgruppe Plan-UP der MKRO zu einer kleinen Arbeitsgruppe zusammengeschlossen, um auf der Basis der bisherigen Positionen und einer Auswertung bisheriger Praxiserfahrungen einen Leitfaden für die Umweltprüfung in der Raumordnungsplanung zu entwickeln. Vergleichbare Aktivi-

---

6 Kistenmacher/Mitschang/Spannowsky (Projektleitung)/ Jacoby (Projektkoordination), Praxisuntersuchung und Expertise zu einer Umsetzung der europarechtlichen Umweltverträglichkeitsrichtlinien in das Raumordnungsrecht, Forschungsprojekt an der Universität Kaiserslautern im Auftrag des BMVBW, Endbericht August 2000 (= Werkstattbericht Bd. 34, hrsg. von H. Kistenmacher, Universität Kaiserslautern), Kaiserslautern, 2001

7 S. dazu den Zwischenbericht von Jacoby/Kraetzschmer/Kreja, Umweltprüfung für Regionalpläne. Zwischenergebnisse eines Praxistests, UVP-report (17) 2/2003, S. 68-73.

8 ARL Ad-hoc-Arbeitskreis »Plan-UVP«, Gegenstand der Umweltprüfung für Regionalpläne. Positionspapier, in: ARL-Nachrichten 2/2001, S. 5-7. ARL; Ad-hoc-Arbeitskreis »Plan-UVP«, Zweites und abschließendes Positionspapier zur Umweltprüfung von Raumordnungsplänen, in: Eberle/Jacoby (Hrsg.), Umweltprüfung für Regionalpläne, ARL Arbeitsmaterial Bd. 300, S. 153-160, Hannover, 2003 (auch in: ARL-Nachrichten 1/2002, S. 4-8); Eberle/Jacoby (Hrsg.), Umweltprüfung für Regionalpläne, ARL Arbeitsmaterial Bd. 300, Hannover, 2003.

9 MKRO, Ministerkonferenz für Raumordnung – Gemeinsame Arbeitsgruppe der Ausschüsse »Recht und Verfahren« und »Struktur und Umwelt«, Umsetzung der Richtlinie über die Umweltprüfung für Pläne und Programme (2001/42/EG) in der Raumordnungsplanung – Positionspapier, ARL-Nachrichten 2/2003 (auch in den Internetseiten des DVBl.)

täten für die Umweltprüfung in der Raumordnung sind zum Beispiel auch in Österreich zu beobachten.[10]

III. Fachlich-methodische Herausforderungen

Die wichtigsten fachlichen Argumente zur Einführung einer Umweltprüfung auf Plan- und Programmebene in Ergänzung der Umweltverträglichkeitsprüfung (UVP) auf Projektebene, auf die in den Begründungstexten zur Richtlinie verwiesen wird, bilden zugleich die zentralen fachlich-methodischen Herausforderungen an die Umweltprüfung für Pläne und Programme:

- Frühzeitige Integration der Umweltprüfung in Planungs- und Entscheidungsprozesse – nicht nur durch ihre Anwendung in den der Projektebene vorgelagerten Planungsverfahren, sondern auch durch frühzeitige und planungsbegleitende / prozessuale Erarbeitung und Berücksichtigung des Umweltberichts innerhalb eines Planaufstellungsverfahrens.
- Alternativenprüfung – Nutzung der größeren Gestaltungsspielräume in den der Projektplanung vorausgehenden Planungsverfahren für eine umfassende Alternativenprüfung mit dem Ziel einer umweltbezogenen Optimierung von rahmensetzenden Planungen und daraus sich entwickelnden Projekten.
- Prüfung von kumulativen und synergistischen Umweltauswirkungen – Ermittlung und Berücksichtigung von projektübergreifenden Summenwirkungen, die für bestimmte Planungsräume bzw. Umweltbereiche erhebliche Bedeutung haben können.

In den Begründungstexten zu den Richtlinienentwürfen wird verdeutlicht, dass die Umweltprüfung für Pläne und Programme als »Ergänzung der Projekt-UVP« zu verstehen sei, in dem sie die Lücken bzw. Mängel der Projekt-UVP (Stichworte: Frühzeitigkeit, Alternativen, Summenwirkungen) beseitigt und damit zu einer »Vervollständigung des Systems von Umweltprüfungen« führt.[11]

An dieser Stelle wird bereits der funktionale Zusammenhang zwischen der Umweltprüfung für Pläne und Programme und der UVP für Projekte deutlich. In Verbindung mit den vorgenannten zentralen fachlichen Anforderungen lässt sich die These

---

10 ÖROK, Österreichische Raumordnungskonferenz, Methodenpapier zur Umsetzung der Richtlinie 2001/42/EG des Europäischen Parlaments und des Rates vom 27. Juni 2001 (SUP-Richtlinie) in die Raumplanungspraxis Österreichs, Endfassung, Wien, 6. Februar 2004.

11 Ausführlich zu den Richtlinienentwürfen mit Begründungstexten s. Jacoby, Vorschläge für eine EU-Richtlinie über die Strategische Umweltprüfung (SUP) 1990 bis 1995, in: Jacoby (Hrsg.), Strategische Umweltvorsorge in der Flächennutzungsplanung, ZAU Sonderheft 7/96, S. 211-244, Bonn, 1996; Jacoby, Entwicklung und Inhalte der EU-Richtlinie über die Prüfung der Umweltauswirkungen bestimmter Pläne und Programme, in: Eberle/Jacoby (Hrsg.), Umweltprüfung für Regionalpläne, ARL Arbeitsmaterial Bd. 300, S. 1-16, Hannover, 2003.

formulieren, dass die Umweltprüfung für Pläne und Programme weder auf den Ansatz einer »Summe vorgezogener Projekt-UVP´s« zu beschränken, noch »allein« als eine projektunabhängige Prüfung von abstrakten Planungsmodellen, -strategien, -konzepten oder -szenarien übergeordneter, rahmensetzender Planungen zu verstehen ist. Beide Zielrichtungen, sowohl die projektbezogene als auch die projektübergreifende, gesamträumliche Berücksichtigung der Umweltauswirkungen müssen nach Auffassung des Autors grundsätzlich als Gegenstand der Umweltprüfung für Pläne und Programme betrachtet werden.[12]

IV. Fachlich-methodische Anforderungen an den planungsintegrierten Prüfungsprozess

Die fachlich-methodischen Anforderungen an die Umweltprüfung werden im Kern unter dem Stichwort »Umweltbericht« in Art. 5 der Richtlinie umrissen und darauf Bezug nehmend die Inhalte, die ein Umweltbericht aufweisen sollte, in Anhang I der Richtlinie aufgelistet. Die fachlich-methodischen Anforderungen an die Umweltprüfung beziehen sich jedoch nicht allein auf den Umweltbericht, sondern betreffen das komplette Planungsverfahren, das mit einer integrierten prozessualen Umweltprüfung ergänzt wird:

- Bei kleinflächigen Plänen auf örtlicher Ebene (wie z.B. kleineren Bebauungsplänen) sowie bei geringfügigen Planänderungen kann gemäß Art. 3 Abs. 3 bis 5 der Richtlinie – je nach nationaler Rechtsumsetzung – die Klärung des Prüfungserfordernisses als erster Verfahrensschritt und zugleich methodischer Arbeitsschritt notwendig werden. Hierzu sind in Anhang II der Richtlinie entsprechende Erheblichkeitskriterien aufgelistet. Die zuständigen Umweltbehörden sind gemäß Art. 3 Abs. 6 der Richtlinie bei diesem sog. Screening zu beteiligen.

- Ist mit dem Screening als Vorprüfung (seit den 70er Jahren auch als Umwelterheblichkeitsprüfung bekannt[13]) eine Prüfpflicht festgestellt oder handelt es sich um eine obligatorische Anwendung der Umweltprüfung, so erfolgt als erster »normaler« Verfahrensschritt und zugleich methodischer Arbeitsschritt die Festlegung des Untersuchungsrahmens. Hierbei geht es um die Klärung des Untersuchungsumfangs, der Untersuchungstiefe, der Untersuchungsschwerpunkte und der Untersuchungsmethoden, wobei – im Unterschied zur Projekt-UVP – auch die zu prüfenden Alternativen zu bestimmen und die Aufgabe der planungsebenenspezifischen Abschichtung der Umweltprüfung zu bewältigen ist. Dieses sog.

---

12 Vgl. auch ARL, Ad-hoc-Arbeitskreis »Plan-UVP«, Zweites und abschließendes Positionspapier zur Umweltprüfung von Raumordnungsplänen, in: Eberle/Jacoby (Hrsg.), Umweltprüfung für Regionalpläne, ARL Arbeitsmaterial Bd. 300, S. 157, Hannover, 2003

13 Vgl. Auge, Renaissance der Umwelterheblichkeitsprüfung (Screening), in: UVP-report (13) 1/1999, S. 36-37; zum Screening bei der Projekt-UVP s. European Commission, Directorate General XI (ed.), Environmental Impact Assessment - Guidance on Screening, Brüssel, May 1996

Scoping ist mehr noch als bei der Projekt-UVP von großer Bedeutung für eine effektive und effiziente inhaltlich-methodische Ausgestaltung der Umweltprüfung und ist gemäß Art. 5 Abs. 4 der Richtlinie unter Beteiligung der Umweltbehörden durchzuführen.[14]

- Die Ausarbeitung des Umweltberichts parallel zur Erarbeitung des Planentwurfs schließt sich als zentraler fachlich-methodischer Arbeitsschritt der Umweltprüfung an. Vor dem Hintergrund der Zielsetzung der Richtlinie, Umwelterwägungen mit Hilfe der Umweltprüfung bereits wirksam in die Phase der Planerarbeitung einzubringen, sind die Informationen, die in den Umweltbericht aufzunehmen sind, gemäß Art. 8 der Richtlinie bereits im planerischen Entwurfsprozess zu berücksichtigen. Damit stellt sich der fertige Umweltbericht am Ende dieses Entwurfsprozesses als die Dokumentation der Ermittlung, Bewertung und Berücksichtigung der Umweltbelange im Entwurfsprozess dar.

- Der Umweltbericht bildet sodann zusammen mit dem Plan- bzw. Programmentwurf die Basis für die Durchführung von Konsultationen der Umweltbehörden, der Öffentlichkeit und ggf. der Nachbarstaaten. Gerade auf der Ebene der Raumordnungsplanung wird es bei diesem Beteiligungsverfahren sinnvoll sein, herkömmliche Informationsmedien um moderne Informations- und Kommunikationstechniken zu ergänzen.

- Die Ergebnisse der Konsultationen sind sodann bei der weiteren Ausarbeitung und vor der Annahme des Plans oder Programms zu berücksichtigen. Hierbei ist auch der Umweltbericht selbst, der nach den Vorgaben der Richtlinie keiner Überarbeitung bedarf, zu würdigen. Diese Berücksichtigung erfolgt im Rahmen des allgemeinen planungsrechtlichen Abwägungsgebotes, eine Präjudizierung der Planungsentscheidungen durch die Ergebnisse der Umweltprüfung liegt also nicht vor. Dieser Verfahrensschritt ist damit als abschließender Schritt der Planungsoptimierung im Zuge der planerischen Abwägung am Ende des Planungsprozesses zu betrachten. Bei einer sich anschließenden Plangenehmigung seitens einer höheren Verwaltungsbehörde wäre – im Unterschied zur UVP in Zulassungsverfahren – lediglich eine auf die planerische Abwägung abgestellte, obligatorische Kontrolle in Bezug auf die hinreichende Berücksichtigung der Umweltbelange durchzuführen.

- Ist über den Plan bzw. das Programm entschieden – und eine ggfs. anschließend erforderliche Plangenehmigung seitens der höheren Verwaltungsbehörde erfolgt –, so hat der Planungsträger als letzten Verfahrenschritt die Entscheidung den beteiligten Behörden, der Öffentlichkeit und ggfs. den beteiligten Nachbarstaaten bekannt zu geben. Hierbei ist gemäß Art. 9 der Richtlinie neben dem angenommenen Plan eine sog. »zusammenfassende Erklärung« zu der Umweltprüfung vorzulegen. Diese enthält eine Darstellung, wie Umwelterwägungen in den Plan oder das Programm einbezogen wurden (Methodik), wie der Umweltbericht, die abgegebenen Stellungnahmen und die grenzüberschreitenden Konsultationsergebnisse berücksichtigt wurden (Dokumentation) und welche Gründe

---

14 Zum Scoping bei der Projekt-UVP s. European Commission, Directorate-General XI (ed.), Environmental Impact Assessment – Guidance on Scoping, Brüssel, May 1996.

für die Planungsentscheidung in Bezug auf die Abwägung mit den geprüften, vernünftigen Alternativen (planerische Gesamtabwägung mit Planbegründung unter Einbeziehung aller Belange im Sinne der nachhaltigen Raumentwicklung) maßgebend waren. Außerdem sind die beschlossenen Überwachungsmaßnahmen bekannt zu geben.

Außerhalb des Verfahrens der Umweltprüfung steht die Durchführung der gemäß Umweltbericht geplanten und mit der Planentscheidung beschlossenen Überwachungsmaßnahmen nach Art. 10 der Richtlinie. Diese dienen unter anderem dazu, unvorhergesehene nachteilige Auswirkungen in einem frühen Stadium zu erkennen und geeignete Gegenmaßnahmen ergreifen zu können. Gemäß Art. 10 Abs. 2 können vorhandene Überwachungssysteme, soweit geeignet, genutzt werden, um ein doppeltes Monitoring zu vermeiden.

Für die Umweltüberwachung auf der Ebene der Raumordnung wird generell empfohlen, vorhandene Ansätze der Raum- und Umweltbeobachtung wie die laufende Raumbeobachtung des BBR oder die regelmäßige Berichterstattung auf Länderebene (Raumordnungsberichte, Umweltberichte) zu nutzen bzw. im Hinblick auf die Anforderungen der Richtlinie weiter zu entwickeln. In dieses Raummonitoring können auch Ergebnisse der Umweltbeobachtung nach dem neuen Bundesnaturschutzgesetz einfließen. Auf die Einführung gänzlich neuer »Überwachungssysteme« ist nach herrschender Auffassung möglichst zu verzichten.[15] Grundsätzlich sollte einem breiter angelegten Raummonitoring im Sinne des Leitbildes der nachhaltigen Entwicklung der Vorzug gegeben werden, in welches dann das Umweltmonitoring zu integrieren wäre.

Der hier in groben Zügen dargestellte Verfahrens- und Untersuchungsablauf gemäß den Vorgaben der EU-Richtlinie ist wie bei der projektbezogenen UVP weitgehend linear geformt, was dem Modell der rationalen Entscheidung entspricht. Dieser lineare Ansatz dürfte allerdings nicht ohne Weiteres auf die Umweltprüfung in der räumlichen Planung, speziell der Raumordnungsplanung, übertragbar sein, da hier schwierige Koordinations- und Abstimmungsaufgaben zu eher langwierigen, iterativen Planungsprozessen führen, in deren Verlauf sich häufig Ziele und Rahmenbedingungen der Planung und damit auch die zu betrachtenden Planungsalternativen ändern. In den Ablauf einer in diese Planungsprozesse integrierten Umweltprüfung müssten deshalb im Sinne eines systemorientierten Planungsmodells flexibel zu handhabende Rückkopplungsschleifen eingebaut werden. Entsprechend wäre das Scoping nicht als punktueller Verfahrensschritt sondern als ein Prozess zur Steuerung der Umweltuntersuchungen zu begreifen. Diesen Überlegungen trägt allerdings die Richtlinie nur ansatzweise Rechnung.

In der Praxis der Raumordnungsplanung zeigt sich, dass eine formalistische, einstufige Behörden- und Öffentlichkeitsbeteiligung als Teil eines linearen Planungs-

---

15 Vgl. MKRO, Ministerkonferenz für Raumordnung – Gemeinsame Arbeitsgruppe der Ausschüsse »Recht und Verfahren« und »Struktur und Umwelt« (2003): Umsetzung der Richtlinie über die Umweltprüfung für Pläne und Programme (2001/42/EG) in der Raumordnungsplanung – Positionspapier, in: ARL-Nachrichten 2/2003 (auch in den Internetseiten des DVBl.).

und Prüfungsverfahrens nach den Vorgaben des jeweiligen Landesplanungsrechts als unbefriedigend empfunden und deshalb um zusätzliche informelle Beteiligungsschritte ergänzt wird. So wurde zum Beispiel bei der Fortschreibung des Regionalen Raumordnungsplans Westpfalz ein Vorentwurf mit den Grundzügen der Fortschreibung bereits vorab ausgewählten Behörden und den Gemeinden der Region zur Diskussion gestellt. Und nach Abschluss des späteren förmlichen Beteiligungsverfahrens (Offenlegung) wurde aufgrund neuester Rechtsprechung eine Überarbeitung des Planentwurfs für den Bereich der Windenergie erforderlich und damit eine erneute Beteiligung von Behörden, Gemeinden und Öffentlichkeit durchgeführt.[16]

V. Inhalte des Umweltberichts

Zu Beginn der Untersuchungen werden im Scoping der Umfang und der angemessene Detaillierungsgrad der in den Umweltbericht aufzunehmenden Informationen (Untersuchungsrahmen) festgelegt. Dies geschieht – bei komplexeren, langwierigen Planungsverfahren prozessual – unter Beteiligung der Umweltbehörden.

Auf der Basis des Scoping erfolgt die Erstellung des Umweltberichts gemäß Anhang I i.V.m. Art. 5 der Richtlinie. Im Umweltbericht werden gemäß Art. 5 Abs. 1 der Richtlinie die voraussichtlichen erheblichen Auswirkungen, die die Durchführung des Plans oder Programms auf die Umwelt hat, sowie vernünftige Alternativen, die die Ziele (Zwecke) und den geographischen Anwendungsbereich des Plans oder Programms (Plangebiet) berücksichtigen, ermittelt, beschrieben und bewertet.

Wenn es um die Kernfrage geht, welche Inhalte eines Plans im Schwerpunkt im Hinblick auf ihre Umweltauswirkungen zu untersuchen sind, muss zwischen den projektbezogenen sektoralen Fachplanungen und den überwiegend angebotsorientierten, übergeordneten und koordinierenden räumlichen Gesamtplanungen unterschieden werden. Vor dem Hintergrund der Definition des Geltungsbereichs der Richtlinie, wonach gemäß Art. 3 Abs. 1 und 2 der Richtlinie solche Pläne und Programme in bestimmten umweltrelevanten Bereichen – darunter die Bereiche Raumordnung und Bodennutzung – einer Umweltprüfung bedürfen, die einen »Rahmen für die künftige Genehmigung der in den Anhängen I und II der Richtlinie 85/337 EWG[17] aufgeführten Projekte« setzen oder bei denen angesichts ihrer voraussichtlichen Auswirkungen auf FFH- und Vogelschutzgebiete eine Verträglichkeitsprüfung nach

---

16 Informationen zur Fortschreibung des Regionalen Raumordnungsplans Westpfalz unter www.westpfalz.de.

17 Richtlinie 85/337/EWG des Rates vom 27. Juni 1985 über die Umweltverträglichkeitsprüfung bei bestimmten öffentlichen und privaten Projekten, Abl. EG Nr. L 175 vom 5. Juli 1985, S. 40; s. auch Richtlinie 97/11/EG des Rates vom 3. März 1997 zur Änderung der Richtlinie 85/337/EWG über die Umweltverträglichkeitsprüfung bei bestimmten öffentlichen und privaten Projekten, ABl. der EG Nr. L 73 vom 14. März 1997, S. 5-15.

der FFH-Richtlinie[18] für erforderlich erachtet wird, ist der Untersuchungsrahmen bei den Fachplanungen relativ leicht abgesteckt, da hier die Rahmensetzung für umwelterhebliche, nach UVP- oder FFH-Richtlinie prüfpflichtige Großprojekte im Mittelpunkt der Planungen steht.

Dem gegenüber enthalten Pläne und Programme der räumlichen Gesamtplanung, insbesondere der Raumordnungsplanung, neben solchen – mehr oder weniger bereits räumlich und sachlich konkreten – Rahmensetzungen für UVP-pflichtige Projekte eine Reihe weitere Planinhalte, insbesondere solche zum Schutz der überörtlichen Freiraumfunktionen, die allenfalls einen indirekten Rahmen für umwelterhebliche Projekte setzen, in dem in den ausgewiesenen Gebieten für den Freiraumschutz die Realisierung solcher Projekte ausgeschlossen wird.

Zwar ist nach dem Wortlaut in Art. 3 Abs. 1 der Richtlinie Gegenstand der Umweltprüfung der betroffene Plan oder das betroffene Programm an sich, d.h. als Ganzes. Dennoch ist es Aufgabe des Scoping bei Plänen und Programmen der koordinierenden räumlichen Gesamtplanung, speziell der Raumordnungsplanung, den Untersuchungsrahmen unter Effizienzgesichtspunkten nach den Prinzipien der Entscheidungserheblichkeit und Subsidiarität (Abschichtungsgebot!) so abzustecken, dass im Schwerpunkt solche Planinhalte hinsichtlich ihrer Umweltauswirkungen untersucht werden, die einen verbindlichen Rahmen für UVP-pflichtige Projekte setzen oder das Erfordernis einer Verträglichkeitsprüfung gemäß FFH-Richtlinie auslösen. Nicht zu vergessen ist dabei allerdings, dass diese konkret auf zukünftige Projekte bezogenen Rahmensetzungen auch in der Gesamtschau im Hinblick auf kumulative und synergistische Umweltauswirkungen zu untersuchen sind. Und schließlich sollten in einer ergänzenden Betrachtung auch die für die Umwelt positiv wirkenden Festlegungen zum Schutz und zur Entwicklung der Freiraumfunktionen zumindest kursorisch dargelegt werden, um damit die vorbereitenden Maßnahmen zum Ausgleich negativer Umweltauswirkungen zu belegen und in einer qualitativen Gesamtbetrachtung des Raumordnungsplans bzw. -programms dem Anspruch der Umweltprüfung gerecht zu werden, sowohl negative als auch positive Umweltauswirkungen aufzuzeigen.

Gemäß Anhang I der Richtlinie wird für den Umweltbericht im Einzelnen gefordert:

- eine knappe Beschreibung des Plans bzw. Programms mit seinen Inhalten, wichtigsten Zielen und seiner Beziehung zu anderen relevanten Plänen und Programmen,
- eine Bestandanalyse bezüglich der relevanten Aspekte des derzeitigen Umweltzustands, insbesondere auch der Umweltmerkmale der Gebiete, die voraussichtlich erheblich betroffen sind,
- eine Status-Quo-Prognose, d.h. die Beschreibung der voraussichtlichen Entwicklung der Umwelt bei Nichtdurchführung des Plans oder Programms,

---

18 Richtlinie 92/43/EWG des Rates vom 21. Mai 1992 zur Erhaltung der natürlichen Lebensräume sowie der wildlebenden Tiere und Pflanzen – »Fauna, Flora, Habitat« (FFH-Richtlinie), Abl. EG Nr. L 206 vom 22. Juli 1992, S. 7.

- eine Darstellung der für den Plan relevanten internationalen, EG- und innerstaatlichen Umweltziele und die Art deren Berücksichtigung,
- eine Abschätzung der – positiven und negativen - Auswirkungen auf einen erweiterten Katalog von Schutzgütern (über das UVP-Gesetz hinausgehend) unter Einschluss der Wechselbeziehungen zwischen den Umweltfaktoren,
- eine Beschreibung der geplanten Vermeidungs-, Verminderungs- und Ausgleichsmaßnahmen (für alle Schutzgüter),
- eine Kurzdarstellung zur Alternativenwahl und eine Beschreibung, wie die Umweltprüfung (Alternativenprüfung) vorgenommen wurde,
- eine Beschreibung etwaiger Schwierigkeiten bei der Zusammenstellung der erforderlichen Informationen,
- eine Darstellung der geplanten Maßnahmen zur Überwachung der Umweltauswirkungen und schließlich
- eine nichttechnische Zusammenfassung.

Bei der Beschreibung des Plans bzw. Programms werden nicht nur konkrete, nachfrageorientierte Planvorhaben analog zur UVP für Projekte, sondern auch potentielle Raumnutzungen bzw. angebotsorientierte Planvorhaben zu betrachten sein. Die Beschreibung sollte sowohl grundsätzliche Planungsalternativen (Planungsstrategien) wie auch konkrete Gebiets-, Standort- oder Trassenalternativen einbeziehen.

Die Beschreibung der Umwelt bzw. der Umweltauswirkungen wird bei der SUP einerseits großräumiger, andererseits aber auch grobkörniger sein müssen, d. h. vor allem Aussagen zur Umwelt- und Freiraumstruktur auf der Basis aktueller Beiträge der Landschaftsplanung enthalten. Vor dem Hintergrund des Leitbildes einer dauerhaft umweltgerechten Raumentwicklung ist hierzu auch die langfristige Entwicklung der Umwelt stärker einzubeziehen.

Methodische Probleme, wie sie bei der Projekt-UVP bekannt sind, werden einerseits bei der Umweltprüfung für Pläne und Programme stärker zutage treten. Dies gilt insbesondere für die Wirkungsprognose, die vergleichsweise mit noch größeren Unsicherheiten behaftet ist. Andererseits können mit einer vorgelagerten Umweltprüfung auch methodische Probleme der nachfolgenden Projekt-UVP entschärft werden. So ist eine vergleichende »relative« Bewertung von alternativen Standortausweisungen methodisch einfacher durchzuführen als eine auf einen Standort bezogene »absolute« Bewertung eines Projekts.

Die Ergebnisse der Umweltuntersuchungen und die Art und Weise ihrer Berücksichtigung bei der Erarbeitung des Planentwurfs sind im Umweltbericht darzustellen. Der Umweltbericht kann dabei als eigenständiges Dokument oder als unselbstständiger Teil der Planbegründung konzipiert werden.[19] Im letzteren Falle wäre nicht nur eine in sich geschlossene Darstellung zu gewährleisten[20], sondern auch parallel zu

---

19 Vgl. Art. 2 Nr. 5 des Regierungsentwurfs EAG Bau, mit dem § 7 Abs. 5 ROG geändert wird, in BMVBW, Bundesministerium für Verkehr, Bau- und Wohnungswesen (Hrsg.): Europarechtsanpassungsgesetz Bau (EAG Bau). Gesetzentwurf der Bundesregierung vom 15. Oktober 2003, Berlin, 2003.

20 Vgl. dazu den klärenden Hinweis in der sog. SEA-Guidance der Europäischen Kommission: Europäische Kommission (Hrsg.) (2003), S. 27 (Abs. 5.4).

den verschiedenen Planentwurfsversionen (Grobentwurf zur informellen Vorabbeteiligung ausgewählter Kreise, Vorentwurf zu einer frühzeitigen Beteiligung von Behörden und ggfs. der Öffentlichkeit, Entwurf zur Offenlegung, ggfs. überarbeiteter Entwurf zur Beschlussfassung, ggfs. nochmals überarbeiteter Entwurf zur Umsetzung von Genehmigungsauflagen) jeweils entsprechende Versionen des Umweltberichts in den jeweiligen Planbegründungen zu verfassen.

Im Falle der Notwendigkeit einer FFH-Verträglichkeitsprüfung gilt für die empfohlene Verknüpfung mit der Umweltprüfung (koordinierte oder gemeinsame Verfahren gemäß Art. 11 Abs. 2 der Richtlinie), dass die Ergebnisse der FFH-Verträglichkeitsprüfung innerhalb des Umweltberichts gesondert darzustellen sind, da sie andere Rechtsfolgen haben.

Neben den anderen Umweltplanungen hat vor allem die Landschaftsplanung bei der Erstellung des Umweltberichts einen wesentlichen Beitrag zu leisten. Die Landschaftsplanung sollte über die Zustandsanalysen, Entwicklungsprognosen und Zielvorstellungen hinaus auch bei den Wirkungsanalysen, insbesondere der Alternativenprüfung, konstruktiv mitwirken (können), was allerdings effektive Integrationsregelungen voraussetzt.

VI. Untersuchungsschwerpunkte bei der Umweltprüfung in der Regionalplanung

Als zentraler Gegenstand der Wirkungsabschätzungen und damit Schwerpunkte der Umweltuntersuchungen werden also diejenigen Planinhalte zu behandeln sein, die einen räumlich und sachlich hinreichend konkreten Rahmen für die Genehmigung UVP-pflichtiger Projekte setzen.

Für die Raumordnungsplanung gibt das Raumordnungsgesetz (ROG) in § 7 Abs. 2 die wesentlichen Inhalte von Plänen und Programmen vor:

1. Festlegungen zur anzustrebenden Siedlungsstruktur, wie
   * Raumkategorien,
   * Zentrale Orte,
   * Besondere Gemeindefunktionen wie Entwicklungsschwerpunkte, Entlastungsorte,
   * Siedlungsentwicklungen,
   * Achsen.

2. Festlegungen zur anzustrebenden Freiraumstruktur, wie
   * Großräumig übergreifende Freiräume und Freiraumschutz
   * Nutzungen im Freiraum, wie Standorte für die vorsorgende Sicherung sowie die geordnete Aufsuchung und Gewinnung von standortgebundenen Rohstoffen
   * Sanierung und Entwicklung von Raumfunktionen.

3. Festlegungen zu den zu sichernden Standorten und Trassen für die Infrastruktur, wie

- Verkehrsinfrastruktur und Umschlaganlagen von Gütern,
- Ver- und Entsorgungsstruktur

Aus dieser Auflistung geht unschwer hervor, dass Inhalte von bzw. Festlegungen in Raumordnungsplänen nicht nur negative, sondern auch positive Umweltauswirkungen haben können. Mit den Festlegungen zur anzustrebenden Freiraumstruktur sollen nicht nur Freiraumnutzungen ermöglicht (z.B. Rohstoffabbau) sondern auch Freiraumfunktionen vor Eingriffen geschützt werden (z.B. durch Regionale Grünzüge oder Vorranggebiete für bestimmte Freiraumfunktionen). Nach den Vorgaben der Richtlinie sind zwar nicht nur negative sondern auch positive Umweltauswirkungen darzustellen, dennoch legt der klare Bezug zu umwelterheblichen Projekten nahe, sich auf die Untersuchung der negativen Umweltauswirkungen zu konzentrieren und damit Festlegungen mit positiven Umweltauswirkungen nicht in der gleichen Detaillierung zu betrachten.

Mittelpunkt der Untersuchungen sind somit bei Regionalen Raumordnungsplänen z.B. Vorranggebiete für die gewerblich-industrielle Nutzung, den Wohnungsbau, den Rohstoffabbau oder die Windkraftnutzung, aber auch Standortausweisungen für raumbedeutsame Anlagen, sofern diese nicht von den Fachplanungen nachrichtlich übernommen werden.[21]

VII. Anforderungen an die Alternativenprüfung

Die Alternativenprüfung wird häufig als inhaltlicher Kern einer Umweltprüfung für Pläne und Programme bezeichnet[22] und sollte ohnehin als ein Grundelement planerischen Denkens und Entwerfens im Hinblick auf das Bestreben der Planungsoptimierung betrachtet werden. Die Auflistung der geforderten Inhalte eines Umweltberichts in Anhang I der Richtlinie trägt dieser Bedeutung bei Weitem nicht Rechnung. Hier ist lediglich unter Buchstabe h) »eine Kurzdarstellung der Gründe für die Wahl der geprüften Alternativen« verlangt nebst einer »Beschreibung, wie die Umweltprüfung vorgenommen wurde«. Letztgenannter Passus dürfte so zu verstehen sein, dass diese Beschreibung der Umweltprüfung mit Blick auf die vergleichende Untersuchung von Planungsalternativen vorzunehmen ist, zumal die Umweltprüfung als Verfahren gemäß den Begriffsbestimmungen in Art. 2 mit der Ausarbeitung des Umweltberichts gerade erst einmal begonnen hat und somit die weiteren Verfahrensschritte der Umweltprüfung in dem Umweltbericht noch gar nicht beschrieben werden könnten.[23]

---

21 Jacoby: Die Strategische Umweltprüfung in der Raumordnung, in: UVP-report (15) 3/2001, S. 134-138, 2001.

22 Vgl. z.B. Bunge: Zweck, Inhalt und Verfahren von Umweltverträglichkeitsprüfungen, in: Storm; Bunge (Hrsg.): HdUVP, Berlin, 1. Lfg. IX/88, Kz 0100, 1988, S. 5.

23 In der englischsprachigen Originalfassung der Richtlinie ist diesbezüglich auch nur von »Prüfung« und nicht von »Umweltprüfung« die Rede: „an outline of the reasons for selecting the alternatives dealt with, and a description of how the assessment was undertaken".

Allerdings ist diese Vorgabe im Anhang nur im direkten Zusammenhang mit Art. 5 der SUP-RL zu verstehen, nach dem die Umweltauswirkungen und die vernünftigen Alternativen zu ermitteln, zu beschreiben und zu bewerten sind. In so fern darf die geforderte »Kurzdarstellung der Gründe für die Wahl der geprüften Alternativen« nicht in der Weise missverstanden werden, dass die Gründe für die Bevorzugung von einzelnen Planungsalternativen nur in knapper Form dargelegt werden müssten und damit bereits die Dokumentation der Alternativenprüfung erledigt sei. Vielmehr geht es nach Auffassung der Autors zunächst einmal darum, die Auswahl der in die Umweltprüfung einbezogenen Alternativen, d.h. die Alternativenvorauswahl, zumindest kurz im Hinblick auf die Forderung an »vernünftigen Alternativen« zu begründen.

Für diese näher untersuchten Alternativen sind dann genauso wie für die favorisierten Planungslösungen die Umweltauswirkungen zu ermitteln, zu beschreiben und zu bewerten. Das schließt allerdings nicht aus, dass bei einer Vielzahl von Alternativen in einem gestuften Alternativensuch- und -auswahlprozess die Untersuchungen zunächst nur sehr grobkörnig sind (zum Beispiel mit Anwendung von Mindesteignungs- und Restriktions- bzw. Ausschlusskriterien) und erst am Ende die verbleibenden besten Alternativen (mit differenzierter aufgestellten Abwägungskriterien) genauer betrachtet werden.

Für die Umweltprüfung in der Raumordnungsplanung lässt sich der Ansatz für eine prozessuale, konzept- und standortbezogene Alternativenprüfung – gerade auch mit Blick auf die Förderung einer nachhaltigen Raumentwicklung – wie folgt umreißen:[24]

- Durchführung von i.d.R. flächendeckenden Potentialanalysen (z.B. Bauland-, Rohstoff-, Windkraftpotentiale) unter Berücksichtigung von ökologischen, aber auch ökonomischen und sozialen Belangen (Bedarf) im Sinne der nachhaltigen Entwicklung,[25]
- Erarbeitung alternativer räumlicher Entwicklungsszenarien, Raumnutzungs- bzw. Standortkonzepte auf Basis von Bedarfsanalysen und der Ergebnisse der Potentialanalysen mit einer groben, summarischen Untersuchung der Umweltauswirkungen wie auch einer groben sozio-ökonomischen Folgenabschätzung,[26]

---

24 Ausführlicher dazu in Jacoby: Die Alternativenprüfung in der räumlichen Planung mit integrierter Umweltprüfung, in: UVP-report (16) Sonderheft UVP-Kongressband 2002 in Hamm, S. 71-74, 2003.
25 Vgl. Jacoby: Baulandpotentialmodelle in der Stadt- und Regionalplanung – fundierte Basis für offene und kooperative Planungs- und Entscheidungsprozesse, in: Domhardt; Jacoby (Hrsg.): Raum- und Umweltplanung im Wandel. Festschrift für Hans Kistenmacher, S. 381-396, Universität Kaiserslautern, 1994.
26 ARL (Hrsg.), Akademie für Raumforschung und Landesplanung (Hrsg.) (1998): Nachhaltige Raumentwicklung: Szenarien und Perspektiven für Berlin-Brandenburg, ARL FuS Bd. 205, Hannover, 1998; Stiens: Prognosen und Szenarien in der räumlichen Planung, in: ARL (Hrsg.): Methoden und Instrumente räumlicher Planung, S. 113-145, Hannover, 1998.

- Vergleich von räumlich konkreten Standort- bzw. Gebiets- oder Flächenalternativen mit einer vertiefenden Untersuchung der Umweltauswirkungen sowie der sozio-ökonomischen Folgen, hierbei integrierte, ggfs. iterative Optimierung der Ausweisungsmethodik bzw. -kriterien.[27]

Parallel mit der Umweltprüfung müssen also die Planungsalternativen auch im Hinblick auf ihre ökonomischen und sozialen Auswirkungen untersucht und optimiert werden. Nur so lässt sich die Förderung einer nachhaltigen Entwicklung als Ziel der Richtlinie gemäß Art. 1 erreichen. Die Alternativenprüfung bildet damit die Brücke zwischen einer rein umweltbezogenen Folgenabschätzung als primäre Intention der Umweltprüfung und einer Nachhaltigkeitsbeurteilung, die von der Sache her zur Umsetzung des Leitbildes einer nachhaltigen Raumentwicklung gemäß § 1 Abs. 2 ROG erforderlich ist.[28]

VIII. Abschichtung der Umweltprüfung

Der Umweltbericht soll gemäß Art. 5 Abs. 2 der Richtlinie die Angaben enthalten, die vernünftigerweise verlangt werden können. Zu berücksichtigen sind dabei der gegenwärtige Wissensstand und aktuelle Prüfmethoden, Inhalt und Detaillierungsgrad des Plans oder Programms, dessen Stellung im Entscheidungsprozess sowie das Ausmaß, in dem bestimmte Aspekte zur Vermeidung von Mehrfachprüfungen auf den unterschiedlichen Ebenen dieses Prozesses am besten geprüft werden können.

Dieses »Abschichtungsgebot« ist gegenüber der Projekt-UVP ein neues Element und bei der Umweltprüfung in der räumlichen Planung in mehrfacher Hinsicht relevant:

- Abschichtung jeweils innerhalb der Raumordnung und der Bauleitplanung (Landes-/Regionalplanung, Flächennutzungs-/Bebauungsplanung),
- Abschichtung zwischen Raumordnung und Bauleitplanung, speziell zwischen der überörtlichen Regionalplanung und der örtlichen Flächennutzungsplanung,

---

27 Vgl. den methodischen Ansatz bei der Regionalen Planungsgemeinschaft Westpfalz, dargestellt in Weick: Planungspraktische Umsetzung der Umweltprüfung am Beispiel der Gesamtfortschreibung des Regionalen Raumordnungsplans (ROP) Westpfalz, in: Eberle; Jacoby (Hrsg.): Umweltprüfung für Regionalpläne, ARL Arbeitsmaterial Bd. 300, S. 69-76, Hannover, 2003.

28 Vgl. Jacoby: Neue Anstöße zur Weiterentwicklung von Umweltplanungen und Umweltprüfungen und eine nachhaltige Raumplanung, in: Clev; Domhardt; Mangels (Hrsg.): Raumplanung als notwendiges Instrument der Zukunftsgestaltung. Festschrift zur Emeritierung von Prof. Dr. Dr.h.c. Hans Kistenmacher, S. 117-140, Universität Kaiserslautern, 1999 und Jacoby: Beitrag von Umweltprüfungen nach der Richtlinie 2001/42/EG und integrierten Umweltplanungen in der Raumplanung zu den Zielen räumlicher Umweltvorsorge und dem Leitbild einer nachhaltigen Raumentwicklung, in: Kühling; Hildmann (Hrsg.): Der integrative Umweltplan – Chance für eine nachhaltige Entwicklung, Dokumentation der Fachtagung vom 25. bis 27. Februar 2002 in Halle a.d. Saale, S. 196-206, 2002.

- Abschichtung zwischen rahmensetzenden räumlichen Planungen und projektbezogenen Zulassungsverfahren,
- Abschichtung zwischen Gesamtplanungen und Fachplanungen.

Diese Abschichtung der Umweltprüfung ist nur in materieller Hinsicht vorgesehen. Ein Prüfverfahren auf einer bestimmten Planungsebene kann damit eine oder mehrere Prüfverfahren auf nachfolgenden Ebenen oder ein UVP-Verfahren auf Projektebene nicht ersetzen. Die Umweltprüfung kann jedoch die auf der jeweiligen Ebene entscheidungsrelevanten und für nachfolgende Ebenen verbindlichen Planaussagen so weit abprüfen, dass sich die Prüfungen auf nachfolgenden Planungsebenen inhaltlich nicht wiederholen sondern auf andere bzw. zusätzliche, konkretere Prüfungsaspekte beschränken lassen.

Die Schwierigkeiten einer sinnvollen Abschichtung der Umweltprüfungen, die sich bereits bei der erststufigen UVP im Raumordnungsverfahren gezeigt haben,[29] werden bei der Umweltprüfung in der räumlichen Planung noch zunehmen. Es ist zu befürchten, dass die Möglichkeiten der Abschichtung mit dem Ziel, Mehrfachprüfungen zu vermeiden, im planungspraktischen Alltag deutlich beschränkt sind und damit ein erheblicher Mehraufwand auf die Planungs- und Genehmigungsbehörden insgesamt zukommt.[30]

IX. Aufwand für die Umweltprüfung in der Raumordnungsplanung

Selbstverständlich können bei der Erarbeitung des Umweltberichts – so Art. 5 Abs. 3 der Richtlinie – alle bereits an anderer Stelle erhobenen relevanten Informationen über die Umweltauswirkungen der Pläne und Programme herangezogen werden.

Trotz der genannten Möglichkeiten bzw. Erfordernisse der Abschichtung der Umweltprüfung und der Nutzung vorhandener Verfahren und Informationen wäre es blauäugig anzunehmen, dass die Durchführung der Umweltprüfung mit ihren Dokumentations-, Beteiligungs- und Begründungspflichten wie auch die sich anschließende Umweltüberwachung nicht zu einem erhöhten Arbeits- bzw. Verwaltungsauf-

---

29 Bunge: Gesetz über die Umweltverträglichkeitsprüfung (UVPG) – Kommentar. § 16 Raumordnungsverfahren und Zulassungsverfahren, in: Storm; Bunge (Hrsg.): HdUVP, Berlin, 35. Lfg. IX/99, Kennzahl 0600 (§ 16) (1999), 1999; Busch: Das Raumordnungsverfahren – Beschleunigung oder Verzögerung raumbedeutsamer Vorhaben?, in: Domhardt; Jacoby (Hrsg.): Raum- und Umweltplanung im Wandel. Festschrift für Hans Kistenmacher, Universität Kaiserslautern, S. 49-58, 1994; Goppel: Umweltverträglichkeitsprüfung im Raumordnungsverfahren, in: ARL (Hrsg.): Umweltverträglichkeitsprüfung in der bayerischen Raumordnung, ARL Arbeitsmaterial EV 172, S. 11-20, 1990; Kistenmacher (Hrsg.): Umweltverträglichkeitsprüfung (UVP) im Raumordnungsverfahren – Dokumentation des Workshops am 7. Dezember 1992 an der Universität Kaiserslautern, Werkstattbericht Nr. 22, Kaiserslautern, 1993.

30 Zur Abschichtungsproblematik s. auch Bunzel: Abschichtung der Umweltprüfung zwischen Regional- und Bauleitplanung, in: Eberle; Jacoby (Hrsg.) (2003): Umweltprüfung für Regionalpläne, ARL Arbeitsmaterial Bd. 300, S. 31-42, Hannover, 2003.

wand in der Raumordnungsplanung wie auch in anderen Planungsbereichen führen würde.

Beim Fallbeispiel der Region Westpfalz wurde für die Durchführung der Umweltprüfung – bei konsequenter Umsetzung des Ansatzes eines »schlanken« Regionalplans und eines »schlanken« Umweltberichts – ein Zusatzaufwand von ca. 10 % angegeben.[31] In anderen Regionen kann sich der Arbeitsaufwand für die Umweltprüfung aufgrund anderer Planungsaufgaben bzw. Problemlagen erheblich erhöhen.

Zur Bewältigung dieses Zusatzaufwands muss eine hinreichende – derzeit aber in der Raumordnungsplanung nicht mehr überall vorhandene - finanzielle und personelle Ausstattung bei den Planungsträgern gefordert werden. Anderenfalls wäre wohl ein größeres Vollzugsdefizit vorprogrammiert.

X. Fazit

Zusammenfassend lassen sich die fachlich-methodischen Anforderungen einer Umweltprüfung im Rahmen der Raumordnungsplanung wie folgt knapp umreißen:

- Frühzeitige und effektive Integration der Umweltprüfung in das Planungsverfahren mit einer prozessualen Berücksichtigung der Umweltbelange durch eine in den planerischen Entwurfsprozess integrierte Erarbeitung und Berücksichtigung des Umweltberichts.
- Bildung von Untersuchungsschwerpunkten unter Beachtung des Abschichtungsgebots: Umweltauswirkungen von Planinhalten, die einen räumlich und sachlich hinreichend konkreten Rahmen für die Genehmigung UVP-pflichtiger Projekte setzen oder eine FFH-Verträglichkeitsprüfung auslösen.
- Untersuchung dieser Planinhalte sowohl »projektbezogen« (grobkörnige Abschätzung der Umweltauswirkungen von einzelnen Ausweisungen) wie auch »projektübergreifend« (kumulative Umweltauswirkungen verschiedener räumlich und sachlich zusammenhängender Ausweisungen).
- Ergänzende Einbeziehung von Freiraum schützenden Ausweisungen im Zusammenhang mit der Darstellung von Vermeidungs-, Verminderungs- und Ausgleichsmaßnahmen, um eine – zumindest qualitative – Gesamtschau der positiven und negativen Umweltauswirkungen herzustellen.
- Integrierte, ggfs. iterative Alternativenprüfung unter Berücksichtigung aller relevanten Belange im Sinne der nachhaltigen Raumentwicklung.

---

31 Weick: Planungspraktische Umsetzung der Umweltprüfung am Beispiel der Gesamtfortschreibung des Regionalen Raumordnungsplans (ROP) Westpfalz, in: Eberle; Jacoby (Hrsg.): Umweltprüfung für Regionalpläne, ARL Arbeitsmaterial Bd. 300, S. 69-76, Hannover, 2003, S. 75.

Fachlich-methodische Anforderungen einer Umweltprüfung im Rahmen der Flächennutzungsplanung

Stephan Mitschang

1. Einführung

Mit dem gegenwärtig als Regierungsentwurf[1] vorliegenden »Gesetz zur Anpassung des Baugesetzbuchs an EU-Richtlinien (Europarechtsanpassungsgesetz Bau – EAG Bau)«[2] wird die »Richtlinie 2001/42/EG des Europäischen Parlaments und des Rates vom 27. Juni 2001« über die Prüfung der Umweltauswirkungen bestimmter Pläne und Programme (so genannte Plan-UP-RL[3]) in das nationale Raumordnungs- und Städtebaurecht umgesetzt[4]. Ziel der Plan-UP-RL ist es, »im Hinblick auf die Förderung einer nachhaltigen Entwicklung ein hohes Umweltschutzniveau sicherzustellen und dazu beizutragen, dass Umwelterwägungen bei der Ausarbeitung und Annahme von Plänen und Programmen einbezogen werden, indem dafür gesorgt wird, dass bestimmte Pläne und Programme, die voraussichtlich erhebliche Umweltauswirkungen haben, entsprechend dieser Richtlinie einer Umweltprüfung unterzogen werden«[5].

Vor dem Hintergrund einer solchen Zielsetzung ist der zentrale Gegenstand der Plan-UP-RL in der Durchführung einer Umweltprüfung im Rahmen der Aufstellung, Änderung oder Ergänzung eines Plans oder Programms zu sehen, deren Kernbestandteile in

a) einem zu erstellenden Umweltbericht,
b) der Durchführung von Konsultationen,
c) der Verpflichtung zur Berücksichtigung der aus einem Umweltbericht und den Konsultationen resultierenden Ergebnisse bei der Entscheidungsfindung,

---

1 Gesetzesentwurf der Bundesregierung vom 15. Oktober. Zur Entwicklung: Krautzberger/ Schliepkorte, UPR 2003, S. 92 ff. sowie Krautzberger/Stüer, BauR 2003, S. 1301 ff.
2 Zum gegenwärtigen Stand der Novellierung, vgl. Krautzberger, UPR 2004, S. 41 ff. Ausführlich zur Umsetzung der Plan-UP-RL in das Raumordnungsrecht: Schreiber, UPR 2004, S. 50 sowie Stüer, UPR 2003, S. 97 ff.
3 ABl. EG Nr. L 197, S. 30.
4 Zu Inhalt und Anwendungsbereich, vgl.: Pietzcker/Fiedler, DVBl. 2002, S. 929 ff.; Hendler, NuR 2003, S. 2 ff.; ders., DVBl. 2003, S. 227 ff.; Stüer, UPR 2003, S. 97 ff.; Ginzky, UPR 2002, S. 47 ff. sowie Schmidt/Rütz/Bier, DVBl. 2002, S. 357 ff.
5 Vgl. Art. 1 der Plan-UP-RL.

d) der Pflicht nach Annahme des jeweiligen Plans oder Programms alle Beteiligten über die Entscheidung zu unterrichten,

bestehen.

Durch die neue europäische Richtlinie wird eine generelle Pflicht zur Umweltprüfung für Pläne und Programme eingeführt, durch die der Rahmen für die künftige Genehmigung der in den Anhängen I und II der Projekt-UVP-Richtlinie[6] aufgeführten Projekte gesetzt wird oder bei denen angesichts ihrer voraussichtlichen Auswirkungen auf Gebiete des Europäischen Biotopverbundes eine Verträglichkeitsprüfung nach der FFH-Richtlinie[7] für erforderlich erachtet wird[8] und damit der mit dem Bau- und Raumordnungsgesetz 1998[9] begonnene und dem so genannten Artikelgesetz[10] im Jahr 2001 anschließend weiter geführte Weg einer zunehmenden Verpflichtung zur Integration europarechtlicher Umweltanforderungen noch einmal ein Stück weiter voran geschritten[11]. Als Planung im Bereich der Bodennutzung fällt die Bauleitplanung unzweifelhaft in den Anwendungsbereich der Plan-UP-RL[12].

Gegenstand dieser Abhandlung sind die fachlich-methodischen Anforderungen der mit der Plan-UP-RL neu geschaffenen Umweltprüfung an die Flächennutzungsplanung. Eine inhaltliche Befassung mit den insoweit auftretenden Fragestellungen ist vor allem vor dem Hintergrund von Interesse, dass die Flächennutzungsplanung – anders als die Bebauungsplanung[13] – nach den Vorschriften des Gesetzes über die Umweltverträglichkeitsprüfung (UVPG[14]) und des Baugesetzbuches (BauGB[15]) bislang weitgehend von der Verpflichtung zur Durchführung einer Umweltverträglichkeitsprüfung freigestellt wurde. Daher ist es sinnvoll zunächst darzustellen, welche fachlich-methodischen Anforderungen von der Plan-UP-RL ausgehen (siehe nachstehenden Überblick):

---

6   Richtlinie 85/337/EWG des Rates vom 27. Juni 1985 über die Umweltverträglichkeitsprüfung bei bestimmten öffentlichen und privaten Projekten, ABl. EG Nr. L 175/40, S. 40, zuletzt geändert durch die Richtlinie 97/11/EG des Rates vom 3. März 1997 zur Änderung der Richtlinie 85/337/EWG über die Umweltverträglichkeitsprüfung bei öffentlichen und privaten Projekten, ABl. EG Nr. L 73 vom 14. März 1997, S. 5.

7   Richtlinie 92/43/EWG des Rates vom 21. Mai 1992 zur Erhaltung der natürlichen Lebensräume sowie der wildlebenden Tiere und Pflanzen (Fauna-Flora-Habitat-Richtlinie – FFH-RL), ABl. EG Nr. L 206, S. 7 i.d.F. der Richtlinie 97/62/EG des Rates vom 27. Oktober 1997, ABl. EG Nr. L 305, S. 42.

8   Vgl. Art. 3 Abs. 2 a und b der Plan-UP-RL.

9   Gesetz zur Änderung des BauGB und zur Neuregelung des Rechts der Raumordnung (BauROG 1998) vom 18. August 1997, BGBl. I S. 2081.

10 Gesetz zur Umsetzung der UVP-Änderungsrichtlinie, der IVU-Richtlinie und weiterer EG-Richtlinien zum Umweltschutz vom 27. Juli 2001, BGBl. I S. 1950.

11 In diesem Sinne auch: Krautzberger (Fußn. 2), S. 42 und Mitschang, Steuerung der städtebaulichen Entwicklung durch Bauleitplanung, 2003, S. 77.

12 Dazu ausführlich: Hendler (Fußn. 4), S. 2 ff.

13 Ausführlich: Mitschang, GewArch 2002, S.274 ff.

14 Vom 12. Februar 1990, BGBl. I S. 205, zul. geänd. durch Gesetz vom 18. Juni 2002, BGBl. I S. 1914.

15 Baugesetzbuch in der Neufassung vom 27. August 1997, BGBl. I S. 2141, zul. geänd. durch Gesetz vom 23. Juli 2002, BGBl. I. S. 2850.

Screening	Klärung des Prüfungserfordernisses
Scoping	Festlegung des Untersuchungsrahmens hinsichtlich Umfang, Prüftiefe und anzuwendender Methoden
Umweltbericht	Planungsprozessbegleitende Ausarbeitung
Beteiligungen	Öffentlichkeit, Umweltbehörden und ggf. Nachbarstaaten im Zuge des Planentwurfs und einschließlich Umweltbericht
Berücksichtigung bei Entscheidung	Ergebnisse des Umweltberichts und des Beteiligungsverfahrens
Entscheidung	Bekanntgabe und zusammenfassende Erklärung zur Umweltprüfung unter Berücksichtigung von Planalternativen und Überwachungsmaßnahmen

Abbildung 1: Wesentliche fachlich-methodische Anforderungen der Plan-UP-RL

Die hier skizzierten Anforderungen verdeutlichen die europäische Sichtweise, dass die Umweltprüfung ein wichtiges Werkzeug zur Einbeziehung von Umwelterwägungen bei der Ausarbeitung und Annahme bestimmter Pläne und Programme ist, die erhebliche Auswirkungen auf die Umwelt haben können. Denn sie gewährleistet, dass derartige Auswirkungen bei der Ausarbeitung der Pläne und Programme, und zwar frühzeitig, also vor ihrer Annahme, berücksichtigt werden[16]. Angesichts der vorstehend genannten Anforderungen ist aber auch offensichtlich, dass deren Umsetzung in das deutsche Städtebaurecht Veränderungen am gesamten Verfahren zur Aufstellung von Bauleitplänen mit sich bringt. Auf die in diesem Zusammenhang für die Flächennutzungsplanung wesentlichen Gesichtspunkte wird im Folgenden genauer eingegangen und diesbezüglich beim Anwendungsbereich der Richtlinienanforderungen angesetzt. Zum Verständnis der durch die Neuregelungen verursachten Verschiebungen im fachlich-methodischen Rahmen der Flächennutzungsplanung ist es allerdings sinnvoll, vorab noch die diesbezüglich bedeutsamen Neuregelungen in ihren Zielsetzungen und methodischen Bezügen darzustellen.

2. Die neue Regelungsstruktur in ihren methodischen Ausprägungen

Die Integration der Umweltprüfung in die Bauleitplanung und damit auch in die Flächennutzungsplanung bringt keine neuen materiellen, aber umfangreiche verfahrensrechtliche Anforderungen mit sich[17]. Am rechtlichen Stellenwert der Umweltbe-

---

16 Vgl. dazu den 4. Erwägungsgrund der Plan-UP-RL.
17 Siehe dazu auch Abbildung 5.

lange in der bauleitplanerischen Abwägung ändert sich aber nichts[18]. Weiterhin ist von grundlegender Bedeutung, dass die Umweltprüfung als Trägerverfahren für alle umweltrelevanten Sachverhalte ausgestaltet wird, soweit dies jedenfalls einerseits im Rahmen der Bauleitplanung möglich ist und andererseits durch die Plan-UP-RL und ihren Prüfauftrag nicht selbst begrenzt wird[19]. Das von dem Gesetzgeber dadurch verfolgte Ziel besteht darin, das Aufstellungsverfahren für Bauleitpläne in Bezug auf die Umweltbelange zu vereinheitlichen, stärker zu systematisieren und dadurch den Verwaltungsvollzug zu erleichtern. Erreicht werden soll dies

- durch die Verdeutlichung der Planungsziele der Bauleitplanung in § 1 Abs. 5 BauGB-E, insbesondere eine inhaltliche Differenzierung des Nachhaltigkeitsgrundsatzes und die Einbeziehung baukultureller Aspekte[20]
- sowie durch eine Neuordnung der Planungsleitlinien in § 1 Abs. 6 BauGB-E, insbesondere durch eine teilweise Fortentwicklung des bisherigen Kataloges und die Integration der bisher in § 1 a BauGB enthaltenen spezifischen Umweltbelange, die dadurch gleichzeitig auch formal gleichgestellt werden[21].

Ziel ist es, die Umweltprüfung als Verfahren zur sachgerechten Aufbereitung des umweltrelevanten Abwägungsmaterials auszugestalten, deren Ergebnis im Umweltbericht als Teil der jeweiligen Planbegründung zu dokumentieren und in der Abwägung bei der Entscheidung über die zu treffenden Darstellungen im Flächennutzungsplan zu berücksichtigen ist. Dadurch wird die Umweltprüfung zu einem integralen Bestandteil des Bauleitplanverfahrens.

Zusammengenommen haben die gesetzlichen Neuregelungen folgende Struktur (vgl. nachfolgende Abbildung 2):

---

18 Spannowsky, Neustrukturierung der Anforderungen an das Bauleitplanverfahren und die Abwägung aufgrund der Plan-UP-Richtlinie, in: Spannowsky/Krämer (Hrsg.), BauGB-Novelle 2004, 2004, S. 63 f. Allerdings wird über das Ziel, bei der Abwägungsentscheidung den Erkenntnisgewinn aus der Umweltprüfung zu berücksichtigen, eine materielle Komponente der Umweltprüfung mit vermittelt, denn dann vorliegenden Erkenntnisse über die erheblichen Auswirkungen der Planung auf die Umwelt erlangen nun mittelbar eine größeres Gewicht als dies vorher der Fall war. In diesem Sinne auch: Schink, Umweltverträglichkeitsprüfung – Verträglichkeitsprüfung – naturschutzrechtliche Eingriffsregelung – Umweltprüfung, in: Erbguth (Hrsg.), Die Umweltverträglichkeitsprüfung: Neuregelungen, Entwicklungstendenzen, 2003, S. 38.
19 Zu den einzelnen umweltrelevanten Prüfungen ausführlich: Schink (Fußn. 18), S. 34 ff.
20 Dazu: Krautzberger (Fußn. 2), S. 41 f.
21 Siehe dazu unten 3.3.

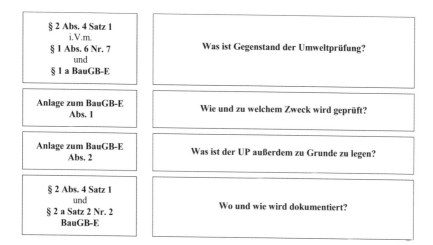

Abbildung 2:   Regelungsstruktur der Umweltprüfung

3.   Fachlich-methodische Anforderungen der Umweltprüfung an die Flächennutzungsplanung

Aus fachlich-methodischer Sicht sind im Hinblick auf die Flächennutzungsplanung von besonderer Bedeutung:

- die Klärung des Prüfungserfordernisses (Screening),
- die Festlegung des Untersuchungsrahmens (Scoping),
- die Gegenstände der Umweltprüfung,
- die Durchführung der Umweltprüfung und die Ausarbeitung des Umweltbericht nach den Vorgaben der Anlage zu § 2 Abs. 4 Satz 1, Halbsatz 2 BauGB-E,
- die Begründung zum Flächennutzungsplan mit Umweltbericht und Erklärung zum Umweltbericht,
- das Umweltmonitoring sowie
- die Ausgestaltung der Beteiligungsverfahren.

3.1 Anwendung in der Flächennutzungsplanung

Der Flächennutzungsplan ist nach den Vorschriften des EAG Bau generell UP-pflichtig. Insoweit bestimmt § 2 Abs. 4 BauGB-E, dass »für die Belange des Umweltschutzes nach § 1 Abs. 6 Nr. 7 und § 1 a eine Umweltprüfung durchgeführt wird, in der die voraussichtlichen erheblichen Umweltauswirkungen ermittelt, beschrieben und bewertet werden«. Nur in eng begrenzten Ausnahmefällen der Änderung und Ergänzung von Flächennutzungsplänen kann darauf verzichtet werden. Diese Fälle werden in der neu gestalteten und inhaltlich erweiterten Bestimmung des § 13 BauGB-E abgehandelt. Von Bedeutung ist dabei allerdings, dass europarechtlich bedeutsame erhebliche Umweltauswirkungen durch die Änderung und Ergänzung des Flächennutzungsplans nicht hervorgerufen werden dürfen. Im Einzelnen ergibt sich folgendes Bild.

a) Anordnung zur generellen Durchführung einer Umweltprüfung

Der Regierungsentwurf geht von einer generellen UP-Pflichtigkeit der Bauleitplanung aus und bezieht insoweit auch den Flächennutzungsplan ein. Damit folgt der Regierungsentwurf dem Votum der Expertenkommission zur Novellierung des BauGB[22]. Danach soll die Umweltprüfung in die bestehenden Verfahrensschritte der Bauleitplanung integriert und als Regelverfahren für grundsätzlich alle Bauleitpläne ausgestaltet werden. Von der Umweltprüfung kann nur abgesehen werden, wenn die Voraussetzungen für die Anwendung des vereinfachten Verfahrens (§ 13 BauGB-E) vorliegen[23]. Die Umweltprüfung soll sowohl den Anforderungen der Plan-UP-RL als auch der Projekt-UVP-RL entsprechen und als einheitliches Trägerverfahren die städtebaurechtlich relevanten Umweltverfahren zusammenführen[24]. Dabei ist allerdings zu berücksichtigen, dass die aus der Projekt-UVP-RL und der Plan-UP-RL abgeleiteten Anforderungen nicht vollständig deckungsgleich sind, sondern die Plan-UP-RL inhaltlich weitergehende Forderungen stellt[25]. Zwar war eine derartige Zusammenführung von Umweltverfahren europarechtlich nicht zwingend erforderlich, doch hat der Gesetzgeber – zu Recht – darauf verzichtet, der Planungspraxis ähnlich komplizierte Regelungen, wie sie in den §§ 3 a bis 3 e UVPG für Bebauungspläne enthalten sind, zuzumuten und durch die Anordnung einer generellen UVP-Pflicht für Bauleitpläne in erster Linie der Ausgestaltung eines den Verwaltungsvollzug nicht zusätzlich belastenden einheitlichen Verfahrens den Vorzug gegeben. Der ganzheitliche Ansatz räumlicher Planung wird gegenüber einer sektoralen Betrachtungsweise dadurch freilich eher gestärkt[26]. Die Umweltprüfung soll damit zu einem selbstverständlichen Bestandteil des Planungsprozesses ausgestaltet werden[27]. Mit

---

22 Bundesministerium für Verkehr, Bau- und Wohnungswesen (Hrsg.), Novellierung des Baugesetzbuchs, Bericht der unabhängigen Expertenkommission, Berlin 2002, Rn. 13. Zu den Vorschlägen der Expertenkommission ausführlich: Stüer/Upmeier, ZfBR 2003, S. 114 ff.

23 Dazu direkt anschließend unter 3.1.b.

24 Ausführlich zu den inhaltlichen und methodischen Differenzierungen in den einzelnen Umweltverfahren: Schink (Fußn. 18), S. 33 ff.

25 Krautzberger (Fußn. 2), S. 43.

26 Ebenda: S. 42.

27 EAG Bau-Entwurf vom Juni 2003, Begründung, Allgemeiner Teil, II 1 a, S. 8. Erreicht wird dies vor allem auch durch die Ausarbeitung eines planungsprozessbegleitenden Umweltberichts. Dazu genauer unten 3.4.

dieser grundsätzlichen Entscheidung für die generelle UP-Pflicht wird vermieden, dass im Vorfeld der Flächennutzungsplanung zunächst eine Prüfung dahingehend vorgenommen werden muss, ob und inwieweit die beabsichtigte Planung voraussichtlich erhebliche Umweltauswirkungen nach Art. 3 Abs. 2 der Plan-UP-RL haben wird. Dies wäre nicht nur inhaltlich schwierig, sondern in der Folge auch mit der Entscheidung verbunden, eine Beschränkung der Umweltprüfung auf die betreffenden Darstellungen vornehmen zu müssen. Dass dies in der Planungspraxis zu erheblichen Anwendungs- und Auslegungsschwierigkeiten führen würde, braucht nicht näher erläutert zu werden.

Allerdings muss in diesem Zusammenhang auch darauf hingewiesen werden, dass eine Bündelung der im Rahmen eines Bauleitplanverfahrens durchzuführenden Umweltverfahren nur so weit erfolgen kann, wie dies im Bauleitplanverfahren selbst möglich und auch erforderlich ist. Während dies beispielsweise in Bezug auf die Integration der naturschutzrechtlichen Eingriffsregelung unproblematisch ist, da die Anforderungen von Umweltprüfung und Eingriffsregelung hinsichtlich der Schutzgüter Naturhaushalt und Landschaftsbild identisch sind, ergeben sich demgegenüber Schwierigkeiten mit der Bewältigung der Anforderungen der FFH-Verträglichkeitsprüfung. Eine umfängliche Integration scheitert hier an den unterschiedlichen Voraussetzungen und Rechtsfolgen bei der Beeinträchtigung von FFH- und Vogelschutzgebieten[28]. Deshalb verlangt § 1 a Abs. 4 BauGB-E im Falle einer erheblichen Beeinträchtigung der Erhaltungsziele und des Schutzzwecks von Gebieten von gemeinschaftlicher Bedeutung und von Europäischen Vogelschutzgebieten die Anwendung der Vorschriften des Bundesnaturschutzgesetzes (BNatSchG[29]) über die Zulässigkeit und Durchführung von derartigen Eingriffen einschließlich der Einholung der Stellungnahme der Kommission. Zwar können einzelne Untersuchungsschritte hinsichtlich der Ermittlung der Auswirkungen des Planvorhabens auf die gemeinschaftsrechtlich besonders geschützten Gebiete durchaus miteinander kombiniert werden, doch steht es dann der planenden Gemeinde frei, zunächst zu klären, ob das Planvorhaben zu erheblichen Beeinträchtigungen des gemeinschaftsrechtlich besonders geschützten Gebiets führt und deshalb das Planvorhaben gegebenenfalls nicht zugelassen werden kann. Eine derartige Flexibilität bleibt gewahrt, während eine vollständige Integration der FFH-Verträglichkeitsprüfung in die Umweltprüfung zu einem Ermittlungsmehraufwand führen würde.

b) Ausnahmen von der generellen Pflicht zur Durchführung einer Umweltprüfung

Wenngleich der Regierungsentwurf zum EAG Bau von einer generellen Verpflichtung zur Durchführung einer Umweltprüfung in der Bauleitplanung ausgeht, werden in § 13 BauGB-E im Zusammenhang mit den Bestimmungen über das vereinfachte Verfahren Ausnahmen geregelt[30]. Diese Einschränkung der generellen Prüfpflicht von Flächennutzungsplänen geht auf Art. 3 Abs. 3 der Plan-UP-RL zurück, und zwar

---

28 Genauer: Schink (Fußn. 18), S. 45 ff.
29 Gesetz über Naturschutz und Landschaftspflege vom 25. März 2002, BGBl. I S. 1193.
30 Vgl. Krautzberger (Fußn. 2), S. 44.

soweit es sich um eine lediglich geringfügige Änderung handelt. Entscheidend ist danach also, dass von vorneherein schon klar ist, dass die vorgesehene Änderung oder Ergänzung des Flächennutzungsplans keine europarechtlich bedeutsamen erheblichen Umweltauswirkungen mit sich bringt, so dass in diesen Fällen von den umweltbezogenen Verfahrensanforderungen abgesehen werden darf[31].

Vor diesem Hintergrund kann insbesondere auf die Umweltprüfung dann verzichtet werden, wenn durch die Änderung und Ergänzung des Flächennutzungsplans die Grundzüge der Planung[32] nicht berührt werden und

- die Zulässigkeit von Vorhaben, die einer Pflicht zur Durchführung einer Umweltverträglichkeitsprüfung nach Anlage 1 zum UVPG oder nach Landesrecht unterliegen, nicht vorbereitet oder begründet wird sowie
- keine Anhaltspunkte für eine Beeinträchtigung der in § 1 Abs. 6 Nr. 7 Buchstabe b (Gebiete von gemeinschaftlicher Bedeutung und europäische Vogelschutzgebiete) genannten Schutzgüter

bestehen.

§ 13 Abs. 3 BauGB-E präzisiert dies dahingehend, dass nicht nur von der Durchführung einer Umweltprüfung, sondern auch von der Ausarbeitung des Umweltberichts, der Überwachung der erheblichen Umweltauswirkungen bei der Durchführung der Bauleitpläne sowie von der Angabe nach § 3 Abs. 2 Satz 2 BauGB-E abgesehen wird, soweit sich eine Gemeinde für die Durchführung des vereinfachten Verfahrens entscheidet. Es besteht also eine Koppelung zwischen dem Absehen von Durchführung einer Umweltprüfung und der Entscheidung für die Durchführung des vereinfachten Verfahrens.

Für die Planungspraxis wichtig ist dabei, dass das vereinfachte Verfahren nur für die Fälle der Änderung und Ergänzung von Flächennutzungsplänen Bedeutung hat, nicht jedoch für die Neuaufstellung. Dort ist stets eine Umweltprüfung nach den entsprechenden einschlägigen Vorschriften durchzuführen (vgl. § 2 Abs. 4 BauGB-E). Außerdem ist hinsichtlich der Systematik der Vorschrift festzuhalten, dass in der vorgesehenen Regelung für das vereinfachte Verfahren nicht mehr die Verfahrensregelungen als Vollregelungen enthalten sind, sondern in Abkehr davon, nunmehr nur noch die Abweichungen vom Regelverfahren angeführt werden[33].

Dem gemäß kann auf der Grundlage von § 13 Abs. 2 BauGB-E

- von der frühzeitigen Unterrichtung und Erörterung nach § 3 Abs. 1 und § 4 Abs. 1 BauGB-E abgesehen werden,
- der betroffenen Öffentlichkeit Gelegenheit zur Stellungnahme innerhalb angemessener Frist gegeben oder wahlweise die Auslegung nach § 3 Abs. 2 BauGB-E durchgeführt werden.

---

31 Diese Möglichkeit der abstrakt-generellen Artfestlegung von Plänen wird durch Art. 3 Abs. 5 Plan-UP-RL ausdrücklich geregelt.

32 Vgl. zum Begriff: BVerwG, Beschluss vom 15. März 2000 – 4 B 18.00 –, ZfBR 2001, S. 131.

33 Für die Beteiligung der Behörden und sonstiger Träger öffentlicher Belange verbleibt es dann wohl beim Regelverfahren.

3.2 Die Festlegung des Untersuchungsrahmens

Zweck des so genannten »Scoping« ist die Festlegung von Umfang und Detaillierungsgrad der Umweltprüfung. Diese Anforderung geht auf Art. 5 Abs. 4 der Plan-UP-RL zurück und wird vorliegend durch § 2 Abs 4 Satz 3 BauGB-E, § 3 Abs. 1 Satz 1, Halbsatz 2 sowie durch § 4 Abs. 1 Satz 1 BauGB-E umgesetzt. Während hier die Bestimmung in der Plan-UP-RL nur von einer Behördenbeteiligung ausgeht, ist nach dem Gesetzesentwurf der Bundesregierung auch eine Öffentlichkeitsbeteiligung vorgesehen und es wird gleichzeitig eine zeitliche Anknüpfung an die erste Stufe der Öffentlichkeits- und Behördenbeteiligung vorgenommen[34]. Danach kann sich künftig auch die Öffentlichkeit zum erforderlichen Umfang und zum Detaillierungsgrad der vorzunehmenden Umweltprüfung äußern. Dies war auch bisher im Rahmen der vorgezogenen Bürgerbeteiligung möglich. Neu ist demgegenüber die mit der Integration des Scoping verbundene Einführung einer frühzeitigen Beteiligung der Behörden sowie der Träger öffentlicher Belange[35]. Gerade mit Blick auf die frühzeitige Beteiligung der Behörden und der Träger öffentlicher Belange kann in Bezug auf den Untersuchungsumfang und den Detaillierungsgrad der Umweltprüfung eine deutliche Entlastung eintreten, da durch die Einbeziehung externen Sachverstands sowohl nicht notwendiger Ermittlungs- und Bewertungsaufwand vermieden als auch eine vielleicht erforderliche nochmalige Offenlegung umgangen werden können. In vielen Gemeinden ist dies bereits heute schon im Zuge der Durchführung von integrierten Umweltverträglichkeitsprüfungen bei Bebauungsplänen üblich.

Nach § 2 Abs. 4 Satz 3 BauGB-E entscheidet letztendlich die Gemeinde selbst darüber, in welchem Umfang und Detaillierungsgrad die Ermittlung der Umweltbelange für die Abwägungsentscheidung erforderlich ist.

3.3 Gegenstände der Umweltprüfung

Nach § 2 Abs. 4 Satz 1 BauGB-E ist die Umweltprüfung für die Belange des Umweltschutzes nach § 1 Abs. 6 Nr. 7 und § 1 a BauGB-E durchzuführen. Sie umfasst die Ermittlung, Beschreibung und Bewertung der voraussichtlichen erheblichen Umweltauswirkungen und dient der sachgerechten Aufbereitung des umweltrelevanten Abwägungsmaterials im Rahmen eines durchzuführenden Verfahrens. Gegenstände der Umweltprüfung sind die Schutzgüter und sonstigen Gesichtspunkte, die in § 1 Abs. 6 Nr. 7 und § 1 a BauGB-E[36] im Sinne einer Check- oder Abhakliste

---

34 Zu den veranlassten methodischen Veränderungen im Verfahren, vgl. ausführlich unten 3.7.
35 Nach dem Referentenentwurf vom 3. Juni 2003 fand noch eine Einschränkung auf die Behörden statt. Auch dazu weiter unten, vgl. 3.7.
36 § 1 Abs. 6 Nr. 7 BauGB-E enthält eine Zusammenführung des gesamten umweltbezogenen Abwägungsmaterials des bisherigen § 1 Abs. 5 Satz 2 Nr. 7 BauGB sowie des bisherigen § 1 a BauGB. § 1 a BauGB-E enthält nunmehr noch ergänzende Vorschriften des Umweltschutzes.

aufgeführt sind[37]. Für die Praxis bietet die dort unter Betonung des Nachhaltigkeits-grundsatzes[38] zu findende Bündelung umweltrelevanter Belangen insgesamt eine wichtige Hilfestellung zur sachgerechten Abarbeitung der von der Planung berührten Belange. Zu berücksichtigen sind nach § 1 Abs. 6 Nr. 7 BauGB-E die Belange des Umweltschutzes, einschließlich des Naturschutzes und der Landschaftspflege, ins-besondere

a) die Auswirkungen auf Tiere, Pflanzen, Boden, Wasser, Luft, Klima und das Wirkungsgefüge zwischen ihnen sowie die Landschaft und die biologische Viel-falt,

b) die Erhaltungsziele und der Schutzzweck von gemeinschaftlicher Bedeutung und der Europäischen Vogelschutzgebiete im Sinne des Bundesnaturschutzgesetzes,

c) umweltbezogene Auswirkungen auf den Menschen und seine Gesundheit sowie die Bevölkerung insgesamt,

d) umweltbezogene Auswirkungen auf Kulturgüter und sonstige Sachgüter,

e) die Vermeidung von Emissionen sowie der sachgerechte Umgang mit Abfällen und Abwässern,

f) die Nutzung erneuerbarer Energien sowie die sparsame und effiziente Nutzung von Energie,

g) die Darstellungen von Landschaftsplänen sowie von sonstigen Plänen, insbeson-dere des Wasser-, Abfall- und Immissionsschutzrechts,

h) die Erhaltung der bestmöglichen Luftqualität in Gebieten, in denen die durch Rechtsverordnung zur Erfüllung von bindenden Beschlüssen der Europäischen Gemeinschaften festgelegten Immissionsgrenzwerte nicht überschritten werden,

i) die Wechselwirkungen zwischen den einzelnen Belangen des Umweltschutzes nach den Buchstaben a, c und d.

Die Neustrukturierung dieser Vorschrift (vorher § 1 Abs. 5 Nr. 7 BauGB) ergibt sich aus der Umsetzung der Anforderungen der Plan-UP-RL, denn die in dieser Bestim-mung angeführten Belange sind die Gegenstände der Umweltprüfung[39]. Auf einige wichtige Aspekte in diesem neu strukturierten Katalog ist in diesem Zusammenhang hinzuweisen:

• Die Belange des Naturschutzes und der Landschaftspflege entfalten in mehrerlei Hinsicht Wirkung und werden deshalb durch Mehrfachnennung hervorgehoben[40].

• Die Berücksichtigung von Wechselwirkungen erfolgt nur im Hinblick auf die in § 1 Abs. 6 Nr. 7 a, c und d BauGB-E aufgeführten Belange und bezieht sich auf

---

37 Krautzberger (Fußn. 2), S. 43.
38 Vgl. § 1 Abs. 5 BauGB-E.
39 Zusammengeführt werden die Bestimmungen des bisherigen § 1 Abs. 5 Nr. 7 mit dem entsprechenden Regelungsgehalt der bisherigen §§ 1 a und 2 a sowie mit den Vorgaben des Anhangs I der Plan-UP-RL und des Anhangs IV der Projekt-UVP-RL. Vgl. Gesetzes-entwurf der Bundesregierung, Begründung, Teil B, S. 107.
40 Z.B. die Berücksichtigung von Wechselwirkungen in § 1 Abs. 6 Nr. 7 a und i BauGB-E.

das übergreifende Verhältnis zwischen Naturhaushalt, Menschen sowie Kultur- und Sachgütern[41].

- Anders als bei der Umweltverträglichkeitsprüfung im Rahmen der Projekt-UVP-RL findet bei der Umweltprüfung nach der Plan-UP-RL eine Beschränkung auf nachteilige Umweltauswirkungen nicht statt, sondern es sind vielmehr auch die positiven Umweltauswirkungen zu berücksichtigen. Für die zu treffende Abwägungsentscheidung ist dies von Bedeutung[42].

- Der Katalog umweltprüfungspflichtiger Belange wird auf der Grundlage der gemeinschaftsrechtlichen Vorgaben erweitert:

  - Der Belang der »biologischen Vielfalt« wird in § 1 Abs. 6 Nr. 7 a BauGB-E neu eingefügt. Unter diesem Begriff ist »die Variabilität unter lebenden Organismen jeglicher Herkunft, darunter unter anderem Land-, Meeres- und sonstige aquatische Ökosysteme und die ökologischen Komplexe, zu denen sie gehören«, zu verstehen. Davon erfasst ist die Vielfalt innerhalb der Arten und zwischen den Arten und die Vielfalt der Ökosysteme[43].

  - Alle anderen angeführten Belange entsprechen dem im Bundesnaturschutzgesetz legaldefinierten Begriff des »Naturhaushalts«[44] und bilden wichtige Prüfkriterien im Zusammenhang mit der Beurteilung des Eingriffstatbestandes[45]. Soweit sich im Rahmen der Ermittlung und Bewertung der in § 1 Abs. 6 Nr. 7 a BauGB-E enthaltenen Belange ergibt, dass auf Grund der Planung ein Eingriff in Natur und Landschaft zu erwarten ist, sind ergänzend die Elemente der Vermeidung und des Ausgleichs nach § 1 a Abs. 3 BauGB-E zu berücksichtigen[46].

  - Auch die Berücksichtigung der umweltbezogenen Auswirkungen auf den Menschen, seine Gesundheit und die Bevölkerung insgesamt geht auf europäische Richtlinienanforderungen zurück[47] und bezieht sich auf die soziale Komponente des Umweltschutzes[48].

  - Neu aufgenommen sind die Schutzgüter Mensch, Kultur und Sachgüter, die in ihren umweltbezogenen Komponenten im Rahmen der Umweltprüfung berücksichtigt werden müssen.

  - Während energetische Belange auch bislang schon berücksichtigt werden mussten, kommt nunmehr ergänzend als Ausfluss der Nachhaltigkeitsstrate-

---

41 Siehe dazu Gesetzesentwurf der Bundesregierung vom 15. Oktober 2003, Begründung, Teil B, S. 111.
42 Darauf weist auch der Gesetzesentwurf der Bundesregierung vom 15. Oktober 2003, Begründung, Teil B, S. 107 hin.
43 Zum Begriff, vgl. Art. 2 Abs. 2 des Gesetzes zu dem Übereinkommen vom 5. Juni 1992 über die biologische Vielfalt vom 30. August 1993, BGBl. II S. 1741.
44 Vgl. § 10 Abs. 1 Nr. 1 BNatSchG.
45 Siehe dazu die Legaldefinition in § 18 Abs. 1 BNatSchG.
46 Siehe zu § 1 a BauGB-E weiter unten 3.3.
47 Siehe Anhang I Buchstabe f der Plan-UP-RL.
48 Vgl. Begründung, Teil B, S. 109 des Gesetzentwurfs der Bundesregierung.

gie der Bundesregierung[49] hinzu, dass die Nutzung von Energie sparsam und effizient erfolgen soll.

– Weiterhin neu ist auch die Verpflichtung zur Erhaltung der bestmöglichen Luftqualität. Dies gilt für Gebiete, in denen Immissionsgrenzwerte durch Rechtsverordnungen auf der Grundlage von § 48 a Abs. 1 BImSchG[50] festgelegt sind, um bindende Beschlüsse der Europäischen Gemeinschaften zu erfüllen[51].

Die vorgenommene Erweiterung des Katalogs in § 1 Abs. 6 Nr. 7 BauGB-E wird deutliche Auswirkungen auf die Planungspraxis haben. Mit der inhaltlichen Vorstrukturierung der umweltprüfungspflichtigen Untersuchungsgegenstände wird einerseits ein zwar an und für sich positiver Beitrag, insbesondere für die Ermittlung des Abwägungsmaterials geleistet, andererseits aber auch der Umweltbericht inhaltlich erweitert. Dies ist vor allem dann zu befürchten, wenn gerade keine konkrete Betroffenheit des jeweiligen Belangs gegeben ist. Der Vollständigkeit des Umweltberichts wird hier in der Praxis der Vorzug vor einer vermeintlichen defizitären Bestandserhebung eingeräumt werden.

Ebenfalls Gegenstand der Umweltprüfung sind die in § 1 a BauGB-E enthaltenen ergänzenden Vorschriften zum Umweltschutz in der Bauleitplanung. Wichtig ist in diesem Zusammenhang die regelungssystematische Einordnung der Bestimmung in die Umweltprüfung[52]. Sie wird über § 2 Abs. 4 Satz 1 BauGB-E hergestellt, indem bestimmt wird, dass die ergänzenden Umweltbelange nach § 1 a BauGB-E auch in den Rahmen der Ermittlung und Bewertung aller Umweltschutzbelange einzubeziehen sind. § 1 a BauGB-E enthält die aus dem nationalen Recht hergeleiteten besonderen Anforderungen für den Naturschutz und die Landschaftspflege sowie den Bodenschutz und bezieht sich insoweit auf

- den sparsamen und schonenden Umgang mit Grund und Boden (Bodenschutzklausel),
- die Umwidmungssperre für landwirtschaftliche, als Wald oder für Wohnzwecke genutzte Flächen,
- die planerische Eingriffsregelung
- und verweist auf die für FFH- und europäische Vogelschutzgebiete geltenden Sonderbestimmungen des Bundesnaturschutzgesetzes.

Inhaltlich unverändert bleiben die aus der planerischen Eingriffsregelung resultierenden Anforderungen sowie der Hinweis auf die Verträglichkeitsprüfung sowie auf die Einholung der Stellungnahme der Kommission für den Fall der erheblichen Beeinträchtigung der Erhaltungsziele oder des Schutzzwecks eines Gebiets von gemein-

---

49 Vgl. BT-Drs. 14/8953, S. 67 ff.
50 Gesetz zum Schutz vor schädlichen Umwelteinwirkungen durch Luftverunreinigungen, Geräusche, Erschütterungen und ähnliche Vorgänge (Bundes-Immissionsschutzgesetz) i.d.F. der Bekanntmachung vom 14. Mai 1990, BGBl. I S. 880, zul. geänd. durch Gesetz vom 11. September 2002, BGBl. I S. 3622.
51 Siehe z. B. die 25. oder 28. BImSchV.
52 Gesetzesentwurf der Bundesregierung vom 15. Oktober 2003, Begründung, Teil B, S. 113.

schaftlicher Bedeutung oder eines europäischen Vogelschutzgebiets. Veränderungen ergeben sich demgegenüber in Bezug auf die Berücksichtigung des Schutzgutes Boden. In § 1 a Abs. 2 BauGB-E werden die Bodenschutzklausel sowie die Umwidmungssperrklausel zusammengeführt, und zwar vor dem Hintergrund, dass beide vormals getrennten Vorschriften, im Grunde genommen demselben Zweck, nämlich der Verringerung der Flächeninanspruchnahme dienen[53]. Diesbezüglich wird zwar darauf hingewiesen, dass sowohl die aus der Bodenschutzklausel als auch aus der Umwidmungssperrklausel resultierenden Anforderungen dem Abwägungsgebot unterliegen, doch dürfte es künftig argumentativ für die Gemeinden – auf Grund der in § 1 a Abs. 2 BauGB-E ausdrücklich angeführten Möglichkeiten zu einer Verringerung der Flächeninanspruchnahme beizutragen – schwieriger werden, diese Belange gegenüber anderen Belangen zurückzustellen. Dies ergibt sich insbesondere daraus, dass

* in der Bestimmung beispielhaft Instrumente genannt werden, mit denen dem sparsamen und schonenden Umgang mit Grund und Boden entsprochen werden kann,

* die Innenentwicklung gegenüber der Außenentwicklung priorisiert wird, weil sie der Verringerung einer zusätzlichen Flächeninanspruchnahme dient,

* der Zielsetzung einer nachhaltigen Siedlungsentwicklung weitestgehend Rechnung getragen werden soll[54].

3.4 Umweltprüfung und Umweltbericht nach der Anlage zum BauGB-E

Nach § 2 Abs. 4 Satz 1 BauGB ist für die Durchführung der Umweltprüfung die Anlage zum Baugesetzbuch heranzuziehen, denn sie enthält Aussagen über den Ermittlungsumfang und die Ermittlungstiefe sowie in Ermangelung einer Regelung im Sinne von § 2 a BauGB[55] auch Aussagen darüber, welche inhaltlichen Angaben der Umweltbericht[56] haben muss. Der Umweltbericht ist nach § 2 a BauGB-E ein gesonderter Bestandteil der Begründung zum Flächennutzungsplan[57].

3.4.1 Aufbau und Inhalt

Die Anlage zu § 2 Abs. 4 und § 2 a BauGB-E enthält Anforderungen an die Ermittlung und Bewertung der voraussichtlichen erheblichen Umweltauswirkungen der

---

53 Gesetzesentwurf der Bundesregierung vom 15. Oktober 2003, Begründung, Teil B, S. 114.
54 Vgl. hierzu ausführlich: Gesetzesentwurf der Bundesregierung vom 15. Oktober 2003, Begründung, Teil B, S. 114 ff.
55 Eine Regelung zum Inhalt des Umweltberichts fehlt im Gesetzesentwurf der Bundesregierung vom 15. Oktober 2003, ist aber in Bezug auf die integrierte Umweltverträglichkeitsprüfung im noch geltenden Recht in § 2 a BauGB enthalten.
56 Siehe dazu ausführlich unten 3.4.1.
57 Dazu genauer unter 3.2.3.

jeweiligen Planung und orientiert sich sehr stark an den europarechtlichen Vorgaben, insbesondere des Anhanges I der Plan-UP-RL. Das in Abs. 1 der Anlage zum BauGB-E enthaltene Prüfschema von Bestandsaufnahme, Entwicklungsprognose, Prüfung von Vermeidungs-, Verminderungs- und Ausgleichsmaßnahmen sowie Prüfung von anderweitigen Planungsmöglichkeiten (Alternativenprüfung) wird durch Abs. 2 um der Umweltprüfung »weiter zu Grunde zu legende« Vorgaben erweitert.

Der fachlich-methodische Prüfrahmen stellt sich nach der Anlage zum BauGB-E folgendermaßen dar[58]:

Bestandsaufnahme der einschlägigen Aspekte des derzeitigen Umweltzustands

(Abs. 1 Nr. 1 der Anlage zum BauGB-E)

Prognose über die Entwicklung des Umweltzustands bei Durchführung der Planung und bei Nichtdurchführung der Planung

(Abs. 1 Nr. 2 der Anlage zum BauGB-E)

Prüfung der Maßnahmen zur Vermeidung, Verringerung und zum Ausgleich der nachteiligen Auswirkungen

(Abs. 1 Nr. 3 der Anlage zum BauGB-E)

Prüfung anderweitiger Planungsmöglichkeiten, wobei die Ziele und der räumliche Geltungsbereich des Bauleitplans zu berücksichtigen sind

(Abs. 1 Nr. 4 BauGB-E)

Kurzdarstellung des Inhalts und der wichtigsten Ziele des Bauleitplans, einschließlich der Beschreibung der Festsetzungen des Plans mit Angaben über Standorte, Art und Umfang sowie Bedarf an Grund und Boden der geplanten Vorhaben

(Abs. 2 Nr. 1 BauGB-E)

Umweltmerkmale der Gebiete, die voraussichtlich erheblich beeinflusst werden

(Abs. 2 Nr. 2 BauGB-E)

die in einschlägigen Fachgesetzen und Fachplänen festgelegten Ziele des Umweltschutzes, die für den Bauleitplan von Bedeutung sind, und die Art, wie diese Ziele bei der Aufstellung berücksichtigt wurden

(Abs. 2 Nr. 3 der Anlage zum BauGB-E)

Beschreibung, wie die Umweltprüfung vorgenommen wurde (Methodik), etwa im Hinblick auf die wichtigsten Merkmale der verwendeten technischen Verfahren, einschließlich etwaiger Schwierigkeiten bei der Zusammenstellung der erforderlichen Informationen

(Abs. 2 Nr. 4 der Anlage zum BauGB-E)

die geplanten Maßnahmen zur Überwachung der erheblichen Auswirkungen der Durchführung des Bauleitplans auf die Umwelt

(Abs. 2 Nr. 5 der Anlage zum BauGB-E)

allgemein verständliche Zusammenfassung der erforderlichen Angaben der Anlage

(Abs. 2 Nr. 6 der Anlage zum BauGB-E)

Abbildung 3: Vorgegebener Prüfrahmen durch die Anlage zum BauGB-E

Ergänzend stellt Abs. 1 Satz 2 der Anlage zum BauGB-E klar, dass sich die Ermittlung nur auf das bezieht, was nach gegenwärtigem Wissensstand und zeitgemäßen

---

58 Zwar bezieht sich die Anlage zum BauGB-E ausschließlich auf die Umweltbelange, kann aber auch im Rahmen der Abarbeitung der sozialen und wirtschaftlichen Belange herangezogen werden.

Prüfmethoden sowie nach Inhalt und Detaillierungsgrad des Bauleitplans angemessener Weise verlangt werden kann.

Inhaltlich geht die Anlage erheblich über das hinaus, was bislang nach § 2 a BauGB für den Umweltbericht im Rahmen der integrierten Umweltverträglichkeitsprüfung gefordert wird. Zurückzuführen ist dies auf die weitergehenden Anforderungen der Plan-UP-RL. Nicht in erforderlichem Maße transparent und selbsterklärend ist dabei allerdings die Struktur der Anlage zum BauGB[59]:

- Die Anlage zu § 2 Abs. 4 und zu § 2 a BauGB-E enthält Vorgaben für die Umweltprüfung und Angaben zum Inhalt des Umweltberichts, wenngleich auf diesen weder in Abs. 1 noch in Abs. 2, sondern nur in der Überschrift der Anlage zum BauGB-E Bezug genommen wird. Doch ist davon auszugehen, dass die in der Anlage zum BauGB-E enthaltenen Anforderungen zumindest auch Gegenstand des Umweltberichts sein müssen.

- Abs. 2 der Anlage zum BauGB-E stellt nach der Begründung zum Regierungsentwurf »nähere Angaben zum Inhalt des Umweltberichts nach § 2 a Satz 2 Nr. 2 BauGB-E« zur Verfügung. Aus dem verwendeten Wortlaut »weiter zu Grunde zu legen« wird dies nicht deutlich. Entweder es handelt sich bei der Auflistung in Abs. 2 der Anlage zum BauGB-E um zusätzliche Anforderungen, wie durch das Wort »weiter« angenommen werden könnte oder es geht um Grundlagen für die nach Abs. 1 der Anlage zum BauGB-E vorzunehmende Ermittlung und Bewertung, wie durch die Worte »zu Grunde zu legen« zum Ausdruck gebracht werden könnte[60]. Nach der hier vertretenen Auffassung ist ersterer Sichtweise zu folgen und damit davon auszugehen, dass die in Abs. 2 der Anlage zum BauGB-E enthaltene Anforderungsauflistung auf jeden Fall im Umweltbericht zu berücksichtigen ist, es sich also mithin um »zusätzliche Vorgaben« handelt.

- Die Umweltprüfung bezieht sich angesichts des einleitenden Satzteils in Abs. 1 der Anlage zum BauGB-E auf die voraussichtlich erheblichen Umweltauswirkungen der Planung und damit nicht auf jedwede durch die Planung hervorgerufenen Umweltauswirkungen.

- Außerdem ist in diesem Zusammenhang von Bedeutung, dass sich die Ermittlung nur auf das beziehen darf, was nach gegenwärtigem Wissensstand und zeitgemäßen Prüfmethoden sowie nach Inhalt und Detaillierungsgrad des Bauleitplans angemessener Weise verlangt werden kann[61]. Diese Beschränkung auf Zumutbarkeits- und Verhältnismäßigkeitsgesichtspunkte[62] ist wichtig für die Bestimmung des Prüfungsumfangs und der Prüfungstiefe[63]. Es muss absehbar sein, dass die

---

59 Zu den inhaltlichen Problemen, vgl. 3.4.2.

60 Zu Recht: Porger, Neue Anforderungen an die Flächennutzungsplanung und ihre Möglichkeiten, in: Spannowsky/Krämer (Hrsg.), BauGB-Novelle 2004, 2004, S. 71.

61 Vgl. Abs. 1 Satz 2 der Anlage zum BauGB-E.

62 Vgl. Art. 5 Abs. 2 der Plan-UP-RL.

63 Siehe dazu auch die Rechtsprechung des Bundesverwaltungsgerichts zur Umweltverträglichkeitsprüfung im Fachplanungsrecht, insbesondere BVerwG, Urteil vom 25. Januar 1996 – 4 C 5.95 –, NuR 1996, S. 466 sowie BVerwG, Urteil vom 21. März 1996 – 4 C 19.94 –, UPR 1996, S. 339.

untersuchten Belange eine Abwägungsrelevanz besitzen[64]. Die Umweltprüfung ist wie die Umweltverträglichkeitsprüfung auch, kein »Umweltsuchverfahren oder -forschungsvorhaben« zur Gewinnung wissenschaftlicher Erkenntnisse[65]. Fehlt damit die angesprochene Abwägungsrelevanz braucht dem Umweltbelang nicht weiter nachgegangen zu werden[66].

3.4.2   Neue inhaltliche und methodische Anforderungen

Der in der Anlage zum BauGB-E aufgelistete Anforderungskatalog führt im Wesentlichen nicht zu größeren Problemen bei seiner Bewältigung. Einige Belange sind inhaltlich deckungsgleich mit heute bereits durch § 2 a BauGB gestellten Anforderungen an den Umweltbericht, andere Belange sind neu und müssen künftig zusätzlich abgearbeitet werden. Kleinere inhaltliche und methodische Probleme treten allerdings dennoch auf und beziehen sich einerseits auf das systematische Verhältnis von Begründung und Umweltbericht sowie andererseits auf die verwendete Terminologie und den mit bestimmten Anforderungen verbundenen Zielsetzungen:

- Eine neue Forderung der Umweltprüfung besteht in der Berücksichtigung der Status-Quo-Prognose (Abs. 1 Nr. 2 der Anlage zum BauGB-E), also der Entwicklung des Plangebiets unter Beibehaltung des bisherigen Zustands und unter Berücksichtigung der bisherigen Entwicklung in dem Gebiet. Die Berücksichtigung des Prognose-Null-Falles soll die Veränderungen des Plangebiets unter Beibehaltung des bisherigen Zustands und seiner Entwicklung deutlich machen. Aus der Sicht des Umweltschutzes ist die Berücksichtigung des Prognose-Null-Falles sinnvoll, denn dadurch wird verdeutlicht, wie groß der Eingriff im Verhältnis zur vorhabenunbeeinflussten Entwicklung des Gebietes ist. Für die Planungspraxis mag dies in einigen Fällen mit erheblichen Unsicherheiten behaftet sein, so weit nämlich die betreffenden Flächen durch mehrere Arten von Nutzungen in Anspruch genommen werden können.
- Die Forderung nach der Prüfung von Alternativen[67] war schon bislang Gegenstand der Anforderungen des bauleitplanerischen Abwägungsgebots und ist daher

---

64 Die Umweltprüfung nach der Plan-UP-RL muss zwangsläufig hinter der Prüfungstiefe der Umweltverträglichkeitsprüfung zurückbleiben, da sie in – regelmäßig – vorbereitenden Planungen verankert ist, bei denen konkrete Auswirkungen eines bestimmten Projektes auf die Umwelt häufig noch nicht prognostiziert werden können.

65 In diesem Sinne auch: Porger (Fußn. 50), S. 71.

66 In diesem Zusammenhang ist auf die neue Bestimmung in § 4 Abs. 2 Satz 4 BauGB-E hinzuweisen, wonach die Behörden Informationen, die für die Ermittlung und Bewertung des Abwägungsmaterials zweckdienlich sind, den Gemeinden zur Verfügung stellen müssen. Diese behördliche Bringschuld gilt natürlich auch in Bezug auf die Umweltbelange und spielt für die Abgrenzung des Untersuchungsumfangs sowie für die Festlegung der Untersuchungstiefe eine erhebliche Rolle. Die Umweltprüfung ist jedenfalls nicht dafür zu verwenden, um Kenntnislücken der Behörden im Hinblick auf beispielsweise den Biotop- oder Artenschutz zu füllen.

67 Vgl. § 5 Abs. 1 Satz 1 der Plan-UP-RL.

nichts Neues für die Flächennutzungsplanung. Die Alternativenprüfung wird allerdings durch die mit der Planung verfolgten Ziele inhaltlich und durch den Geltungsbereich des Planes räumlich begrenzt. Standortfragen oder die Koordination von Raumnutzungsansprüchen sind seit jeher originäre Aufgaben der Flächennutzungsplanung. Allerdings wird die nunmehr geforderte Auseinandersetzung mit den Alternativen und deren Dokumentationserfordernis vielleicht zu anderen Ergebnissen führen als bisher[68], weil in Anbetracht der notwendigen Alternativenbewertung Standortentscheidungen nunmehr explizit im Umweltbericht nachvollziehbar darzulegen, zu begründen sind.

Die in Abs 2 der Anlage zum BauGB-E aufgelisteten und der Umweltprüfung »weiter zu Grunde zu legenden«[69] Anforderungen führen gegenüber den in Abs. 1 der Anlage zum BauGB-E Genannten zu etwas größeren Problemen bei ihrer Bewältigung.

- Die nach Abs. 2 Nr. 1 der Anlage zum BauGB-E[70] geforderte »Kurzdarstellung des Inhalts und der wichtigsten Ziele des Bauleitplans, einschließlich der Beschreibung der Festsetzungen des Plans mit Angaben über Standorte, Art und Umfang sowie Bedarf an Grund und Boden der geplanten Vorhaben« ist in mehrerlei Hinsicht missverständlich.

  - So schließt die Bestimmung durch ihre Bezugnahme auf den »Bauleitplan« zunächst den Flächennutzungsplan mit ein, sieht aber lediglich eine Beschreibung der »Festsetzungen« vor und beschränkt insoweit ihren Anwendungsbereich vordergründig nur auf den klassischen Bebauungsplan.
  - Nach § 2 a Nr. 1 BauGB-E sind in der Begründung zum Flächennutzungsplan die Ziele und Zwecke des Bauleitplans darzulegen. Dies geschieht regelmäßig in der Begründung zum Flächennutzungsplan, allerdings am Anfang der Ausführungen. Selbst wenn es sich hier lediglich um die umweltrelevanten Ziele und Zwecke der Planung handeln würde, wäre es unlogisch, diese an einer anderen Stelle als am Anfang der Begründung Platz greifen zu lassen. Auch umweltbezogene Ziele und Zwecke der Planung sind Planungsziele und sollten nicht getrennt von den städtebaulichen Zielsetzungen erläutert werden[71].
  - In der Planungspraxis führen diese Systembrüche zu Wiederholungen und damit zu einem erhöhten Aufwand und gleichzeitig zu Einschränkungen im

---

68 So wohl auch: Gesetzesentwurf der Bundesregierung vom 15. Oktober 2003, Begründung, Teil B, S. 197, wonach die Alternativenprüfung durch den Umweltbericht eine »neue Betonung erhält«.

69 Angeführt sind in Abs. 2 der Anlage zum BauGB-E ebenfalls bei der Umweltprüfung zu berücksichtigende Anforderungen. Die gewählte Formulierung führt insoweit vielleicht zu Missverständnissen. Ebenso: Porger (Fußn. 50), S. 71.

70 Vgl. Anhang I Buchstabe a der Plan-UP-RL sowie Art. 5 Abs. 1 und 3 sowie Anhang IV Nr. 1 der Projekt-UVP-RL.

71 Janning, Die Novelle zum BauGB aus der Sicht der Gemeinden, in: Spannowsky/Krämer (Hrsg.), BauGB-Novelle 2004, 2004, S. 13.

Verständnis der Methodik der Begründung. Insoweit ist es sinnvoll hier mit Verweisen auf andere Teile in der Begründung zu arbeiten[72].

- Unklar ist der in Abs. 2 Nr. 2 der Anlage zum BauGB-E[73] verwendete Begriff der Umweltmerkmale. Die Ermittlung und Bewertung der einschlägigen Aspekte des Umweltzustands ist bereits nach Abs. 1 Nr. 1 der Anlage zum BauGB-E gefordert. Ohne weitere Präzisierung führt auch dies zu Wiederholungen und den damit einhergehenden und vorstehend schon dargelegten Folgen.
- Nach Abs. 2 Nr. 3 der Anlage zum BauGB-E sind nunmehr auch die in einschlägigen Fachgesetzen und Fachplänen festgelegten Ziele des Umweltschutzes, die für den Flächennutzungsplan von Bedeutung sind, und die Art, wie diese Ziele bei der Aufstellung berücksichtigt wurden, darzulegen. Danach wird eine Anforderung in Anhang I Buchstabe e der Plan-UP-RL umgesetzt, die nach ihrem Wortlauf auf »die auf internationaler oder gemeinschaftlicher Ebene oder auf der Ebene der Mitgliedstaaten festgelegten Ziele des Umweltschutzes« abstellt. Die Regelung in Abs. 2 Nr. 3 der Anlage zum BauGB-E beschränkt die Darlegungspflicht auf die einschlägigen deutschen Fachgesetze und Fachpläne, da diese gerade der Umsetzung umweltbezogener gemeinschaftlicher Ziele dienen[74]. Da sich die Umweltprüfung nur auf die Ermittlung und Bewertung der erheblichen Umweltauswirkungen erstreckt, ist die Pflicht zur Darlegung der Ziele des Umweltschutzes dahingehend eingeschränkt, als nur solche Ziele in einschlägigen Fachgesetzen und Fachplänen zu berücksichtigen sind, die planrelevant sind. Außerdem bezieht sich die Darlegungspflicht nur auf verbindlich, also »förmlich« festgelegte Umweltziele[75] und nicht auf informelle Umweltqualitätsziele oder sonstige Indikatorensysteme[76].
- Die nach Abs. 2 Nr. 4 der Anlage zum BauGB-E[77] erforderliche Beschreibung der angewandten Methodik für die Umweltprüfung führt ebenfalls zu Schwierigkeiten, denn der Umweltbericht selbst ist die Beschreibung der Vorgehensweise[78].

Hauptursache für die dargestellten inhaltlichen und methodischen Schwierigkeiten ist die streng vorgenommene Orientierung an den europarechtlichen Vorgaben in Anhang I der Plan-UP-RL. Dies führt im Kontext zur bestehenden Ausarbeitungspraxis von Begründungen für Bauleitpläne zu nicht vermeidbaren Wiederholungen und Doppelnennungen. Zwar ist dies grundsätzlich nicht weiter schlimm, denn erstens macht auch der Gesetzgeber von Mehrfachnennungen und Doppelregelungen selbst

---

72 So auch: Gesetzesentwurf der Bundesregierung vom 15. Oktober 2003, Begründung, Teil B, S. 198.
73 Siehe Anhang I Buchstabe c der Plan-UP-RL.
74 Gesetzesentwurf der Bundesregierung vom 15. Oktober 2003, Begründung, Teil B, S. 198.
75 So auch Bundesministerium für Verkehr, Bau- und Wohnungswesen (Fußn. 22), Rn. 31.
76 So ausdrücklich: Janning (Fußn. 71), S. 14.
77 Vgl. Anhang I Buchstabe h der Plan-UP-RL.
78 So zu Recht und ausführlich: Janning (Fußn. 71), S. 14.

und auch bewusst Gebrauch[79] und zweitens wird in der Planungspraxis eine Begründung zu einem Bauleitplan nur in wirklich seltenen Fällen insgesamt gelesen, weil sowohl die Öffentlichkeit als auch die beteiligten Behörden jeweils nur sektoral betroffen sind und von daher ganz pragmatisch eine inhaltliche Auswahl für die konkrete Befassung mit der Begründung getroffen wird.

Dass nach alledem auf der Grundlage der im Regierungsentwurf zum EAG Bau enthaltenen Anlage über die Umweltprüfung und den Umweltbericht künftig mit einem höheren Aufwand gerechnet werden muss, ist offensichtlich. Auch vermag an dieser Stelle die Beteuerung, dass es sich bei den Anforderungen der Anlage zum BauGB-E ohnehin nur um das handelt, was schon nach der geltenden Rechtslage und mit Blick auf das Abwägungsgebot abzuarbeiten ist, nicht zu einem anderen Ergebnis führen. Es kommen nicht nur, wie vorstehend dargelegt, neue Anforderungen hinzu, auch die Methodik bisheriger Begründungen ändert sich und vor allem führt der Anforderungskatalog in der Anlage zum BauGB-E dazu, dass in der Begründung – nach Art und Umfang anders als vormals – eine Befassung und Auseinandersetzung mit allen angeführten Belangen stattfinden wird, unabhängig von der Frage, ob dies im konkreten Fall auch erforderlich ist. Im Ergebnis führt dies zu umfangreicheren Begründungen und einem je nach Einzelfall zu quantifizierenden, zusätzlichen Zeitaufwand und wirkt insoweit der im Grunde genommen seit der Mitte der neunziger Jahre zunehmend angestrebten Verfahrensbeschleunigung und -vereinfachung diametral entgegen.

3.5 Begründung zum Flächennutzungsplan

Mit der Ausgestaltung des Umweltberichts verändert sich die Methodik der Begründung zum Flächennutzungsplan[80]. Die Begründung ist nach § 2 a Satz 1 BauGB-E im Aufstellungsverfahren dem Entwurf des Bauleitplans beizufügen. Inhaltlich müssen entsprechend der nachfolgenden Abbildung der Begründung entsprechend dem Stand des Planungsverfahrens nunmehr Aussagen in dreierlei Richtung enthalten sein:

---

79 Vgl. z.B. Mehrfachnennung zu berücksichtigender abwägungserheblicher Belange in § 1 Abs. 6 Nr. 7 BauGB-E, die Doppelregelungen in § 17 Abs. 3 UVPG-E und § 2 Abs. 4 Satz 4 BauGB-E oder in § 1 Abs. 6 Nr. 7 g und § 2 Abs. 4 Satz 5 BauGB-E.

80 Zu Gunsten einer für alle Bauleitpläne geltenden Regelung in § 2 a BauGB-E wird auf die terminologisch bislang vorgenommene Unterscheidung zwischen der Begründung zum Bebauungsplan und dem Erläuterungsbericht zum Flächennutzungsplan verzichtet und nunmehr nur noch von der Begründung gesprochen. Vgl. Gesetzesentwurf der Bundesregierung vom 15. Oktober 2003, Begründung, Teil B, S. 120.

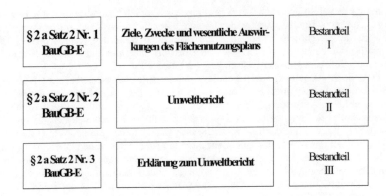

Abbildung 4: Fachlich-methodische Anforderungen an die Begründung zum Flächennutzungsplan

Der Umweltbericht ist nach dieser Abbildung ebenso wie die Erklärung zum Umweltbericht ein eigener Bestandteil der Begründung. Für den Umweltbericht fordert dies § 2 a Satz 3 BauGB-E ausdrücklich, in dem bestimmt wird, dass der Umweltbericht einen gesonderten Teil der Begründung bildet. Da für die Begründung insgesamt auf den »Stand des Verfahrens« abgestellt wird, ergibt sich im Weiteren, dass die inhaltlichen Anforderungen des § 2 a Satz 2 BauGB-E sozusagen planungsprozessbegleitend auszuarbeiten sind. Planungsprozess und Begründung sind miteinander methodisch verknüpft und werden regelmäßig während des Planungsverfahrens fortgeschrieben[81].

Neben dem Umweltbericht ist auch eine Erklärung zum Umweltbericht in die Begründung aufzunehmen. Dazu verpflichtet § 2 a Satz 2 Nr. 3 BauGB-E. In dieser Erklärung zum Umweltbericht ist darzulegen, wie die Umweltbelange und die Ergebnisse der Öffentlichkeits- und Behördenbeteiligungen im Flächennutzungsplan berücksichtigt wurden und aus welchen Gründen der beschlossene Plan nach Abwägung mit den nach Lage der Dinge in Betracht kommenden anderen Planungsmöglichkeiten gewählt worden ist. Zwar könnte diese Erklärung von ihrem Inhalt her ebenso gut Teil der allgemeinen Begründung oder des Umweltberichts sein, doch fordert diesbezüglich Art. 9 Abs. 1 der Plan-UP-RL eine getrennte Regelung[82]. An-

---

81 So auch: Gesetzesentwurf der Bundesregierung vom 15. Oktober 2003, Begründung, Teil B, S. 121.
82 Gesetzesentwurf der Bundesregierung vom 15. Oktober 2003, Begründung, Teil B, S. 121 sowie Porger (Fußn. 50), S. 73.

ders als nach den europarechtlichen Vorgaben[83] vorgesehen, soll die Erklärung zum Umweltbericht bereits dem ersten Flächennutzungsplanentwurf als Teil der Begründung beigefügt werden und planungsprozessbegleitend gewissermaßen parallel zum Umweltbericht weiterentwickelt werden[84]. Die Erklärung zum Umweltbericht ist ein neues Element in der Begründung zum Flächennutzungsplanung. Da ihre Erstellung bislang nicht gefordert ist, trägt sie zusätzlich zur Erhöhung des mit der Integration der Umweltprüfung verbundenen Aufwandes bei, auch wenn ihre Erarbeitung primär auf redaktionellem[85] Wege erfolgen kann.

3.6 Umweltüberwachung (»Monitoring«)

Eine völlig neue Regelung enthält § 4 c BauGB-E. Danach werden die Gemeinden erstmals zur Überwachung (so genanntes »Monitoring«[86]) der erheblichen, insbesondere der unvorhergesehenen Umweltauswirkungen verpflichtet, die auf Grund der Durchführung der Bauleitpläne eintreten. Fachlich-methodisch ist dies von erheblicher Bedeutung, da insoweit nach Abschluss des eigentlichen Planungsverfahrens ein weiterer Arbeitsschritt angeordnet wird, der sich mit den tatsächlichen umweltbezogenen Auswirkungen der Planung und den Möglichkeiten zu ihrer Bewältigung auseinandersetzt.

Ziel der Regelung ist es, die Gemeinde mittels geeigneter Maßnahmen, vor allem des Bauplanungs- und Genehmigungsrechts dazu in die Lage zu versetzen, schon frühzeitig ermittelten unvorhergesehenen Umweltauswirkungen entgegenzutreten. Erkennbare Umweltbelastungen sollen dadurch verhindert werden, und zwar bezogen auf die gesamträumliche Entwicklung[87]. Da die Bauleitplanung insgesamt in den Aufgabenbereich der Gemeinden fällt, ist es auch sinnvoll die Gemeinden in Bezug auf die Überwachung der erheblichen Umweltauswirkungen in die Pflicht zu nehmen. Sie entscheiden über Zeitpunkt, Inhalt und Verfahren des Monitorings[88] entsprechend der jeweiligen Planungskonzeption und ihrer Umweltrelevanz.

Einschlägige Informationen über den Zustand der erheblichen Auswirkungen auf die Umwelt erhält sie dabei in zweierlei Hinsicht. So ist die Gemeinde zunächst selbst gefordert, denn sie ist dazu verpflichtet schon im Umweltbericht darzulegen,

---

83 Nach § 9 Abs. 1 der Plan-UP-RL ist dies erst nach der Annahme des Plans vorgesehen, also direkt nach der Beschlussfassung über den Flächennutzungsplan als Verwaltungsprogramm.

84 § 214 Abs. 1 Satz 1 Nr. 3, Halbsatz 3 BauGB-E enthält für eine Verletzung speziell dieser Vorschrift eine Heilungsklausel. Danach sind nur solche Fehler unbeachtlich, wenn die Begründung in Bezug auf die Erklärung zum Umweltbericht lediglich in unwesentlichen Punkten unvollständig ist.

85 So der Gesetzesentwurf der Bundesregierung vom 15. Oktober 2003, Begründung, Teil B, S. 121.

86 Vgl. Art. 10 der Plan-UP-RL.

87 Darauf weist zu den einzelnen umweltrelevanten Prüfungen ausführlich: Schink (Fußn. 18), S. 36 zu Recht hin.

88 Krautzberger (Fußn. 2), S. 45.

welche Maßnahmen zur Überwachung der erheblichen Auswirkungen der Durchführung des Bauleitplans auf die Umwelt geplant sind[89]. Da der Umweltbericht planungsprozessbegleitend auszugestalten ist, wird auch die Öffentlichkeit über das Monitoringkonzept informiert. Die Gemeinde bekommt aber auch Unterstützung durch die Behörden, denn diese werden nach der ebenfalls neuen Regelung in § 4 Abs. 3 BauGB-E im Sinne einer »Bringschuld« auch mit einer Verpflichtung belegt, nach der sie nach Abschluss des Bauleitplanverfahrens die Gemeinde unterrichten sollen, sofern nach den ihnen vorliegenden Erkenntnissen die Durchführung des Bauleitplans erhebliche Auswirkungen auf die Umwelt hat. Neben der zweimaligen Beteiligung der Behörden im Rahmen des Aufstellungsverfahrens wird hier eine weitere Verpflichtung normiert, durch die die Mitwirkung der Behörden auch nach der Beschlussfassung über den Bauleitplan gesichert wird[90]. Auch diese Neuregelung ist sinnvoll, zumal die Umweltbehörden über weitergehende Umweltinformationen, insbesondere auch im übergemeindlichen Rahmen verfügen.

Die Bestimmung über das Monitoring ist sehr offen gehalten und gestattet daher erhebliche Gestaltungsspielräume in Bezug auf den Zeitpunkt sowie die inhaltliche und verfahrensmäßige Strukturierung. Insoweit besteht die Gefahr[91], zu Lasten und auf Kosten der Gemeinden noch nicht vorliegende Umweltinformationen zu sammeln, lückenhaft vorhandene Datenbestände zu ergänzen oder nunmehr insgesamt ein Umweltbeobachtungs- und -kontrollsystem einzurichten[92]. Daher weist die Expertenkommission zur Novellierung des Baugesetzbuchs[93] zu Recht darauf hin, dass mit Art. 10 der Plan-UP-RL keine generelle »Vollzugskontrolle« oder »Nachsteuerung« gültiger Pläne gefordert wird. Auch dient das Monitoring weder dazu, die im Plan getroffenen Ausgleichsmaßnahmen zu kontrollieren noch dazu, im Nachgang zum Umweltbericht und nach Abschluss des Planungsverfahrens die erheblichen Umweltauswirkungen des Plans noch einmal zu ermitteln[94].

Für die Flächennutzungsplanung ist hinsichtlich des Monitorings allerdings auf eine Besonderheit hinzuweisen. Flächennutzungspläne werden nämlich in erster Linie durch die Aufstellung von Bebauungsplänen »durchgeführt«. Erst dann können erhebliche Auswirkungen auf die Umwelt festgestellt werden. Nur für solche Vorhaben, deren Zulässigkeit sich unmittelbar auf Grund der Darstellungen des Flächennutzungsplanes ergibt wie nach § 35 Abs. 3 BauGB-E, sind im Flächennutzungsplan Überwachungsmaßnahmen für deren erhebliche Auswirkungen auf die Umwelt vorzusehen. In diesem Zusammenhang wird es für die Handhabung in der Planungspraxis maßgeblich auf die Abschichtung und das Zusammenwirken von Maßnahmen des Monitorings auf den beiden Ebenen der Bauleitplanung ankommen, um einerseits nicht erforderlichen Aufwand zu vermeiden und andererseits Synergieeffekte nutzen zu können.

---

89 Vgl. Abs. 2 Nr. 5 der Anlage zum BauGB-E.
90 Porger (Fußn. 50), S. 76.
91 So spricht Spannowsky (Fußn. 18), S. 63 in Bezug auf das Monitoring von einem »übergreifenden Überwachungsansatz«.
92 Dies befürchtet auch: Janning (Fußn. 71), S. 21.
93 Bundesministerium für Verkehr, Bau- und Wohnungswesen (Fußn. 22), Rn. 093.
94 Ebenda.

3.7 Öffentlichkeits- und Behördenbeteiligung

Die Integration der europarechtlichen Anforderungen der Plan-UP-RL betreffen auch die Verfahrensvorschriften im Hinblick auf das Aufstellungsverfahren für Bauleitpläne[95]. Die insoweit nach dem Gesetzesentwurf der Bundesregierung vorgesehenen Änderungen und Ergänzungen sind aber auch am Maßstab der Rechtmäßigkeitsgewähr eines ordnungsgemäßen Verfahrens ausgerichtet. Dem liegt zu Grunde, dass europäische Richtlinien ihre Umweltorientierung im Zusammenhang mit Planaufstellungen und Vorhabenzulassungen am jeweils durchzuführenden Verfahren fest machen. Das europäische Recht geht davon aus, dass die Einhaltung der Verfahrensanforderungen in der Regel die Gewähr bietet, dass auch dem Umweltschutz auf hohem Niveau Rechnung getragen wird[96]. Vor diesem Hintergrund sind der Sinn und der Zweck der Öffentlichkeits- und Behördenbeteiligung, nämlich die Gewährleistung einer materiell richtigen Entscheidung durch sorgfältige Ermittlung und Bewertung der von der Planung berührten Belange im Beteiligungsverfahren, stärker zu berücksichtigen[97]. Der gesteigerten Bedeutung der Einhaltung von Verfahrensanforderungen im europäischen Umweltrecht ist bereits in der Rechtsprechung Rechnung getragen und der Einhaltung bestimmter Verfahren indizielle Bedeutung für die mit der Verfahrensanforderung zu gewährleistende materielle Rechtmäßigkeit der Entscheidung zugewiesen worden[98].

Die vorgenommen Änderungen im Bereich der Öffentlichkeits- und Behördenbeteiligung sind zusammen genommen recht weitreichend[99]. Von fachlich-methodischer Bedeutung ist dabei vor allem ein struktureller Verfahrensgesichtspunkt, der sich auf die Einführung eines neuen Verfahrensschrittes, nämlich der frühzeitigen Beteiligung der Behörden und sonstigen Träger öffentlicher Belange nach § 4 Abs. 1 BauGB-E bezieht. Soweit ihr Aufgabenbereich durch die Planung berührt werden kann, sind die Behörden und sonstigen Träger öffentlicher Belange entsprechend § 3 Abs. 1 Satz 1, Halbsatz 1 BauGB-E zu unterrichten und zur Äußerung auch im Hinblick auf den erforderlichen Umfang und Detaillierungsgrad der Umweltprüfung nach § 2 Abs. 4 aufzufordern[100]. Durch diese Regelung wird das Aufstellungsverfahren, das für die Öffentlichkeitsbeteiligung ohnehin schon doppelstufig war, nunmehr auch für die Behördenbeteiligung zweistufig. Die Behördenbeteiligung muss damit künftig ebenfalls zweistufig ablaufen, wobei die erste Stufe vor der Erstellung des Entwurfs zum Flächennutzungsplan stattfinden sollte, um sowohl die Äußerungen der Öffentlichkeit als auch der Behörden und der Träger öffentlicher Belange bei der Ausarbeitung des Entwurfes berücksichtigen zu können. Die zweite Stufe der Beteiligung erfolgt dann zu dem bis dorthin ausgearbeiteten Entwurf zum Flächennut-

---

95 Dazu auch: Krautzberger (Fußn. 2), S. 45.
96 Bundesministerium für Verkehr, Bau- und Wohnungswesen (Fußn. 22), Rn. 135 ff.
97 Gesetzesentwurf der Bundesregierung vom 15. Oktober 2003, Begründung, Teil A, S. 88.
98 Gesetzesentwurf der Bundesregierung vom 15. Oktober 2003, Begründung, Teil A, S. 88.
99 Siehe dazu die Ausführungen von: Krautzberger (Fußn. 2), S. 45; Spannowsky (Fußn. 18), S. 49 ff.; Janning (Fußn. 71), S. 18 f.
100 Vgl. dazu schon oben 3.2.

zungsplan. Angesichts dessen stellt sich das Verfahren zur Aufstellung eines Flächennutzungsplanes mit integrierter Umweltprüfung nunmehr in seinen beiden Verfahrensstufen folgendermaßen dar:

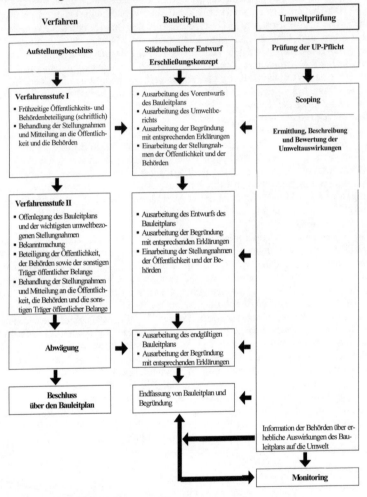

Abbildung 5: Aufstellungsverfahren eines Bauleitplans mit Umweltprüfung und Umweltbericht

4. Schlussbetrachtung

Die mit dem EAG Bau veranlassten Regelungsänderungen und -ergänzungen haben Auswirkungen auf die Planungsmethodik im Rahmen der Aufstellung von Flächennutzungs- und Bebauungsplänen. Die mit der Umweltprüfung als integralem Bestandteil der Planung verbundenen Anforderungen, vor allem in Bezug auf die Bestimmung des Prüfungsumfangs und der Prüfungstiefe, die erforderlichen Darlegungen im Umweltbericht und in der Begründung, das Monitoring sowie die umfangreichen Änderungen im Aufstellungsverfahren führen nicht zuletzt auch zu einer erneuten Stärkung der Umweltbelange und tragen insoweit dazu bei, das von der Umweltpolitik der Gemeinschaft angestrebte hohe Schutzniveau zu erreichen. Die Bauleitplanung wird dadurch insgesamt zwar nicht leichter, aber es ist davon auszugehen, dass auf Grund der vorgenommenen Neustrukturierung der Umweltbelange und der neuen Anforderungen an die Inhalte der Begründung sowie an den Umweltbericht eine spürbare Qualitätssteigerung der Bauleitplanung in Bezug auf die Umweltbelange und deren Berücksichtigung in der Planung erwartet werden kann.

Gerade in der Flächennutzungsplanung, für die bislang eine Verpflichtung zur Durchführung einer Umweltverträglichkeitsprüfung nicht bestanden hat, bereiten die Neuregelungen zwar sicherlich einen finanziellen[101] und zeitlichen Mehraufwand[102], doch dürfte es auf dieser Planungsebene kein großen Problem darstellen, die Anforderungen der Umweltprüfung inhaltlich zu bewältigen. Gleichwohl schwieriger wird es sich darstellen, auch die neuen fachlich-methodischen Anforderungen in den Griff zu bekommen, durch die das seit vielen Jahren eingeübte Bauleitplanverfahren und der damit im Zusammenhang stehende Planungsprozess verändert werden. Eine gewisse Übergangs- und Einübungszeit wird man den Gemeinden und den sonst am Verfahren Beteiligten zugestehen müssen.

---

101 Eine Kostenübertragung auf einen privaten Investor scheidet hier vollends aus.
102 Ebenso: Spannowsky (Fußn. 18), S. 66.

Neue Herausforderungen für die Kommunen durch die Plan-UP-Richtlinie

Jürgen Busse

1. Grundsätze der Umweltprüfung in der Bauleitplanung

1.1 Die Plan-UP schafft kein neues materielles Recht, sondern schließt den bereits durch das Investitionserleichterungs- und Wohnbaulandgesetz 1993, das BauGB 1998 und die UVPG Novelle 2001 in Gang gesetzten Prozess der verfahrensrechtlichen Integration der Umweltprüfung in das Städtebaurecht ab.

1.2 Die BauGB-Novelle 2004 setzt die Plan-UP-Richtlinie nicht nur um, sondern geht über die europäischen Vorgaben hinaus und führt die Umweltprüfung als Regelverfahren für die Bauleitplanung ein. Sinnvoll wäre auch die Einführung einer »Richtigkeitsvermutung« des Abwägungsergebnisses bei Einhaltung der Verfahrensbestimmungen.

1.3 Die Entscheidung des Bundesgesetzgebers, alle Bauleitpläne der Plan-UP zu unterwerfen ist konsequent, da damit die Abgrenzungsschwierigkeiten zwischen UP-pflichtigen, einer Vorprüfung unterliegenden und sonstigen Bauleitplanungen vermieden werden.

1.4 Aus kommunaler Sicht ist zu begrüßen, dass die Umweltprüfung für die Bauleitplanung in das BauGB integriert wurde und somit in der Verantwortung der Städte und Gemeinden liegt.

Ausgangspunkt

Die Angleichung des Rechts der räumlichen Planung an das europäische Umweltrecht findet nunmehr durch die Umsetzung der Plan-UP-Richtlinie[1] im deutschen Städtebau- und Raumordnungsrecht einen (vorläufigen) Abschluss. Die Umweltverträglichkeitsprüfung wurde bereits durch das Investitionserleichterungs- und Wohnbaulandgesetz vom 01.05.1993 in die Bauleitplanung integriert.[2] Durch das Bauge-

---

1 Richtlinie 2001/42/EG des Europäischen Parlaments und des Rates vom 24.06.2001 über die Prüfung der Umweltauswirkungen bestimmter Pläne und Programme, Abl. EG Nr. L197, S. 30.
2 Zur Neuregelung durch das Investitionserleichterungs- und Wohnbaulandgesetz Wagner DVBl. 1993, S. 583.

setzbuch 1998 und die UVP-Novelle 2001[3] wurde diese Regelung dadurch ergänzt, dass das Verhältnis der Umweltverträglichkeitsprüfung zur planerischen Abwägung in der Bauleitplanung festgelegt wurde (§ 1a Abs. 2 Nr. 2 BauGB). Dabei ist die Pflicht zur Durchführung der Umweltverträglichkeitsprüfung im UVPG geregelt; das Verfahren ergibt sich für die bauplanungsrechtlichen Vorhaben aus dem Baugesetzbuch.

Nach bisherigem Recht ist der Anwendungsbereich der Umweltverträglichkeitsprüfung für Bebauungspläne durch § 2 Abs. 3 Nr. 3 UVPG bestimmt. Danach gilt, dass für einen Bebauungsplan, mit welchem ein Projekt, das in der Anlage 1 zum UVPG aufgeführt ist, zugelassen werden soll, zwingend eine Umweltverträglichkeitsprüfung bzw. eine Vorprüfung im Einzelfall durchzuführen ist. In allen anderen Fällen findet bisher das UVPG auf Bauleitplanungen und sonstige städtebauliche Satzungen keine Anwendung. Somit besteht auch für Flächennutzungspläne keine UVP-Pflicht.

Die Plan-UP-Richtlinie, die bis 21. Juli 2004 in Deutschland umzusetzen ist, zielt darauf ab, zur Förderung einer nachhaltigen Entwicklung dadurch ein hohes Umweltschutzniveau sicherzustellen, in dem für bestimmte Pläne und Programme, die voraussichtlich erhebliche Umweltauswirkungen haben, eine Umweltprüfung durchgeführt wird.

Nach dem Gesetzentwurf zur Anpassung des Baugesetzbuchs an EU-Richtlinien[4] soll die Plan-UP-Richtlinie in der Weise umgesetzt werden, dass eine Vereinheitlichung und Vereinfachung des Planungsrechts unter Vermeidung von Sonderverfahren und Parallelprüfungen erzielt wird. Ziel ist es somit, die Umweltprüfung in die bestehenden Verfahrensschritte der Bauleitplanung zu integrieren, indem sie als **Regelverfahren** für grundsätzlich alle Bauleitpläne ausgestaltet wird und als einheitliches Trägerverfahren die bauplanungsrechtlich relevanten Umweltverfahren zusammenführt.[5] Das neue BauGB gilt für alle Verfahren für Bauleitpläne und Satzungen nach § 34 Abs. 4 Satz 1, die nach dem 20. Juli 2004 förmlich eingeleitet worden sind oder die nach dem 20. Juli 2006 abgeschlossen werden.[6]

Scoping im Rahmen der Bauleitplanung

Die Gemeinde legt gemäß § 2 Abs. 4 S. 3 BauGB-Entwurf bereits bei der Aufstellung eines Bauleitplans fest, in welchem Umfang und Detaillierungsgrad die Ermittlung der Belange für die sachgerechte Abwägung erforderlich ist. Durch die Einfüh-

---

3   Bau- und Raumordnungsgesetz vom 27.08.1998; BGBl I, S. 137 und S. 2141; UVP-Novelle Gesetz vom 27.06.2001 BGBl I, S. 1950.

4   Europarechtsanpassungsgesetz Bau Stand 15.10.2003, BR-Drs. 756/03, hierzu Hohwiller UPR 2004, S. 21, Schenk UPR 2004, S. 81, Schliepkorte ZfBR 2004, S. 124, Krautzberger UPR 2004, S. 41; zur UVP in der Bauleitplanung: Spannowsky, Umweltverträglichkeitsprüfung im Rahmen des Bebauungsplanverfahrens, Kaiserslautern 2003.

5   Begründung S. 77 zum Europarechtsanpassungsgesetz Bau – EAGBau, BR-Drs. 756/03

6   § 244 Abs. 1 BauGB-Entwurf.

rung einer frühzeitigen Trägerbeteiligung mit der Pflicht, sich im Hinblick auf den erforderlichen Umfang und Detaillierungsgrad bei der Zusammenstellung des Abwägungsmaterials zu äußern (§ 4 Abs. 1 BauGB neuer Fassung), soll das durch die Plan-UP-Richtlinie vorgegebene sogenannte Scoping[7] in das System der Bauleitplanung eingepasst werden. Es bildet eine strukturelle Entsprechung zu dem in der Praxis bewährten Verfahrensschritt der frühzeitigen Öffentlichkeitsbeteiligung nach § 3 Abs. 1 BauGB, der ebenfalls im Hinblick auf die Erörterung des erforderlichen Umfangs und Detaillierungsgrads der Umweltprüfung ergänzt wird.[8] Das Scoping dient dazu, durch frühzeitige Einbeziehung externen Sachverstandes in den Planungsprozess sowohl Ermittlungsfehler als auch unnötigen Aufwand bei der Zusammenstellung des Abwägungsmaterials zu vermeiden. Zugleich soll dies zur Straffung des Verfahrens beitragen, da hierdurch die Wahrscheinlichkeit verringert wird, dass aufgrund der im Rahmen der späteren formalen Beteiligung eingehenden Stellungnahmen der Planentwurf nachträglich ergänzt und erneut ausgelegt werden muss.[9]

Umweltbericht, Ermittlung und Bewertung der Belange des Umweltschutzes

Nach § 2a des neuen BauGB hat die Gemeinde bei jedem Aufstellungsverfahren (Neuaufstellung oder Änderung)[10] eines Bauleitplans (Flächennutzungsplan oder Bebauungsplan) in einem Umweltbericht die ermittelten und bewerteten Belange des Umweltschutzes darzulegen. Der Umweltbericht bildet einen gesonderten Teil der Begründung des Bauleitplans.

Dabei richtet sich die Ermittlung und Bewertung der voraussichtlichen erheblichen Umweltauswirkungen einer Bauleitplanung nach den Vorgaben der dem neuen Baugesetzbuch beigefügten **Anlage zu § 2 Abs. 4 und § 2a**.

Die Ermittlung und Bewertung besteht gemäß Abs. 1 der Anlage aus

– einer Bestandsaufnahme der einschlägigen Aspekte des derzeitigen Umweltzustandes

– einer Prognose über die Entwicklung des Umweltzustandes bei Durchführung der Planung und bei Nichtdurchführung der Planung

– einer Prüfung der Maßnahmen zur Vermeidung, Verringerung und zum Ausgleich der nachteiligen Auswirkungen und

– einer Prüfung anderweitiger Planungsmöglichkeiten, wobei die Ziele und der räumliche Geltungsbereich des Bauleitplans zu berücksichtigen sind. Nach Abs. 1 Satz 2 dieser Anlage bezieht sich die Ermittlung auf das, was nach gegenwärtigem Wissensstand und zeitgemäßen Prüfungsmethoden sowie nach In-

---

7   Vgl. Art. 5 Abs. 4 der Plan-UP-Richtlinie.
8   Begründung S. 86 zum Europarechtsanpassungsgesetz-Bau – EAGBau.
9   Begründung S. 86 zum Europarechtsanpassungsgesetz-Bau – EAGBau.
10 Sofern im Rahmen einer Änderung oder Ergänzung eines Bauleitplans keine Anhaltspunkte für eine Beeinträchtigung von Umweltbelangen bestehen, kommt ein vereinfachtes Verfahren gem. § 13 BauGB neuer Fassung in Betracht.

halt und Detaillierungsgrad des Bauleitplans angemessenerweise verlangt werden kann.

Absatz 2 der Anlage schreibt vor, dass der Umweltprüfung weiter zu Grunde zu legen sind:

– Eine Kurzdarstellung des Inhalts und der wichtigsten Ziele des Bauleitplans, einschließlich der Beschreibung der Festsetzung des Plans mit Angaben über Standorte, Art und Umfang sowie Bedarf an Grund und Boden der geplanten Vorhaben

– Die Umweltmerkmale der Gebiete, die voraussichtlich erheblich beeinflusst werden

– Die in einschlägigen Fachgesetzen und Fachplänen festgelegten Ziele des Umweltschutzes, die für den Bauleitplan von Bedeutung sind und die Art, wie diese Ziele bei der Aufstellung berücksichtigt wurden

– Eine Beschreibung, wie die Umweltprüfung vorgenommen wurde (Methodik) etwa im Hinblick auf die wichtigsten Merkmale der verwendeten technischen Verfahren, einschließlich etwaiger Schwierigkeiten bei der Zusammenstellung der erforderlichen Informationen,

– Die geplanten Maßnahmen zur Überwachung der erheblichen Auswirkungen der Durchführung des Bauleitplans auf die Umwelt und

– Eine allgemein verständliche Zusammenfassung der erforderlichen Angaben nach dieser Anlage.

Nach der Gesetzesbegründung wird mit dieser Anlage ein **Prüfschema** für die Zusammenstellung des umweltbezogenen Abwägungsmaterials vorgegeben.[11]

Für die Praxis bedeutet dies, dass die Städte und Gemeinden aufgrund der vorhandenen Planunterlagen (Arten- und Biotopschutzprogramm, Wasserschutzgebiete, Naturschutzgebiete, Landschaftsschutzgebiete, Waldfunktionsplan, Landesentwicklungsprogramm, Regionalplan etc.) die rechtlichen und fachlichen Vorgaben des Umweltschutzes für eine Bauleitplanung ermitteln und in den Umweltbericht darstellen sollten. Des Weiteren sind für das zur Bebauung vorgesehene Gebiet Aussagen bezüglich der Schutzgüter Mensch, Tiere, Pflanzen, Boden, Wasser, Luft, Klima, Landschaft, Kultur etc., sowie der jeweiligen Wechselwirkungen zu treffen. In diesem Zusammenhang ist z. B. darzustellen, ob Immissionen von Straßen und gewerblichen Betrieben zu einer Gemengelage mit einer Wohnbebauung führen (§ 50 Bundesimmissionsschutzgesetz), der Naturhaushalt erheblich beeinträchtigt wird und welche weiteren Auswirkungen auf die Umweltbelange eintreten können.

Die Umweltprüfung erfasst als Trägerverfahren auch die Ermittlung und Bewertung der Grundlagen etwa für die umweltschützenden Vorgaben der **naturschutzrechtlichen Eingriffsregelung** oder der Verträglichkeitsprüfung nach der **Fauna-Flora-Habitat-Richtlinie**. Diese sich aus dem nationalen und dem europäischen Recht ergebenden besonderen materiellen Rechtsfolgen sind in § 1a BauGB aufgeführt, der gem. § 2 Abs. 4 BauGB ebenfalls in die Umweltprüfung zu integrieren ist.

---

11 Begründung S. 83 zum Europarechtsanpassungsgesetz-Bau – EAGBau.

Die Gemeinde hat nach § 2a des neuen BauGB in dem Umweltbericht die aufgrund der Umweltprüfung ermittelten und bewerteten Belange des Umweltschutzes darzulegen. Da nach § 3 Abs. 1 BauGB neuer Fassung die Öffentlichkeit möglichst frühzeitig über die allgemeinen Ziele und Zwecke der Planung zu unterrichten ist und ihr dabei auch Gelegenheit zur Äußerung im Hinblick auf den erforderlichen Umfang und Detaillierungsgrad der Umweltprüfung zu geben ist, muss die Gemeinde den Umweltbericht bereits vor der vorzeitigen Öffentlichkeitsbeteiligung fertigen.[12] In diesem Verfahrensschritt nach § 4 des neuen BauGB werden die Behörden und sonstigen Träger öffentlicher Belange zur Äußerung im Hinblick auf den erforderlichen **Umfang und Detaillierungsgrad der Umweltprüfung** aufgefordert. Insofern findet nach dem neuen Recht nunmehr eine Trägerbeteiligung im Rahmen der vorzeitigen Öffentlichkeitsbeteiligung und zudem bei der öffentlichen Auslegung statt.

Aufgrund der Anregungen der Öffentlichkeit und der Träger öffentlicher Belange hat die Gemeinde zu entscheiden, welche Ergänzungen bzw. Änderungen im Umweltbericht aufzunehmen sind. Dies ergibt sich aus § 2a Satz 2, der eine Anpassung des Umweltberichts nach dem Verfahrensstand fordert.

Bei der öffentlichen Auslegung des Entwurfs des Bebauungsplans gem. § 3 Abs. 2 neues BauGB soll die Gemeinde auch die nach ihrer Einschätzung wesentlichen bereits vorliegenden umweltbezogenen Stellungnahmen beifügen. Sofern sich im Rahmen der öffentlichen Auslegung durch die Beteiligung der Öffentlichkeit und der Fachbehörden Änderungen beim Umweltbericht ergeben, sind diese einzuarbeiten.

Auch dieser Entscheidungsprozess ist im Umweltbericht zu dokumentieren. So sieht § 2a Nr. 3 des neuen BauGB vor, dass die Gemeinde eine **Erklärung zum Umweltbericht** abgeben muss, in der die Art und Weise dargelegt wird, wie die Umweltbelange und Ergebnisse der Öffentlichkeits- und Trägerbeteiligung in dem Bauleitplan berücksichtigt werden und aus welchen Gründen der Plan nach Abwägung mit den geprüften in Betracht kommenden anderweitigen Planungsmöglichkeiten gewählt wird.

Dies bedeutet, dass die Gemeinde nunmehr auch verpflichtet ist, dazu Stellung zu nehmen, welche **anderweitigen Planungsmöglichkeiten** denkbar gewesen wären und weshalb der konkrete Bauleitplan vorgezogen wurde.

---

12 Nach § 3 Abs. 1 Satz 2 kann von der Unterrichtung und Erörterung nur dann abgesehen werden, wenn ein Bebauungsplan aufgestellt oder aufgehoben wird und sich dies auf das Plangebiet und die Nachbargebiete nicht oder nur unwesentlich auswirkt oder die Unterrichtung und Erörterung bereits zuvor auf anderer Grundlage erfolgt sind.

2. **Die Umweltprüfungen (Umweltverträglichkeitsprüfung, Naturschutzrechtliche Eingriffsregelung, Fauna-Flora-Habitat Richtlinie, Strategische
   Umweltprüfung) sind im Rahmen der Bauleitplanung nebeneinander abzuarbeiten; sie weisen Gemeinsamkeiten, Wechselwirkungen aber auch
   erhebliche Unterschiede auf.**

Überblick über die Umweltprüfungen in der Bauleitplanung

Bei der Bauleitplanung stellen die Umweltprüfungen einen Schwerpunkt im Verfahren dar. Insbesondere durch die Umsetzung der Plan-UP-Richtlinie im neuen BauGB
ergeben sich besondere Verfahrensanforderungen aus der Umweltprüfung, die sich
mit den bisherigen Anforderungen aus der **naturschutzrechtlichen Eingriffsregelung** der **FFH-Verträglichkeitsprüfung** sowie der **Umweltverträglichkeitsprüfung** verknüpfen.[13]

Umweltverträglichkeitsprüfung

Das Ziel der **Umweltverträglichkeitsprüfung** ist es, im Verfahren über die Genehmigung UVP-pflichtiger Vorhaben, die in der Anlage 1 zum UVP-Gesetz aufgeführt
sind, sicherzustellen, dass die Auswirkungen auf die Umwelt nach einheitlichen
Grundsätzen frühzeitig und umfassend ermitteln, beschrieben und bewertet werden
und das Ergebnis der Umweltverträglichkeitsprüfung so früh möglich bei den be-
hördlichen Entscheidungen über die Zulässigkeit des Vorhabens berücksichtigt wird
(§ 1 UVP-Gesetz)[14]. Die bisherigen Vorgaben, dass für einen Bebauungsplan mit
welchem ein Projekt, das in Anlage 1 zum UVP-Gesetz aufgeführt ist, zugelassen
werden soll, zwingend eine Umweltverträglichkeitsprüfung bzw. eine Vorprüfung im
Einzelfall durchzuführen ist, wird durch § 17 UVPG neuer Fassung modifiziert. In
§ 17 Abs. 1 UVPG wird geregelt, dass die Umweltverträglichkeitsprüfung einschließlich der Vorprüfung des Einzelfalls im Aufstellungsverfahren eines Bebauungsplans als Umweltprüfung nach den Vorschriften des Baugesetzbuchs durchgeführt wird. § 17 Abs. 1 S. 2 UVPG bestimmt, dass die Vorprüfung des Einzelfalls
entfällt, wenn für den Bebauungsplan eine **Umweltprüfung**, die zugleich den Anforderungen einer Umweltverträglichkeitsprüfung entspricht, durchgeführt wird. In § 17
Abs. 2 UVPG ist für alle Bauleitpläne festgelegt, dass sofern nach dem UVPG eine
Verpflichtung zur Durchführung einer strategischen Umweltprüfung besteht, hierfür
eine Umweltprüfung einschließlich der Überwachung nach den Vorschriften des
BauBG durchgeführt wird. Darauf hinzuweisen ist jedoch, dass es europarechtlich
geboten ist, landesrechtliche Regelungen aufzustellen, die sicherstellen, dass für die
(meisten) in Anlage 1 Nr. 18 zum UVPG genannten Vorhaben im nachfolgenden
Zulassungsverfahren eine UVP durchgeführt wird. Als Erleichterung dient die so-

---

13 Gute Darstellung bei Schink NuR 2003, S. 647, derselbe UPR 2004, S. 81.
14 Battis/Krautzberger/Löhr § 1 BauBG Rdnr. 31.

genannte Abschichtungsregelung im § 17 Abs. 1 UVPG, nach der die Prüfung der Umweltauswirkungen im Zulassungsverfahren auf zusätzliche oder andere erhebliche Auswirkung begrenzt wird, wenn in einem vorgelagerten Verfahren bereits ein Umweltbericht bestellt wurde.[15]

Die Umweltprüfung im Rahmen der Bauleitplanung und die Umweltverträglichkeitsprüfung sind nahezu deckungsgleich.[16] Bei beiden Prüfungen geht es darum, alle relevanten Umweltgüter zu ermitteln, zu beschreiben und zu bewerten und im Rahmen des Verfahrens dem Frühzeitigkeitsgebot bei der Beteiligung der Öffentlichkeit und der Behörden zu entsprechen. Die beiden Verfahren unterscheiden sich allerdings in der Prüfungstiefe und vom strategischen Ansatz. Die Prüfungstiefe kann bei der strategischen Umweltprüfung erheblich geringer als bei der Umweltverträglichkeitsprüfung sein, da sie auf einer früheren Planungsebene und damit in einem Verfahren erfolgt, in dem konkrete Auswirkungen eines bestimmten Projekts auf die Umwelt häufig noch nicht prognostiziert werden können. Es handelt sich daher nur um eine überschlägige und nicht um eine detaillierte alle Umweltauswirkungen konkret erfassende Prüfung.[17]

Naturschutzrechtliche Eingriffsregelung

Die **naturschutzrechtliche Eingriffsregelung**, die im neuen BauBG bei der Bauleitplanung in die Umweltprüfung integriert wird, ist vom strategischen Ansatz zwar mit der Umweltverträglichkeitsprüfung vergleichbar[18], jedoch ist bei ihr nicht die Gesamtumweltbelastung zu prüfen, sondern ausschließlich die voraussichtliche Belastung der Natur durch ein bestimmtes Projekt. Im Gegensatz zur Umweltverträglichkeitsprüfung geht es bei naturschutzrechtlichen Eingriffsregelungen nicht allein um das Prüfverfahren, sondern auch darum, die materiellen Kriterien für die Zulässigkeit eines Vorhabens festzulegen.

Die Besonderheit im neuen Recht besteht darin, dass die Gemeinde das Ergebnis der naturschutzrechtlichen Eingriffsregelung (Vermeidungs-, Verminderungs- und Ausgleichmaßnahmen) im Umweltbericht darzustellen hat und sich somit der Abwägungsprozess nach § 1 Abs. 6 BauGB darauf bezieht, ob die Anregungen der Öffentlichkeit und der Behörden zur naturschutzrechtlichen Eingriffsregelung im Umweltbericht abgearbeitet wurden und ob die Entscheidung dem Gebot der gerechten Abwägung privater und öffentlicher Belange entspricht.

15 Krautzberger UPR 2004 S. 41, 45.
16 Schink, NuR 2003, S. 647, 648 mit weiteren Nachweisen in Fußnote 6.
17 Schink, NuR 2003, S. 647, 648.
18 Busse/Dirnberger/Pröbstl/Schmid, Die naturschutzrechtliche Eingriffsregelung 2001, Kuschnerus, DVBl. 1996, S. 235, Schink, NuR 2003, S. 647, 648.

Fauna-Flora-Habitat-Richtlinie

Einzugehen ist schließlich auf die **Verträglichkeitsprüfung nach der Fauna-Flora-Habitat-Richtlinie**.[19] Die FFH-Verträglichkeitsprüfung hat das Ziel, die Auswirkungen eines Projekts auf europäische Schutzgebiete zu ermitteln, bewerten und zu entscheiden, ob Schutz- und Erhaltungsziele dieser Gebiete in erheblicher Weise beeinträchtigt werden. Insofern ist die FFH-Verträglichkeitsprüfung zwar vom Verfahren her der naturschutzrechtlichen Eingriffsregelung und der UVPG-Prüfung ähnlich; Prüfungsgegenstand sind jedoch lediglich die Schutz- und Erhaltungsziele von europäischen Schutzgebieten. Dabei stellt die FFH-Verträglichkeitsprüfung besonders scharfe Entscheidungskriterien auf; sofern eine erhebliche Beeinträchtigung vorliegt, führt diese in der Regel zur Unzulässigkeit des Plans oder des Projektes. Ebenso wie bei der naturschutzrechtlichen Eingriffsregelung enthält die FFH-Verträglichkeitsprüfung materiellrechtliche Zulassungsanforderungen für Projekte und Pläne und unterscheidet sich insofern von der Umweltverträglichkeitsprüfung und der Umweltprüfung (§ 34 BNatSchG).

Verfahrensrechtlich werden die Umweltprüfungen durch das Scoping-Verfahren in der Bauleitplanung verknüpft. Gegenstand des Scoping-Verfahrens ist gem. §§ 2 Abs. 4 Satz 2, 3 Abs. 1 Satz 1 2. Hs., 4 Abs. 1, Satz 1 BauBGEntwurf und § 5 UVPG in einem frühen Stadium für die Bauleitplanung oder die Zulassung eines Projekts festzulegen, welche Umweltuntersuchungen im einzelnen die Gemeinde als Träger der Bauleitplanung oder durch die Vorhabenträger bei Einzelprojekten vorzunehmen sind. Da die Untersuchungstiefe für alle Umweltbelange im Scoping-Verfahren festgelegt wird, sind dort auch die Vorgaben für die naturschutzrechtliche Eingriffsregelung sowie die Festlegungen, welche Schutz- und Erhaltungsziele für die Prüfung nach der FFH-Verträglichkeitsprüfung zu Grunde zu legen sind, zu treffen.

Eine Alternativenprüfung ist bei der Umweltverträglichkeitsprüfung nicht zwingend vorgesehen; anders verhält sich dies bei der naturschutzrechtlichen Eingriffsregelung und der FFH-Verträglichkeitsprüfung. Die Umsetzung des Vermeidungsgebotes bei der naturschutzrechtlichen Eingriffsregelung stellt eine Alternativenprüfung dar.[20] Bei der FFH-Verträglichkeitsprüfung ist gemäß § 34 BNatSchG ein Projekt unzulässig, wenn es zu einer erheblichen Beeinträchtigung der Schutz- und Erhaltungsziele von besonderen europäischen Schutzgebieten führt. Eine Ausnahme kann dann gemacht werden, wenn es keine Vorhabenalternativen sowie keine alternativen Ausführungsarten oder -standorte gibt, wobei der Alternativstandort verhältnismäßig sein muss. In diesen Fällen ist somit eine Alternativenprüfung zwingend geboten. Die Umweltprüfung im Rahmen der Bauleitplanung sieht ebenfalls eine Alternativenprüfung vor, die in den Umweltbericht aufzunehmen ist (§ 2a Nr. 3 BauGB-Entwurf)[21].

---

19 Zur FFH-Verträglichkeitsprüfung vgl. Halama NVwZ 2001, S. 501, Schink UPR 1999, S. 417, DÖV 2002, S. 45, NuR 2003, S. 648.
20 Schink, NuR 2003, S. 647, 652.
21 Siehe dazu Ziff. 6 Alternativenprüfung.

3. In der Praxis werden die umfassende Ermittlung, Beschreibung und Bewertung der Umweltauswirkungen einer Bauleitplanung nur in einem niedrigen Konkretisierungsgrad möglich sein, da die konkreten Projekte meist noch nicht bekannt sind und somit detaillierte Aussagen in der Regel noch nicht getroffen werden können.

Prüfung der Umweltbelange in der Abwägung

Ziel des Gesetzgebers ist es, grundsätzlich für die Planungspraxis **keine neuen materiellen Anforderungen** aufzustellen, sondern im Rahmen von Verfahrensschritten die Arbeitsschritte festzulegen, die bei der Zusammenstellung des umweltrelevanten Abwägungsmaterials für eine sachgerechte Abwägung erforderlich sind.[22] Die Abarbeitung aller für die Bauleitplanung umweltrelevanten Belange erfolgt in der **Umweltprüfung**, die als formales Trägerverfahren ausgestaltet ist. Auf diese Weise können umweltbezogene Maßgaben und Verfahren wie z. B. naturschutzrechtliche Eingriffsregelung und die Verträglichkeitsprüfung nach der Fauna-Flora-Habitat-Richtlinie in einen einheitlichen Prüfablauf integriert werden.

So sieht § 2 Abs. 4 des BauGB Entwurfs[23] vor, dass für die materiellrechtlichen Belange des Umweltschutzes nach § 1 Abs. 6 Nr. 7 und § 1a BauGB-Entwurf eine Umweltprüfung durchgeführt wird, in der die voraussichtlichen erheblichen Umweltauswirkungen **ermittelt, beschrieben und bewertet** werden; die Anlage zu diesem Gesetzbuch ist anzuwenden. Das Ergebnis ist in der **Abwägung** zu berücksichtigen. Die Gemeinde legt dazu für jeden Bauleitplan fest, in welchem Umfang und Detaillierungsgrad die Ermittlung der Belange für die sachgerechte Abwägung erforderlich ist.

Ermittlung, Beschreibung, Bewertung der Umweltbelange

Dies bedeutet, dass die Umweltprüfung sich auf alle Belange nach § 1 Abs. 6 Nr. 7 und § 1a BauGB-Entwurf erstreckt.

Dabei sind in § 1 Abs. 6 Nr. 7 des BauGB-Entwurfs in den Buchstaben a – i alle umweltschutzrelevanten Belange aufgeführt, wie die Auswirkungen einer Bauleitplanung auf Tiere, Pflanzen, Boden, Wasser, Luft, Klima und das Wirkungsgefüge zwischen ihnen sowie Landschaft und die ökologische Vielfalt, die Erhaltungsziele, FFH-Gebiete und der europäischen Vogelschutzgebiete, die umweltbezogenen Auswirkungen auf den Menschen und seine Gesundheit, auf Kulturgüter uns sonstige

---

22 Begründung S. 81 zum Europarechtsanpassungsgesetz-Bau – EAGBau, zum Gesetzgebungsverfahren Krautzberger UPR 2004, S. 41.

23 Art. 1 (Änderung des Baugesetzbuchs) des Entwurfs eines Gesetzes zur Anpassung des Baugesetzbuchs an EU-Richtlinien (Europarechtsanpassungsgesetz-Bau -- EAGBau)

Sachgüter, die Vermeidung von Emissionen sowie der sachgerechte Umgang mit Abfällen und Abwässern, die Nutzung erneuerbarer Energien sowie die sparsame und effiziente Nutzung von Energie, die Darstellungen von Landschaftsplänen und sonstigen Plänen insbesondere des Wasser-, Abfall-, und Immissionsschutzrechts und die Erhaltung der bestmöglichen Luftqualität von EU-rechtlich geschützten Gebieten.

In § 1a des neuen Baugesetzbuchs ist die Verpflichtung, mit Grund und Boden sparsam und schonend umzugehen dadurch ergänzt worden, dass nunmehr auch zur Verringerung der zusätzlichen Inanspruchnahme von Flächen für bauliche Nutzungen die Möglichkeiten der Entwicklung der Gemeinde insbesondere durch Wiedernutzbarmachung von Flächen, Nachverdichtung und andere Maßnahmen zur Innenentwicklung zu nutzen, sowie Bodenversiegelungen auf das notwendige Maß zu begrenzen sind. Des Weiteren ist in § 1a Abs. 3 die naturschutzrechtliche Eingriffsregelung sowie in § 1a Abs. 4 die Anwendbarkeit der Vorschriften des Bundesnaturschutzgesetzes über die Zulässigkeit und Durchführung von Eingriffen in FFH-Gebiete und europäische Vogelschutzgebiete einschließlich der Einholung der Stellungnahme der Kommission aufgeführt.

Voraussetzung für eine ordnungsgemäße Abwägung der Belange des Umweltschutzes ist die Durchführung der Umweltprüfung im Rahmen der in die Bauleitplanung integrierten Verfahrensschritte.

Abwägungsentscheidung

Im Rahmen der Abwägung ist zu entscheiden, ob die Umweltbelange zutreffend behandelt wurden und der Umweltbericht unverändert bleibt und wie die Vorgaben des Berichts im Bauleitplan umgesetzt werden. Folgende Themen sind abzuarbeiten:

– Überprüfung der Ermittlung und Bewertung der im Umweltbericht dargestellten voraussichtlichen erheblichen Umweltauswirkungen der Planung gemäß der Anlage zu § 2 Abs. 4 und § 2a BauGB.

– Einstellung des im Umweltbericht dargestellten Ergebnisses der ermittelten und bewerteten Umweltbelange in die Abwägung.

– Überprüfung der Erklärung zum Umweltbericht nach § 2a Nr. 3 BauGB in der die Art und Weise, wie die Umweltbelange und die Ergebnisse der Öffentlichkeits- und Behördenbeteiligung in den Bauleitplan berücksichtigt werden, dargelegt ist und auch Ausführungen enthalten sind, aus welchen Gründen der Plan nach Abwägung mit den geprüften in Betracht kommenden anderweitigen Planungsmöglichkeiten gewählt wurde.

– In der Regel wird die Gemeinde im Abwägungsverfahren nicht erneut prüfen müssen, ob die Intensität und Detailliertheit der Untersuchungen der Umweltbelange zutreffend bestimmt wurde (Immissionsschutzgutachten etc.), da sie dies bereits im Vorfeld des Bauleitplans nach § 2 Abs. 4 Satz 3 BauGB neuer Fassung festgelegt hat und diese Entscheidung von den Trägern öffentlicher Belange gem. § 4 Abs. 1 geprüft wurde. Sofern jedoch ein Dissens zwischen der Festlegung der Gemeinde und den Stellungnahmen der Träger öffentlicher Belange zum Umfang und Detaillierungsgrad der Umweltprüfung vorliegt, sollte sich die Gemeinde damit in der Abwägung nochmals befassen.

Alternativprüfungen im Rahmen der Gewichtung der Umweltbelange

Bei der Darstellung, welche Alternativen zur beabsichtigten Bauleitplanung von der Gemeinde geprüft wurden, werden unter Berücksichtigung des Abschichtungsverfahrens die Intensität und der Detaillierungsgrad auf der Flächennutzungsplan- und der Bebauungsplanebene unterschiedlich sein. Die Frage, nach welchen Kriterien zu beurteilen ist, welche Planungsalternativen in welcher Intensität zu prüfen sind, beantwortet sich nach der bisherigen Rechtslage[24]. Das neue Recht schafft insofern keine neuen materiell-rechtlichen Vorgaben. Dabei kann nicht ohne weiteres die Rechtssprechung zur Alternativenprüfung bei Straßenplanungen herangezogen werden.[25] Bei Straßenplanungen hat das Bundesverwaltungsgericht stets die Auffassung vertreten, dass Erwägungen zu möglichen Vorhabenalternativen zum notwendigen Abwägungsmaterial gehören. Die Nichteinbeziehung von Varianten in die Planfeststellungsentscheidung verletzt das Abwägungsgebot und führt zur Rechtswidrigkeit der Genehmigungsentscheidung[26]. Während nach der früheren Rechtsprechung verlangt wurde, dass sich ein anderer als der beantragte Standort hätte aufdrängen müssen, wird neuerdings gefordert, dass ernsthaft in Betracht kommende Alternativtrassen soweit untersucht werden müssen, bis erkennbar wird, dass sie nicht eindeutig vorzugswürdig sind. Die jeweilige Untersuchungstiefe hängt vor allem vom Grad der Beeinträchtigung öffentlicher und privater Belange ab; je schwerwiegender die Beeinträchtigung anderer Belange ist, umso weitgehender sind die Anforderungen an die Alternativprüfung. Dies gilt nach dem Bundesverwaltungsgericht auch für Alternativen, die sich nicht »auf den ersten Blick« anbieten oder aufdrängen. Wird eine u. U. vorzugswürdige, weil öffentliche und/oder private Belange weniger stark beeinträchtigende Alternative nicht erkannt oder vorzeitig ausgeschieden, liegt ein Abwägungsmangel vor.[27]

Demgegenüber hat das Bundesverwaltungsgericht zur Bauleitplanung entschieden, dass dem Abwägungsgebot genügt wird, wenn mögliche kommende Alternativen zu dem Planentwurf in Betracht gezogen werden. Sofern die dem Bebauungsplanverfahren zu Grunde liegende Planung jedoch als einzig Richtige angesehen wird, kann eine Alternative verworfen werden, ohne alternative Planentwürfe zu erstellen. Ein Abwägungsfehler soll nur vorliegen, wenn der Verzicht auf zeichnerische Darstel-

---

24 BVerwG, Beschluss vom 28.07.1978, BRS 47, S. 3 Es genügt, wenn Alternativen erkannt und die Abwägung einbezogen werden.

25 A. M. Rojahn, zitiert bei Hohwiller, Bericht über eine fachwissenschaftliche Tagung in Kaiserslautern, (UPR 2004, S. 23).

26 BVerwG NJW 1980, S. 953, NVWZ 1984, S. 718, hierzu Soll,/Dirnberger NVWZ 1990, S. 705.

27 BVerwG Urteil v. 25.01.1996, BVerwGE 100, S. 238, 250, Urteil v. 26.03.1998, UPR 1998, S. 382, Urteil v. 14.11.2002, NVWZ 2003, S. 485.

lungen von Alternativen dazu führt, dass die Alternative gerade wegen Fehlens der zeichnerischen Darstellung in ihrer Bedeutung und Tragweite nicht richtig erfasst wurde.[28]

Entscheidend für die Abwägung bei der Bauleitplanung ist somit, ob Umweltbelange durch eine Planung beeinträchtigt werden und sich eine Alternativplanung deshalb aufdrängt, da das städtebauliche Konzept auf diese Weise umweltverträglicher realisiert werden kann. Bezogen auf den Standort gilt der Grundsatz, dass Alternativen insbesondere dann zu prüfen sind, wenn die in Angriff genommene Planung besonders schwerwiegende Eingriffe in die Umwelt mit sich bringt. Es ist jedoch zu beachten, dass die Beeinträchtigung von Umweltbelangen im Rahmen der Abwägung durch eine Vielzahl von Planungsalternativen bewältigt werden kann. Die Verdichtung von Baugebieten, die Festsetzung von umweltverträglichen Nutzungen, die Sicherung von ökologisch wertvollen Bereichen, die Festlegung des naturschutzrechtlichen Ausgleichs, stellen Gesichtspunkte dar, die dem Gebot der gerechten Abwägung ausreichend Rechnung tragen können, ohne dass Standortalternativen geprüft wurden. Insofern ist festzuhalten, dass die Entscheidung über eine Alternativenprüfung in der Bauleitplanung stets dem Einzelfall vorbehalten sein muss; der Gesetzgeber verlangt lediglich, dass im Umweltbericht Aussagen getroffen werden, aus welchen Gründen die Planung nach Abwägung mit den **geprüften** in Betracht kommenden anderweitigen Planungsmöglichkeiten gewählt wird.

Verletzung von Verfahrensvorschriften und Heilung von Abwägungsfehlern

Nach § 214 Abs. 1 Nr. 2 BauGB neuer Fassung ist eine Verletzung von Verfahrens- und Formvorschriften für die Rechtswirksamkeit von Bauleitplänen dann beachtlich, wenn die Vorschriften über die Öffentlichkeits- und Behördenbeteiligung verletzt worden sind, unbeachtlich ist es, wenn bei Anwendung der Verfahrensvorschriften einzelne Personen, Behörden oder sonstige öffentliche Belange nicht beteiligt wurden. Voraussetzung ist jedoch, dass die entsprechenden Belange unerheblich waren oder bei der Entscheidung berücksichtigt wurden. Unbeachtlich ist es auch, wenn einzelne Angaben dazu welche Arten umweltbezogener Informationen verfügbar sind, gefehlt haben oder, wenn bei der Anwendung des vereinfachten Verfahrens gem. § 13 Abs. 3 Satz 2 BauGB neuer Fassung die Angabe darüber, dass von einer Umweltprüfung abgesehen wird, unterlassen wurde oder bei Anwendung des § 4a Abs. 3 Satz 5 oder des § 13 BauGB die Voraussetzungen für die Durchführung der Beteiligung nach diesen Vorschriften verkannt wurden. Nach § 214 Abs. 1 Nr. 3 BauGB neuer Fassung ist es jedoch beachtlich, wenn die Vorschriften über die Begründung der Bauleitpläne sowie ihrer Entwürfe nach § 2a Satz 2 Nr. 1 und 2 sowie Nr. 3 BauGB (Erklärung zum Umweltbericht), wie die Umweltbelange berücksichtigt werden[29], verletzt worden sind; unbeachtlich ist je-

---

28 BVerwG Beschluss vom 28.08.1987, BRS 47 Nr. 3.
29 § 3 Abs. 2, § 5 Abs. 1 Satz 2 Halbsatz 2 und Abs. 5 § 9 Abs. 8 und § 22 Abs. 10 BauGB.

doch, wenn die Begründung des Flächennutzungsplans oder des Bebauungsplans unvollständig ist.

Besondere Bedeutung kommt der neuen Vorschrift des § 214 Abs. 3 Satz 2 BauGB zu, nach der Mängel, die Gegenstand der Regelung in § 214 Abs. 1 Satz 1 Nr. 1 sind, nicht als **Mängel der Abwägung** geltend gemacht werden können. In § 214 Abs. 1 Nr. 1 BauGB ist geregelt, dass eine Verletzung von Verfahrens- und Formvorschriften nur beachtlich ist, wenn die von der Planung berührten Belange (Abwägungsmaterial nach § 2 Abs. 3 BauGB neuer Fassung), die der Gemeinde bekannt waren oder hätten bekannt sein müssen, in wesentlichen Punkten nicht zutreffend ermittelt oder bewertet worden sind. Diese »Vermutungsregelung«[30] ist in ihrem Wortlaut »nicht geglückt« zumal einleitend von Verfahrensvorschriften gesprochen wird, obwohl die nachfolgend genannten Sachverhalte auch materiell rechtliche Inhalte, etwa Fehler in der Abwägung betreffen. Nach der vorgesehenen Formulierung dürfte die Einhaltung der Verfahrensvorschriften nur indizielle Bedeutung für die Wahrung der mit der Verfahrensanforderung zu gewährleistenden materiellen Rechtmäßigkeit der Entscheidung haben.[31]

4. Die Abschichtung wird im Verhältnis Flächennutzungsplan-Bebauungsplan eine Klärung der Prüfungstiefe erfordern. Gleiches gilt für die Prüfung eines Projektes im Verhältnis des Bebauungsplanverfahrens zum Genehmigungsverfahren. Erforderlich ist eine gute Teamarbeit zwischen Planungsträger und Genehmigungsbehörde.

Abschichtungen bei der Umweltprüfung

Die Abschichtungswirkung bei Umweltprüfungen ergibt sich aus § 2 Abs. 4 Satz 4 des neuen BauGB und § 17 Abs. 3 UVPG.

In § 2 Abs. 4 Satz 2 des neuen BauGB wird die Abschichtungswirkung zwischen Raumordnungsverfahren, Flächennutzungsplanverfahren und Bebauungsplanverfahren geregelt. Die Umweltprüfung soll im nachfolgenden Bauleitplanverfahren auf zusätzliche oder andere erhebliche Aspekte beschränkt werden, wenn für das Plangebiet bereits vorher in einem Raumordnungsflächennutzungsplan oder Bebauungsplanverfahren eine Umweltprüfung stattgefunden hat. Nach der Gesetzesbegründung[32] soll sich die Abschichtungswirkung auch für höherstufige Planungen ergeben

---

30 Gaentsch in Bericht über eine wissenschaftliche Fachtagung der Universität Kaiserslautern von Hohwiller UPR 2004 S. 24.
31 Schliepkorte ZfBR 2004 S. 126, weitergehend Krautzberger UPR 2004, S. 41, 49: Anstelle der bisherigen Überprüfung des Abwägungsvorgangs wird an die Überprüfung der verfahrensbezogenen Elemente die Ermittlung und Bewertung, der von der Planung berührten Belange angeknüpft. Insofern geht Krautzberger von einer Gewähr der materiellen Rechtmäßigkeit des Bauleitplans durch ein ordnungsgemäßes Verfahren aus.
32 Begründung S. 118 zum Europarechtsanpassungsgesetz-Bau – EAGBau

können. Dies bedeutet, dass eine Umweltprüfung, die in einem Bebauungsplanverfahren erfolgt ist, auch bei der Aufstellung/Änderung eines Flächennutzungsplans berücksichtigt werden kann. Dabei wird der Umfang der Abschichtungswirkung von der Intensität und Detailgenauigkeit der durchgeführten Umweltprüfung sowie dem zeitlichen Abstand von Umweltprüfung und Planung abhängen. Je länger die Umweltprüfung zurückliegt, desto eher können sich die Verhältnisse derart geändert haben, dass die Prüfung nur noch eingeschränkt oder nicht mehr verwendet werden kann.[33]

Flächennutzungsplan / Bebauungsplan

Die Umweltprüfung im Rahmen des **Flächennutzungsplanverfahrens** kann in der Regel nur generelle Aussagen zu den Auswirkungen eines Baugebiets (Gewerbegebiet, Mischgebiet, Wohngebiet etc.) auf die Umwelt treffen, da es insbesondere bei der Neuaufstellung von Flächennutzungsplänen nicht möglich ist, für das gesamte Gemeindegebiet Untersuchungen über Umweltbelastungen anzustellen. Hinzu kommt, dass im Flächennutzungsplan z. B. Darstellungen der Innenerschließung von Baugebieten nicht vorgesehen sind und eine Vielzahl von Konfliktpotentialen erst durch die Präzisierung der Nutzungen (Baudichte, Verkehrsaufkommen, Immissionen, Eingriffe in Natur und Landschaft etc.) beurteilt werden kann. Sofern eine Änderung des Flächennutzungsplans für ein einzelnes Baugebiet (z. B. Sondergebiet Einzelhandelsgroßprojekt) erfolgt, ist es möglich, im Flächennutzungsplanänderungsverfahren die Umweltprüfung intensiver und detaillierter vorzunehmen. Jedoch wird in der Praxis zu entscheiden sein, ob eine detaillierte Umweltprüfung nicht dem Bebauungsplanverfahren vorbehalten werden sollte, da im Regelfall die Flächennutzungsplanänderung und Bebauungsplanaufstellung parallel erfolgen und im Rahmen des Bebauungsplanverfahrens die Umweltbelastungen wesentlich konkreter beurteilt werden können. Sofern eine solche Vorgehensweise im Rahmen des Scoping festgelegt wird, muss im Umweltbericht zur Flächennutzungsplanänderung eine entsprechende Verweisung auf die Umweltprüfung im Bebauungsplan aufgenommen werden.

Bebauungsplan- / Zulassungsverfahren

Die Abschichtungswirkung zwischen **Bebauungsplanverfahren und nachfolgendem Zulassungsverfahren** ist in § 17 Abs. 3 UVPG geregelt. Auch hier gilt, dass die Umweltverträglichkeitsprüfung im Zulassungsverfahren auf zusätzliche oder andere erhebliche Umweltauswirkungen beschränkt werden soll, wenn eine Umweltprüfung in dem Aufstellungsverfahren für den Bebauungsplan durchgeführt wurde und im nachfolgenden Zulassungsverfahren eine zusätzliche Umweltverträglichkeitsprüfung notwendig ist. Bei den Fällen der Nrn. 18.1 bis 18.8 der Anlage 1 UVPG

---

33 Schink UPR 2004 S. 92.

wird im Zulassungsverfahren künftig eine UVP durchzuführen sein. Daraus folgt jedoch, dass das Bauordnungsrecht der Länder für eine entsprechende UVP geöffnet werden muss.[34]

5. Der Vollzug des Monitoring wirft eine Vielzahl von Fragen auf. Notwendig wird sein, dass das Fachrecht und das Baurecht Instrumente dafür bereit halten, dass die Städte und Gemeinden einmal getroffene Entscheidungen, die sich nachträglich als problematisch für die Umwelt erweisen, revidieren oder inhaltlich abändern können.

Monitoring

Nach § 4c BauGB neuer Fassung überwachen die Gemeinden die erheblichen Umweltauswirkungen, die aufgrund der Durchführung der Bauleitpläne eintreten, um insbesondere unvorhergesehene nachteilige Auswirkungen frühzeitig zu ermitteln und in der Lage zu sein, geeignete Maßnahmen zur Abhilfe zu ergreifen. Dabei obliegt der Gemeinde nach Abs. 2 Ziff. 5 der Anlage zu § 2 Abs. 4 und § 2a BauGB die Verpflichtung bereits im Umweltbericht die geplanten Maßnahmen zur Überwachung der erheblichen Auswirkungen der Durchführung des Bauleitplans auf die Umwelt darzustellen. Die Träger öffentlicher Belange sind nach § 4 Abs. 3 des neuen BauGB verpflichtet, die Gemeinde nach Abschluss des Verfahrens zur Aufstellung des Bauleitplans zu unterrichten, wenn ihnen Kenntnisse vorliegen, dass die Durchführung des Bauleitplans erhebliche Auswirkungen auf die Umwelt hat.

Konzept zur Planüberwachung

Künftig werden somit die Gemeinden mit der Einführung des sogenannten Monitoring verpflichtet, die erheblichen Auswirkungen der Durchführung der Bauleitpläne auf die Umwelt zu überwachen.[35] Im Umweltbericht ist das im Einzelfall geeignete Konzept zur Planüberwachung zu beschreiben, um es so der Öffentlichkeit zugänglich zu machen. Positiv zu würdigen ist, dass die Gemeinden selbst festlegen können, auf welche Weise das Monitoring durchgeführt werden soll. Das Monitoring beinhaltet keine generelle Überwachungspflicht der Umsetzung von Bebauungsplänen, sondern es geht darum, (unerwartete) erhebliche Umweltauswirkungen zu ermitteln.

---

34 Begründung S. 85 zum Europarechtsanpassungsgesetz-Bau – EAGBau, Schink UPR 2004, S. 92, Krautzberger UPR 2004, S. 41, 45.
35 Begründung S. 87 zum Europarechtsanpassungsgesetz-Bau – EAGBau.

6. Durch die verfahrensrechtliche Neugestaltung des Umweltschutzes in der Bauleitplanung werden in der Bauleitplanung künftig auch materiell höhere Anforderungen gestellt werden. Das Übergewicht zu anderen städtebaulichen Belangen und den privaten Eigentumsbelangen ist evident. De lege lata sollte geprüft werden, ob im nationalen Recht zusätzliche über den europäischen Rahmen hinausgehende Anforderungen wie das Erfordernis der Landschaftsplanung und der naturschutzrechtlichen Ausgleichsregelung aufzuheben sind.

Die neue Gewichtung der Umweltbelange in der Bauleitplanung

Die Umweltprüfung in der Bauleitplanung wird in der Praxis zunächst einer Einübungsphase bedürfen. Zu begrüßen ist, dass die Abarbeitung der Umweltbelange in einem klar strukturierten Verfahren abläuft und damit auch von kleineren Gemeinden bewältigt werden kann. Es besteht jedoch die Gefahr, dass sich auf Grund der neuen Umweltprüfung die Bauleitplanung erheblich verzögern und verteuern wird. Dem kann begegnet werden, wenn die Gemeinde und die Träger öffentlicher Belange dem Grundsatz Rechnung tragen, dass sich aus dem neuen materiellen Recht keine höheren Anforderungen im Umweltbereich ergeben und sie dies im Scoping-Verfahren und bei der Abfassung des Umweltberichts berücksichtigen. Ein positiver Effekt für eine nachhaltige Bauleitplanung ist in jedem Fall zu erwarten und rechtfertigt, das neue Instrumentarium aufgeschlossen anzuwenden. Der Gesetzgeber sollte jedoch prüfen, ob de lege lata auf nationale Besonderheiten im Umweltrecht wie die naturschutzrechtliche Eingriffsregelung und die Landschaftsplanung verzichtet werden kann.[36]

---

36 Krautzberger, UPR 2004, S. 41, 42.

Anforderungen an ein Monitoring und Ansätze hierzu auf der Ebene der Raumordnung und der Bauleitplanung*

Thomas Bunge

I. Einleitung

1. Art. 10 der Richtlinie 2001/42/EG

Die Richtlinie über die strategische Umweltprüfung (2001/42/EG[1]) ähnelt in vielen Punkten derjenigen über die Umweltverträglichkeitsprüfung (85/337/EWG[2]). Vor allem im Verfahrensablauf der Prüfungen stimmen die beiden Regelungen weitgehend überein. Ein wichtiger Unterschied findet sich jedoch in Artikel 10 der Richtlinie 2001/42/EG, mit dem sie verlangt, die Umweltfolgen infolge der Realisierung des Plans oder Programms später zu überwachen. Die Vorschrift lautet:

»Artikel 10

(1) Die Mitgliedstaaten überwachen die erheblichen Auswirkungen der Durchführung der Pläne und Programme auf die Umwelt, um unter anderem frühzeitig unvorhergesehene negative Auswirkungen zu ermitteln und um in der Lage zu sein, geeignete Abhilfemaßnahmen zu ergreifen.

(2) Zur Erfüllung der Anforderungen nach Absatz 1 können, soweit angebracht, bestehende Überwachungsmechanismen angewandt werden, um Doppelarbeit bei der Überwachung zu vermeiden.«

Um diese Überwachung vorzubereiten, muss bereits der Umweltbericht die Maßnahmen beschreiben, mit denen sie später durchgeführt werden soll (Art. 5 Abs. 1 i.V. mit Anhang I Buchst. i der Richtlinie).

Damit hat das Europarecht im Zusammenhang mit der Umweltprüfung von Plänen und Programmen eine Nachkontrolle vorgeschrieben, wie sie an sich auch bei der

---

* Der Beitrag gibt die persönliche Ansicht des Verfassers wieder.
1 Richtlinie 2001/42/EG vom 27. Juni 2001 über die Prüfung der Umweltauswirkungen bestimmter Pläne und Programme (ABl. EG Nr. L 197, S. 30).
2 Richtlinie vom 27. Juni 1985 über die Umweltverträglichkeitsprüfung bei bestimmten öffentlichen und privaten Projekten (ABl. EG Nr. L 175, S. 40), zuletzt geändert durch die Richtlinie 2003/35/EG vom 26. Mai 2003 über die Beteiligung der Öffentlichkeit bei der Ausarbeitung bestimmter umweltbezogener Pläne und Programme und zur Änderung der Richtlinien 85/337/EWG und 96/61/EG des Rates in Bezug auf die Öffentlichkeitsbeteiligung und den Zugang zu Gerichten (ABl. EU Nr. L 156, S. 7).

Umweltverträglichkeitsprüfung von Projekten beabsichtigt war. Im Rahmen der UVP-Richtlinie ließ sich eine entsprechende Anforderung bisher jedoch nicht festschreiben.

Im Grunde ist ein solches Monitoring im Rahmen von Planungsprozessen nichts Neues. In Lehrbüchern der Raumplanung wird immer wieder darauf hingewiesen, dass die Erfolgskontrolle zur logischen Organisation von Planungsvorgängen gehört.[3] Es genügt also nicht, einen Plan mit mehr oder weniger verbindlichen normativen Vorgaben zu entwickeln, sondern es ist ebenso wichtig, auch deren spätere Umsetzung zu beobachten, um Informationen darüber zu erhalten, wieweit die seinerzeit vorausgesetzten Grundlagen der Planung – also die faktischen Gegebenheiten, die Randbedingungen und die Annahmen über die künftige Entwicklung – mit der *tatsächlichen* Entwicklung übereinstimmen. Das Monitoring bietet dem Planungsträger deswegen eine Reihe erheblicher Vorteile: Es ermöglicht ihm, seine Planungen besser auf die konkreten Veränderungen des Umweltzustands abzustimmen, Beeinträchtigungen zu vermeiden oder zu verringern und auf unvorhergesehene Umweltfolgen auch planerisch zu reagieren.

In der Praxis findet ein solches Umwelt-Monitoring freilich keineswegs immer statt: Auf kommunaler Ebene werden die Umweltfolgen der Bauleitpläne allenfalls teilweise systematisch überwacht. Vielfach unterbleibt diese Beobachtung ganz, und auch dort, wo sie realisiert wird, beschränkt sie sich oft auf einzelne Themenbereiche. Besser sieht es allerdings wohl auf der Ebene der Raumordnung aus. Außerhalb der Gesamtplanung gibt es zwar eine ganze Reihe von Ansätzen zum Monitoring der Umweltentwicklung insgesamt oder einzelner Umweltfolgen; sie sind jedoch bisher nicht auf die Zwecke des Art. 10 der Richtlinie 2001/42/EG abgestimmt.

2. Umsetzungsvorschläge im deutschen Bau- und Raumordnungsrecht

Im Regierungsentwurf des Europarechtsanpassungsgesetzes Bau[4] finden sich mehrere Regelungen, mit denen die Vorgaben des Art. 10 der Richtlinie 2001/42/EG umgesetzt werden sollen. Sie sind in den parlamentarischen Beratungen bisher kaum verändert worden, so dass sich annehmen lässt, dass Bundestag und Bundesrat sie in den nächsten Monaten in der jetzt vorliegenden Fassung der Beschlussempfehlung des Bundestags-Ausschusses für Verkehr, Bau- und Wohnungswesen vom 28. April 2004[5] verabschieden werden. Der folgende Text legt deswegen die Formulierungen dieser Beschlussempfehlung zugrunde. Für das *Baugesetzbuch* schlägt der Entwurf folgende zusätzliche Vorschriften vor:

---

3   S. etwa D. Fürst/E.-H. Ritter, Landesentwicklung und Regionalplanung, 2. Aufl. Düsseldorf 1993, S. 152; M. Lendi/H. Elsasser, Raumplanung in der Schweiz. Eine Einführung, Zürich 1985, S. 245.

4   BT-Drucks. 15/2250. Die Vorschläge zur Änderung des Baugesetzbuchs werden im folgenden mit »ÄndE BauGB« zitiert, diejenigen zur Änderung des Raumordnungsgesetzes mit »ÄndE ROG«.

5   BT-Drucks. 15/2996.

»§ 4   Beteiligung der Behörden

(1) – (2) ...

(3) Nach Abschluss des Verfahrens zur Aufstellung des Bauleitplans unterrichten die Behörden die Gemeinde, sofern nach den ihnen vorliegenden Erkenntnissen die Durchführung des Bauleitplans erhebliche, insbesondere unvorhergesehene nachteilige Auswirkungen auf die Umwelt hat.

§ 4c   Überwachung

Die Gemeinden überwachen die erheblichen Umweltauswirkungen, die auf Grund der Durchführung der Bauleitpläne eintreten, um insbesondere unvorhergesehene nachteilige Auswirkungen frühzeitig zu ermitteln und in der Lage zu sein, geeignete Abhilfemaßnahmen zu ergreifen. Sie nutzen dabei die im Umweltbericht nach Nummer 3 Buchstabe b der Anlage zu diesem Gesetzbuch angegebenen Überwachungsmaßnahmen und die Informationen der Behörden nach § 4 Abs. 3.«

Diese Vorschläge gehen insbesondere auf die Empfehlungen der Expertenkommission zur Novellierung des Baugesetzbuchs[6] zurück. § 4c Satz 1 ÄndE BauGB lehnt sich eng an den Wortlaut des Art. 10 der Richtlinie an; er verzichtet auf Konkretisierungen oder Ergänzungen. Auch § 4c Satz 2 ÄndE BauGB entspricht den Richtlinienvorgaben weitgehend, enthält allerdings einen Unterschied insoweit, als er *vorschreibt*, die im Umweltbericht angegebenen Überwachungsmaßnahmen zu nutzen. Zusätzlich statuiert § 4 Abs. 3 ÄndE BauGB die Pflicht der Behörden, die im Planungsverfahren beteiligt wurden, die Gemeinde später über erhebliche Umweltauswirkungen zu informieren, sofern sie solche Auswirkungen bemerken. Auch diese Informationen bilden eine Grundlage für die Überwachungsarbeiten der Gemeinde.

Das Raumordnungsgesetz soll nach dem Entwurf nur eine generelle Vorgabe für die Länder enthalten:

»§ 7   Allgemeine Vorschriften über Raumordnungspläne

(1) – (9) ...

(10) Es ist vorzusehen, dass die erheblichen Auswirkungen der Durchführung der Raumordnungspläne auf die Umwelt zu überwachen sind.«

Mit allen diesen Regelungen bleibt das Europarechtsanpassungsgesetz Bau ähnlich unbestimmt wie die Richtlinie. Das bietet für die Länder und die Gemeinden den Vorteil, dass sie vieles selbst festlegen können. Andererseits tragen sie – und nicht der Gesetzgeber auf Bundesebene – damit auch das Risiko, dass die Überwachungs-

---

6   Bundesministerium für Verkehr, Bau- und Wohnungswesen (Hrsg.), Novellierung des Baugesetzbuchs, Bericht der Unabhängigen Expertenkommission, Berlin 2003, S. 39 ff. (Tz. 083 ff.).

praxis möglicherweise nicht mit den europarechtlichen Anforderungen übereinstimmt.[7] Im Folgenden sollen zunächst die Anforderungen des § 4c ÄndE BauGB etwas präzisiert werden (unten 2). Danach geht es um die Frage, wie die Gemeinden als Träger der Bauleitplanung die Umweltüberwachung am besten durchführen können und welche Ansätze hierfür bereits zur Verfügung stehen (unten 3 bis 6). Abschließend wird die Ebene der Raumordnung betrachtet (unten 7).

II. Anforderungen des § 4c ÄndE BauGB

1. Überwachung der erheblichen Auswirkungen der Durchführung der Pläne

1.1 Überwachung

»Überwachung« heißt im Zusammenhang mit § 4c ÄndE BauGB, die Entwicklung der Umwelt systematisch in der Weise zu beobachten[8], dass die zuständigen Behörde möglichst von allen erheblichen Umweltauswirkungen Kenntnis erhält, die infolge der Durchführung der Pläne oder Programme eintreten. § 4c ÄndE BauGB verlangt also ein *Monitoring* der Umweltfolgen. Es geht nicht in erster Linie um die Kontrolle, ob die Aussagen der Pläne eingehalten worden sind, ob die Projektträger also beispielsweise die Baugrenzen in einem Bebauungsplan beachtet haben. Allerdings liefert die Antwort auf die Frage, ob und wieweit der Plan realisiert worden ist, wichtige Grundlageninformationen für die Überwachung.

1.2 Auswirkungen der Durchführung der Pläne

Überwacht werden müssen (nur) die Umweltauswirkungen *infolge der Planrealisierung*. Die Richtlinie fordert also keine generelle Umweltbeobachtung, sondern allein die Bestandsaufnahme und Bewertung derjenigen Folgen, die der Plan verursacht oder wenigstens mit verursacht hat. Es geht dabei um die Konsequenzen, die bei der *Verwirklichung* der Planinhalte eintreten. Da die Bauleitpläne zumeist Angebotscharakter haben, kommt es darauf an, ob und wie ihre Vorgaben später eingehalten

---

7 Vgl. M. Roder, Anforderungen der SUP-Richtlinie an ein Monitoring für Pläne und Programme, in: A. Bunzel/F. Frölich/S. Tomerius (Hrsg.), Monitoring und Bauleitplanung – neue Herausforderungen für Kommunen bei der Überwachung von Umweltauswirkungen, Dokumentation der Fachtagung am 30. September und 1. Oktober 2003 in Berlin, Berlin (Deutsches Institut für Urbanistik) 2004, S. 11 ff., 29 f.

8 Dabei muss es sich nicht zwangsläufig um eine Umweltbeobachtung in dem Sinn handeln, dass die Entwicklung der Umwelt unabhängig von den Ursachen für mögliche Belastungen betrachtet wird.

werden, wenn beispielsweise ein Grundstückseigentümer in einem im Flächennutzungsplan ausgewiesenen Wohngebiet ein Haus baut.

Die Umweltauswirkungen lassen sich verhältnismäßig einfach überwachen, wenn es um die Durchführung eines Bebauungsplans geht – besonders, wenn es sich um einen vorhabenbezogenen Plan handelt, der ja ein oder mehrere konkrete Projekte betrifft und im allgemeinen sofort nach Verabschiedung realisiert wird. Schwieriger wird es aber, wenn die Aussagen des zu überwachenden Plans erst noch durch weitere Pläne konkretisiert werden, ehe sie durchgeführt werden. Beispielsweise ist oftmals nicht ohne weiteres klar, ob zwischen einer bestimmten Darstellung im Flächennutzungsplan und einzelnen später festgestellten Umweltfolgen überhaupt eine Ursache-Wirkungs-Beziehung besteht.

1.2.1   Plankonforme Nutzung

Im Zusammenhang mit dem Bebauungsplan bedeutet »Durchführung« in erster Linie die Ausübung derjenigen Nutzung, die der Plan jeweils festgesetzt hat. Vielfach ist hierfür eine behördliche Genehmigung vorgeschrieben. Überwacht werden müssen jedoch nicht allein die Umweltfolgen der Aktivitäten, die erst nach Inkrafttreten des Plans verwirklicht werden sollen. Vielmehr wird man ebenso die Fortsetzung einer bereits ausgeübten (zulässigen) Nutzung, die den Festsetzungen des Plans entspricht, als faktische »Durchführung« ansehen müssen.

Auch der Flächennutzungsplan wird oftmals erst durchgeführt, wenn er durch Bebauungspläne konkretisiert worden ist und die dort festgesetzte Nutzung realisiert wird. Es gibt allerdings auch andere Fälle, in denen man ebenfalls von »faktischer« Realisierung sprechen könnte: wenn es für bestimmte Areale des Gemeindegebiets keine Bebauungspläne gibt, diese Flächen jedoch den Darstellungen des Flächennutzungsplans gemäß genutzt werden. Als Beispiel lässt sich der Bau eines Wohngebäudes im Innenbereich der Kommune nennen, das aufgrund des § 34 BauGB zugelassen wurde und in einem Areal liegt, das der Flächennutzungsplan als Wohngebiet ausweist. Auf den Umstand, dass der Plan für ein solches Vorhaben eines privaten Trägers keine Einschränkungen statuieren kann, kommt es dabei nicht an, weil § 4c ÄndE BauGB nur nach der tatsächlichen Plandurchführung fragt.

1.2.2 Abweichungen vom Plan

Die plankonforme Nutzung von Flächen lässt sich danach immer als »Durchführung« des Plans sehen. Unklar ist jedoch, ob auch Abweichungen von den Planvorgaben unter diesen Begriff fallen. In der Praxis gibt es zahlreiche Möglichkeiten, Flächen anders zu nutzen, als es die Bauleitpläne festlegen. Der Flächennutzungsplan besitzt ohnehin kaum Verbindlichkeit für den einzelnen Projektträger.[9] Von den Festsetzungen eines Bebauungsplans können in bestimmtem Umfang Ausnahmen und Befreiungen zugelassen werden (§ 31 BauGB). Deswegen stellt sich die Frage, ob es bei den »Auswirkungen der Durchführung der Pläne und Programme auf die Umwelt«

---

9   Die einzige »unmittelbare« Auswirkung ist in § 35 Abs. 3 Nr. 1 BauGB festgelegt.

nur um die Folgen geht, die bei einer *plankonformen Entwicklung* eingetreten sind, oder auch um jene, die sich aufgrund von Abweichungen von den Plänen ergeben haben. Anders ausgedrückt: Ist unter »Durchführung« lediglich die Realisierung der jeweiligen Planaussagen zu verstehen oder allgemein die bauliche und sonstige Entwicklung im Plangebiet (die nicht immer mit den Plänen übereinstimmen muss), sofern sie durch den Plan beeinflusst werden soll?

Versteht man den Begriff »Durchführung« eng, so bezeichnet er lediglich die plankonforme Nutzung der Flächen. Abweichungen von dem betreffenden Plan fallen dann nicht unter § 4c ÄndE BauGB. Vom Wortlaut dieser Norm her liegt es tatsächlich nahe, die Beobachtung auf die Umweltfolgen zu beschränken, die die Verwirklichung der Planinhalte zur Folge hat. Auch Art. 10 der Richtlinie lässt sich so interpretieren. Allerdings kann man den Begriff auch umfassender, nämlich in dem Sinn verstehen, dass er nichts über die Art und Weise der Durchführung aussagt, also offen lässt, wieweit die Planaussagen realisiert worden sind. Mit dem Begriff »Durchführung« des Plans würde dann die Entwicklung des Plangebiets umschrieben, soweit der Plan sie steuern kann und soll. Von diesem Standpunkt aus schließt er ebenfalls die Durchführung von Plänen mit geringer Steuerungswirkung ein, bei denen es üblicherweise zu zahlreichen Abweichungen von den Planinhalten kommt.

Zweifel an der engen Auslegung ergeben sich, wenn man die Entstehungsgeschichte der Richtlinie berücksichtigt.[10] Zunächst sollte die Regelung nämlich lauten »Die Mitgliedstaaten überwachen die Durchführung der Pläne und Programme«. Damit hätte sie eindeutig verlangt, auch die Abweichungen von den Planvorgaben mit zu berücksichtigen. Die spätere Präzisierung »Die Mitgliedstaaten überwachen *die erheblichen Auswirkungen* der Durchführung der Pläne und Programme *auf die Umwelt*« sollte das Monitoring offensichtlich auf die Umweltfolgen begrenzen; es sollte also nicht vorgeschrieben werden, sämtliche Wirkungen des Plans oder Programms zu beobachten. Dagegen war wohl nicht beabsichtigt, die Aufgabe auch von der Seite der Ursachen für Umweltauswirkungen her einzuschränken und die Beobachtung lediglich derjenigen Konsequenzen vorzuschreiben, die infolge einer plankonformen Entwicklung eintreten würden. Ein solches begrenztes Monitoring hat aus Umweltsicht und vom Zweck des Art. 10 der Richtlinie her wenig Sinn. Gerade wenn vom Plan abgewichen wird, können sich nämlich unvorhergesehene Umweltauswirkungen ergeben, die die Regelung ausdrücklich nennt. Auch die Ergebnisse des Monitoring lassen sich für die weitere Planung optimal nur nutzen, wenn neben den Umweltfolgen der plankonformen Entwicklung auch die Auswirkungen der Maßnahmen überwacht werden, die nicht mit dem Plan übereinstimmen. Zudem ist es häufig nicht einfach, eine bestimmte Entwicklung als »plankonform« oder »planwidrig« einzustufen: beispielsweise ein Wohngebäude in einem allgemeinen Wohngebiet, das mehr Fläche einnimmt, als es der Bebauungsplan zulässt, sonst aber die Festsetzungen einhält. Schwierigkeiten ergeben sich auch bei der Frage, ob Ausnahmen und Befreiungen von den Anforderungen des Bebauungsplans zur

---

10 Vgl. zur Entwicklung der Vorschrift Roder, a. a. O. (oben Fn. 7), S. 11 ff., 16, der den Begriff »Durchführung« allerdings etwas enger interpretiert.

Durchführung dieses Plans gehören oder als Entwicklungen zu qualifizieren sind, die dem Plan widersprechen.

Vieles spricht deshalb dafür, bestimmte Abweichungen vom Plan ebenfalls in den Gegenstandsbereich des Art. 10 der Richtlinie einzubeziehen. Das gilt umso mehr, als ein solches weites Verständnis des Begriffs »Durchführung« der Praxis entgegenkommt, weil es die Aufgaben der Gemeinde vereinfacht und praktisch brauchbarere Ergebnisse des Monitoring erwarten lässt: Die Kommune erhält auf diese Weise ein realistisches und vergleichsweise umfassendes Bild von der Umweltsituation. Zugleich lassen sich bestimmte Abgrenzungsfragen vermeiden.

Allerdings bleiben auch bei einer solchen weiten Interpretation Zweifel. Beispielsweise ist unklar, ob die folgenden Aktivitäten noch zur »Durchführung des Flächennutzungsplans« gerechnet werden können, wenn sie erst mehrere Jahre nach Verabschiedung dieses Plans realisiert worden sind (so dass es nicht möglich war, bereits bei der Planaufstellung auf sie zu reagieren):

– eine Bundesfernstraße, die durch Planfeststellung nach § 17 FStrG zugelassen wird und über ein Areal läuft, das im Flächennutzungsplan als Landwirtschaftsfläche ausgewiesen wurde,

– die Zunahme des Straßenverkehrs in der Gemeinde, die auf ein Einkaufszentrum in der Nachbarstadt zurückzuführen ist.

Um die Frage abschließend zu beantworten, wäre es wichtig, sämtliche Fälle möglicher Planabweichungen zusammenzustellen und vom Zweck des Monitoring her zu entscheiden, ob sie jeweils als »Durchführung« des Plans im Sinne des § 4c ÄndE BauGB anzusehen sind. Dies lässt sich hier nicht leisten.

Allerdings zeigen die Beispiele, dass es in der Praxis häufig nicht auf die genaue Definition des Begriffs ankommt. Denn die Gemeinde muss im Rahmen des Monitoring nach § 4 c ÄndE BauGB in aller Regel auch die Umweltfolgen beobachten, die sich aus anderweitigen – also nicht plankonformen – Entwicklungen ergeben. Solche Folgen entsprechen ihrer Art nach nämlich zumeist denen, die bei der Verwirklichung der Bauleitpläne eintreten. Wenn etwa Wohnbauten in einem im Plan ausgewiesenen Wohngebiet erstellt werden und deswegen dort die Belastung durch Autoverkehr zunimmt, geht es dort um dieselbe Art der Luftbelastung, die auch beim Betrieb einer nicht im Plan enthaltenen Bundesfernstraße zu erwarten sind. Überwacht die Gemeinde also die Luftqualität in ihrem Gebiet aus Anlass der Realisierung des Wohngebiets, so stellt sie damit zugleich wohl auch die Beeinträchtigungen der Luftgüte durch die Fernstraße fest. Erst im nächsten Schritt, bei der Ursachenanalyse, kann dann sie einen bestimmten Anteil an der beobachteten zusätzlichen Schadstoffbelastung auf diese Straße zurückführen. Dieses Ergebnis erlaubt es ihr indessen nicht, die Beeinträchtigung der Luftgüte durch die Straße völlig unbeachtet zu lassen. Vielmehr muss sie sie – bei der Fortschreibung ihrer Bauleitpläne – in Rechnung stellen, soweit die Auswirkungen erheblich sind, und ggf. versuchen, mit den Mitteln der Bauleitplanung auf sie zu reagieren (vgl. z.B. § 50 BImSchG). Ähnlich ist es, wenn die Straße Natur und Landschaft im Gemeindegebiet beeinträchtigt. Sie führt dann dazu, dass der Gesamtbestand naturnaher Flächen sich verringert. Auch in einem solchen Fall ist es Sache der Gemeinde zu prüfen, ob und wieweit ihre

Bauleitplanung das Ziel des § 1 Abs. 5 ÄndE BauGB, »die natürlichen Lebensgrundlagen zu schützen und zu entwickeln« noch erreichen kann.

Insgesamt sollte der Begriff »Durchführung« deswegen noch näher untersucht werden. In der Praxis empfiehlt es sich, ihn nicht zu eng zu interpretieren.

1.3 Erhebliche Auswirkungen

Der Begriff »erhebliche Umweltauswirkungen« ist im Zusammenhang mit der Überwachung vom Zweck des Art. 10 der Richtlinie und des § 4c ÄndE BauGB her auszulegen. Er bedeutet nicht etwa nur »gravierend« oder »gefährlich«, sondern umschreibt diejenigen Umweltfolgen, die man nicht »aus den Augen lassen« sollte, also Konsequenzen, bei denen sich möglicherweise – vielleicht auch zu einem späteren Zeitpunkt – Abhilfemaßnahmen empfehlen können. Deswegen umfasst er zum einen alle Folgen, die für die Planung in irgendeiner Weise Bedeutung besitzen, die also etwa bei der Abwägung der Belange im Rahmen der Bauleitplanung eine Rolle spielen. Zum anderen schließt er die Umweltauswirkungen ein, bei denen es zweckmäßig ist, auch unabhängig von der Planung über Möglichkeiten zur Vermeidung oder Verringerung der voraussichtlichen Beeinträchtigungen nachzudenken. Dieses weite Begriffsverständnis ergibt sich daraus, dass das Monitoring die Gemeinde in die Lage versetzen soll, ggf. geeignete Abhilfemaßnahmen ergreifen zu können. »Unerheblich« sind also nur die Umweltauswirkungen, die auch mit Blick auf künftige Entwicklungen ohne weiteres vernachlässigt werden können.

Wenn § 4c des Entwurfs verlangt, die erheblichen Auswirkungen der Plandurchführung auf die Umwelt zu überwachen, ist damit zunächst keine nennenswerte Einschränkung verbunden. Ob eine Umweltfolge erheblich ist oder nicht, lässt sich in der Regel nämlich erst sagen, wenn man weiß, um welche Auswirkung es sich handelt, also nachdem die betreffende Konsequenz *festgestellt* wurde. Allerdings gibt es Ausnahmen: In offensichtlichen Bagatellfällen ist es schon vor der Bestandsaufnahme möglich zu beurteilen, dass es sich um unerhebliche Konsequenzen handelt. Solche Folgen müssen dementsprechend nicht in das Monitoring einbezogen werden. Ebenso können gravierende Beeinträchtigungen schon vor der Feststellung der Fakten als »erheblich« qualifiziert werden. Im Allgemeinen beginnt das Monitoring jedoch mit der Bestandsaufnahme. Sobald eine Umweltauswirkung beobachtet worden ist, muss die Gemeinde sie beurteilen, um klären zu können, ob und wie auf sie reagiert werden sollte.

Mit anderen Worten geht es bei der Überwachung darum festzustellen,

– *ob* durch die Planrealisierung Umweltauswirkungen eingetreten sind,
– *um welche* Umweltauswirkungen es sich dabei handelt,
– ob diese Auswirkungen *erheblich* sind,
– *wie* die erheblichen Auswirkungen im Einzelnen *bewertet* werden sollen.

Die Arbeitsschritte ähneln also im Grundsatz denjenigen bei der Umweltverträglichkeitsprüfung und der strategischen Umweltprüfung: Zum einen müssen die Umweltauswirkungen ermittelt und zum anderen bewertet werden. Der Unterschied liegt nur darin, dass es Aufgabe der Umweltprüfungen ist, *erwartete* Umweltfolgen zu prognostizieren, während es die spätere Überwachung damit zu tun hat, *bereits eingetretene* Wirkungen festzustellen.

Bei der Klärung, welche Konsequenzen die Durchführung des Plans oder Programms in der Umwelt zur Folge hatte, sind selbstverständlich auch die realisierten Maßnahmen zur Vermeidung, zur Verminderung und zum Ausgleich von Umweltbeeinträchtigungen mit zu berücksichtigen.[11] Diese Maßnahmen beeinflussen ja ebenfalls Art und Ausmaß und Dauer der Umweltauswirkungen, die der Plan zur Folge hat. Auch während der Planaufstellung – d.h. bei der Prognose und Bewertung der Umweltauswirkungen im Umweltbericht – sind sie deswegen schon in Rechnung gestellt worden.

Die Gegenansicht hält es nicht für erforderlich, die Realisierung von Maßnahmen, die zur Vermeidung, Verminderung und zum Ausgleich von Beeinträchtigungen von Natur und Landschaft dienen sollen, in das Monitoring einzubeziehen.[12] Sie führt an, die naturschutzrechtliche Eingriffsregelung, die diese Maßnahmen verlange (§ 21 BNatSchG i.V. mit dem Baugesetzbuch), gehe nicht auf Europarecht zurück, so dass sich Art. 10 der Richtlinie 2001/42/EG nicht auf sie beziehe. Diese Begründung liegt indessen neben der Sache. Art. 10 der Richtlinie verlangt nicht die Kontrolle, ob *europarechtlich* festgelegte Maßnahmen getroffen wurden, sondern die Überwachung (aller) erheblichen Umweltfolgen des Plans. Es spielt also keine Rolle, auf welche Rechtsgrundlage die einzelnen Planaussagen gestützt werden. § 4c spricht von den »erheblichen Umweltauswirkungen, die auf Grund der Durchführung der Bauleitpläne eintreten«. Zur »Durchführung« gehört offensichtlich auch die Verwirklichung der im Plan aufgeführten Maßnahmen, mit denen Umweltbeeinträchtigungen vermieden, vermindert oder ausgeglichen werden sollen. Das Monitoring soll im Grundsatz die Frage beantworten, ob und wieweit die spätere Entwicklung mit den seinerzeit zugrunde gelegten Prognosen und Bewertungen übereinstimmt. Es wäre methodisch unverständlich, wenn es sich nur auf einen Teilbereich der Planaussagen beschränkte. Hinzukommt, dass es manchmal ohnehin schwierig ist, Vermeidungs-, Verminderungs- und Ausgleichsmaßnahmen von den Planfestlegungen zu trennen, die Umweltbeeinträchtigungen zur Folge haben können: Derartige Maßnahmen bilden unter Umständen einen Bestandteil einer einheitlichen Planung, so dass sie sich nicht isoliert von anderen Planaussagen betrachten lassen. Ein realistisches Bild der tatsächlich eingetretenen Umweltfolgen ergibt sich in jedem Fall nur, wenn man die Wirkungen auch dieser Maßnahmen mit einbezieht. Ohnehin haben die Aktivitäten zur Vermeidung, Verminderung und zum Ausgleich negativer Folgen ihrerseits nicht zwangsläufig positive Folgen für *sämtliche* Umweltbestandteile. Sofern sie jedoch auch negative Konsequenzen haben, müssen auch diese in die Bilanz eingestellt werden. Im Übrigen weist *Roder*[13] darauf hin, dass es durchaus einfacher und

---

11 Ebenso M. Roder, Monitoring nach Art. 10 SUP-Richtlinie, in: R. Hendler u.a. (Hrsg.), Die strategische Umweltprüfung (sog. Plan-UVP) als neues Instrument des Umweltrechts, Berlin 2004, S. 225 ff., S. 231 ff.; vgl. auch R. Barth/A. Fuder, Implementing Article 10 of the SEA Directive 2001/42/EC, 2002, S. 19 f.

12 Bericht der Unabhängigen Expertenkommission (oben Fn. 6), S. 42 (Tz. 093); hierauf verweist die Begründung zum Regierungsentwurf, BT-Drucks. 15/2250, S. 47.

13 A. a. O. (oben Fn. 11), S. 232.

kostengünstiger sein kann, solche Maßnahmen mit zu berücksichtigen, als das Monitoring ausschließlich auf die Umweltauswirkungen des Plans zu beschränken, die ohne derartige Maßnahmen eingetreten sind.

2. Zwecke der Überwachung

§ 4c ÄndE BauGB nennt – ebenso wie Art. 10 der Richtlinie – die Zwecke der Überwachung nur teilweise. Die Gemeinde soll unter anderem

- unvorhergesehene nachteilige Auswirkungen frühzeitig ermitteln und dadurch
- in der Lage sein, geeignete *Abhilfemaßnahmen* zu ergreifen.

Die erste Intention hat dabei besondere Bedeutung für den Umfang der Arbeiten: Es geht nicht allein um die Frage, wieweit die Umweltauswirkungen eingetreten sind, die der Umweltbericht prognostiziert hat, sondern ebenso um jene, die in der Umweltprüfung als nicht erheblich eingestuft und deshalb vernachlässigt wurden, und auch um solche, die darin ganz übersehen wurden. Allerdings dürfte es sich dabei in der Praxis doch eher um Ausnahmefälle handeln: Je sorgfältiger die Umweltprüfung abgelaufen ist, desto seltener wird die Gemeinde später von unvorhergesehenen Umweltauswirkungen infolge des Plans überrascht. Ein Hauptzweck der Überwachung ist es deshalb, die *vorhergesehenen* Umweltfolgen zu beobachten, also diejenigen, die bereits in der Umweltprüfung untersucht worden sind.

Der zweite in § 4c ÄndE BauGB aufgeführte Zweck bedeutet selbstverständlich nicht, dass die Gemeinde im Anschluss an das Monitoring immer Abhilfemaßnahmen treffen müsste. Vielmehr soll die Überwachung ihr lediglich die Informationen zur Verfügung stellen, die sie für die Entscheidung benötigt, ob sie solche Maßnahmen ergreifen soll. Deswegen darf sie das Ergebnis der Überwachung nicht einfach »zu den Akten nehmen«, ohne sich weiter darum zu kümmern. Hat die Kommune erhebliche Umweltauswirkungen festgestellt, so muss sie sich vielmehr immer die Fragen stellen, ob es zweckmäßig ist, auf dieses Resultat zu reagieren, und welche Abhilfemaßnahmen sich ggf. empfehlen.

Art. 10 der Richtlinie und § 4c ÄndE BauGB sprechen ganz allgemein von Abhilfemaßnahmen, nicht allein von einer Änderung des betreffenden Plans und auch nicht lediglich von Maßnahmen des jeweiligen Planungsträgers. Die Gemeinde muss aufgrund der Resultate der Überwachung deshalb auch prüfen, ob neben der Modifikation des Plans *anderweitige Möglichkeiten* bestehen, die jeweiligen Umweltbeeinträchtigungen zu verringern oder ganz zu vermeiden. Sofern solche Möglichkeiten existieren, aber nicht in ihrem Zuständigkeitsbereich liegen, ist es ihre Aufgabe zu entscheiden, ob sie die zuständigen Institutionen von den Umweltauswirkungen benachrichtigt.

Ein weiteres, in Art. 10 der Richtlinie und § 4c ÄndE BauGB ebenfalls nicht angegebenes Ziel der Überwachung liegt darin, dass eine solche »Nachkontrolle« dazu beitragen kann, die *Qualität künftiger Umweltprüfungen* zu verbessern. Ergeben sich beispielsweise größere Abweichungen zwischen den Prognosen des Umweltberichts und der späteren tatsächlichen Entwicklung, so spricht vieles dafür, dass die Methoden, mit denen die Umweltauswirkungen prognostiziert wurden, nicht genügten oder falsch angewandt wurden.

Schließlich spielt auch der Zusammenhang zwischen der Überwachung der Umweltfolgen eines bestimmten Plans und künftigen planerischen Aktivitäten der Gemeinde eine wichtige Rolle. Die Monitoring-Ergebnisse können und sollten auch als wichtige Grundlageninformation genutzt werden, wenn es darum geht, den betreffenden Plan fortzuschreiben oder andere Pläne aufzustellen. Soweit die Überwachung solche planerischen Aktivitäten der Gemeinde vorbereiten soll, handelt es sich um eine Aufgabe, die bereits nach geltendem Recht vorgeschrieben ist: Die sachgemäße Abwägung der Belange verlangt ja in jedem Fall eine sorgfältige Bestandsaufnahme aller konkret relevanten Informationen und damit auch der erheblichen Umweltfolgen, die sich aus der Durchführung der bisherigen Pläne ergeben haben.[14]

3. *Überwachung in bestimmten Zeitabständen*

Die meisten dieser Zwecke erfordern es implizit, dass die Überwachung nicht nur ein einziges Mal stattfindet, sondern immer wieder durchgeführt wird. Vor allem weil das Monitoring dazu dienen soll, auch unvorhergesehene Umweltfolgen festzustellen, muss es bei Plänen mit erheblicher Geltungsdauer, etwa von zehn bis fünfzehn Jahren, mehrfach stattfinden. In welchen zeitlichen Abständen sie sich empfiehlt, sagt weder die Richtlinie noch der Entwurf des Europarechtsanpassungsgesetzes Bau. Ein konkreter Überwachungszeitraum, der für alle Pläne und Programme der Richtlinie gleichermaßen passt, dürfte sich kaum festlegen lassen. Vielmehr kommt es immer auf den Inhalt des Plans oder Programms, dessen Stellung im Planungssystem und die erwarteten Umweltauswirkungen an. Da die Richtlinie der nachhaltigen Entwicklung und dem Umweltschutz dienen soll, wird ein Plan, bei dem die Gemeinde schon bei der Verabschiedung mit erheblichen Umweltfolgen rechnet, häufiger überwacht werden müssen als ein anderer, der keine solchen Konsequenzen erwarten lässt.

Da die Ergebnisse der Überwachung auch und vor allem für neue Planungen derselben Art genutzt werden sollen, empfiehlt es sich in jedem Fall, das Monitoring im Zusammenhang mit solchen Planungsaktivitäten durchzuführen. Bei Plänen mit einer Laufzeit von vielen Jahren genügt das freilich nicht, um den Anforderungen des Art. 10 der Richtlinie und des § 4c ÄndE BauGB zu entsprechen.

14 Vgl. dazu auch unten 3.2.

III. Vorgehensweise

1. Schritte

Aus den eben geschilderten Anforderungen lässt sich ableiten, welche Schritte die Überwachung im Einzelnen erfordert.

1.1 Kontrolle der Planrealisierung:

Zunächst sind die Ursachen für mögliche Umweltbeeinträchtigungen infolge des Plans festzustellen, also der Stand der Durchführung des Plans (i.S. von konkreten Veränderungen im Plangebiet). Dazu ist es – wie erwähnt – auch wichtig, dass die Gemeinde untersucht, ob und wieweit die im Plan festgelegten Vermeidungs-, Verminderungs-, Ausgleichs- und Ersatzmaßnahmen tatsächlich ergriffen worden sind.

1.2 Bestandsaufnahme der eingetretenen Umweltauswirkungen:

Im zweiten Abschnitt ist zu klären, welche Umweltveränderungen sich *infolge der Durchführung des Plans* (im Vergleich zum Status quo des Umweltberichts/des Beschlusses über den Plan) ergeben haben. Es geht also zum einen darum, die tatsächlichen Veränderungen der Umwelt im Plangebiet festzustellen; zum anderen sind diese Wirkungen bestimmten Ursachen, nämlich den Aussagen des Plans zuzuordnen.

Was diese Zuordnung betrifft, kommt es offensichtlich in erster Linie auf die Interpretation des Begriffs »Durchführung« an.[15] Häufig wird sich eine Veränderung in der Umwelt nicht ausschließlich auf den Plan zurückführen lassen, sondern noch weitere Ursachen haben. Auch solche Umweltwirkungen müssen beim Monitoring miteinbezogen werden. Nicht immer besteht außerdem eine eindeutige Kausalverknüpfung zwischen Planaussage und Umweltwirkung. Vom Zweck der Überwachung her empfiehlt es sich freilich, auch diejenigen Wirkungen mit zu überwachen, bei denen die Ursachen-Wirkungs-Beziehung nur vermutet wird.

Um die Veränderungen in der Umwelt festzustellen, kann und muss die Gemeinde auf unterschiedliche Informationen zurückgreifen, je nachdem, ob es um vorhergesehene oder unvorhergesehene Umweltbeeinträchtigungen geht.

(a) Vorhergesehene Umweltauswirkungen

Bei der ersteren Kategorie lässt sich der Umweltbericht zugrundelegen, der im Rahmen der Umweltprüfung erstellt wurde. Aufgabe der Gemeinde ist es zu überprüfen, ob und wieweit die darin beschriebenen Umweltauswirkungen tatsächlich eingetreten sind.

---

15 Vgl. dazu oben 2.1.2.

(b) Unvorhergesehene Umweltauswirkungen

Schwieriger ist es bei unvorhergesehenen Umweltauswirkungen. Vor allem in diesem Zusammenhang stellt sich die Frage, ob bestimmte Umweltfolgen, die die Gemeinde während oder nach der Durchführung des Plans beobachtet oder von denen sie erfährt, tatsächlich auf den jeweiligen Plan zurückzuführen sind oder aber ganz andere Ursachen haben.

1.3 Bewertung der Umweltauswirkungen:

Im dritten Abschnitt muss die Gemeinde die festgestellten Umweltauswirkungen bewerten. Dabei geht es um zwei Teilschritte:

a) Zunächst stellt sich die Frage, ob diese Folgen als **erheblich** im oben beschriebenen Sinne zu beurteilen sind. Es handelt sich gewissermaßen um eine Grobprüfung, die nur klären soll, ob die Auswirkungen »im Auge behalten« werden sollen.

b) Der zweite Teilschritt der Bewertung kann sich auf die Umweltauswirkungen beschränken, die zuvor als erheblich eingestuft worden sind. Hier geht es schon um den letzten Abschnitt der Überwachung, der sich mit der möglichen **Nutzung der Ergebnisse** befasst: Die Gemeinde muss ernsthaft prüfen, ob die erheblichen Umweltauswirkungen, die infolge der Planrealisierung eingetreten sind, Anlass geben, Abhilfemaßnahmen zu ergreifen, ob sich also eine Änderung des Plans oder auch andere Aktivitäten empfehlen, um die Umwelt zu schützen. Diese Folgen sind deswegen weiter nach ihrer **Art**, ihrem **Ausmaß**, ihrer **Dauer**, ihrer **Intensität** und weiteren Kriterien zu bewerten. Nur aufgrund einer solchen Einschätzung ist die Kommune nämlich in der Lage, sachgemäß über die Möglichkeit zu entscheiden, die Umweltbeeinträchtigungen zu vermeiden, zu verringern oder auszugleichen.

2. Vergleich mit den Arbeitsschritten bei der Neuaufstellung oder Fortschreibung eines Plans

Dieser Überblick über die Vorgehensweise macht vor allem die Parallele zum Prozess der Planung deutlich: Die Schritte der Überwachung entsprechen denen, die bei der Neuaufstellung eines Plans oder auch dessen Fortschreibung ebenfalls vorgeschrieben sind. Bei jeder Neuaufstellung eines Plans ist mit anderen Worten zunächst festzustellen, wieweit der *bestehende* Plan realisiert worden ist. Anschließend muss die Gemeinde, um die Prognose der Umweltauswirkungen vorzubereiten, unter anderem den bisherigen Zustand der Umwelt einschließlich der Vorbelastung ermitteln. Dazu gehören auch die Umweltfolgen, die die Planrealisierung verursacht hat. Das Baugesetzbuch schreibt in diesem Zusammenhang zwar nicht ausdrücklich vor, dass die Kommune klären muss, ob eingetretene Umweltbeeinträchtigungen auf den bisherigen Plan oder aber auf andere Gründe zurückzuführen sind. In der Regel empfiehlt es sich aber, diese Frage ebenfalls zu beantworten, damit der neu aufzustellende Plan auf die Beeinträchtigungen reagieren kann und es vermeidet, vergleichbare Ursachen für die Zukunft zu setzen. Zudem bewertet die Gemeinde die festgestellten Umweltauswirkungen im Planungsprozess ebenfalls auf ihre Erheblichkeit hin. Soweit sie sie als erheblich einstuft, beurteilt sie sie anschließend detailliert, um sie in die Abwägung der Belange einzustellen. Insgesamt müssen also schon bei der Aufstellung des Plans dieselben Arbeiten geleistet werden, die später auch für das Monitoring erforderlich sind. Dieses umfasst zwar keineswegs sämtliche Schritte, die im Rahmen der Umweltprüfung für einen künftigen Plan verlangt werden; auf die Bestandsaufnahme und Bewertung i.S. des § 4c BauGB kann aber nicht verzichtet werden, wenn nach § 2 Abs. 4 ÄndE BauGB eine Umweltprüfung durchzuführen ist.

Daraus ergibt sich zweierlei: Das Monitoring kann und sollte grundsätzlich mit der Neuplanung verbunden werden.[16] Außerdem lassen sich das methodische Instrumentarium und die Informationsquellen nutzen, die auch für die Neuplanung zur Verfügung stehen. Dies vereinfacht die Aufgaben der Gemeinden in vielen Fällen.

IV. Durchführung in der Praxis: Bestandsaufnahme der Umweltauswirkungen

1   Vorhergesehene und unvorhergesehene Umweltauswirkungen

Im Schritt »Bestandsaufnahme« muss die Gemeinde zahlreiche Informationen zusammentragen und aufbereiten, teilweise auch eigene Erhebungen durchzuführen. Insbesondere die Aufgabe, unvorhergesehene Umweltfolgen festzustellen, bereitet ihr dabei möglicherweise Schwierigkeiten. Solche Folgen vermag sie nicht immer mit den Monitoring-Maßnahmen festzustellen, die im Umweltbericht aufgeführt werden. Wieweit diese Maßnahmen, die ja auf die vorhergesehenen Umweltfolgen zugeschnitten sind, auch Informationen über seinerzeit nicht prognostizierte Konsequenzen liefern können, lässt sich nicht pauschal sagen. Allerdings besteht ein Unterschied zwischen den Auswirkungen, die der Umweltbericht *gar nicht* erwähnt hat, und jenen, die er zwar *qualitativ* richtig beschrieben, aber in geringerem Ausmaß vorhergesehen hat, als sie später tatsächlich eingetreten sind. Nur bei Umweltauswirkungen, die auch qualitativ nicht prognostiziert worden sind, muss damit gerechnet werden, dass die im Umweltbericht aufgeführten Überwachungsmaßnahmen unter Umständen ungeeignet sind, sie später festzustellen. Was dagegen die Folgen betrifft, die im Umweltbericht lediglich in ihrem *Ausmaß* falsch eingeschätzt worden sind, kann die Gemeinde in aller Regel die im Bericht genannten Maßnahmen zur Überwachung nutzen.

---

16 Zur Klarstellung: Damit soll nicht vorgeschlagen werden, das Monitoring in jedem Fall ausschließlich in Verbindung mit solchen Neuplanungen durchzuführen. Vielmehr empfiehlt es sich häufig, die Umweltauswirkungen auch während der Geltungsdauer des Plans zusätzlich zu überwachen (vgl. oben 2.3).

Näher betrachtet hat sie deshalb durchaus die Möglichkeit, den Aufwand in Grenzen halten, wenn sie zuvor die Umweltprüfung des Plans sorgfältig durchgeführt hat. In erster Linie ist es wichtig, schon im Rahmen dieser Prüfung die »Maßnahmen zur Überwachung der erheblichen Auswirkungen der Durchführung des Bauleitplans auf die Umwelt«, die im Umweltbericht anzugeben sind (Nr. 3 Buchst. b der Anlage zu § 2 Abs. 4 und § 2a ÄndE BauGB), zweckmäßig zu planen und dabei ein effektives Überwachungskonzept zu entwickeln.

(1) **Vorhergesehene Umweltauswirkungen** lassen sich dann durch Anwendung dieses Konzepts feststellen.

(2) Bei **unvorhergesehenen Umweltauswirkungen** ist zu differenzieren:

– Ausschließlich **quantitative Abweichungen** von den Prognosen im Umweltbericht können ebenfalls durch die geplanten Überwachungsmaßnahmen festgestellt werden.

– Um bei den Umweltfolgen, die im Bericht gar nicht erwähnt werden (also bei **qualitativen Abweichungen** vom Umweltbericht) auf der »sicheren Seite« zu sein, müsste die Gemeinde streng genommen über eine umfassende »kommunale Umweltbeobachtung« verfügen, die jede (erhebliche) Umweltveränderung in ihrem Gebiet registriert. Dies wäre allerdings in den meisten Gemeinden mit relativ hohem Aufwand verbunden. Soweit ein solches allgemeines Umweltbeobachtungssystem bereits existiert, sollte es selbstverständlich auch für die Zwecke des § 4c ÄndE BauGB genutzt werden. Dagegen dürfte es nicht erforderlich sein, ein derartiges System erst aufzubauen, um die Umweltfolgen der Bauleitpläne zu überwachen. Je sorgfältiger nämlich schon die Umweltprüfung durchgeführt wurde, desto geringer ist auch die Wahrscheinlichkeit, dass der Plan später zu qualitativ unvorhergesehenen Umweltfolgen führt. Geht man davon aus, dass die Umweltprüfung methodisch-fachlich hohe Qualität aufweist, so dürften später erhebliche Auswirkungen, die ihrer Art nach nicht prognostiziert wurden, also nur ausnahmsweise auftreten.[17] Deshalb wird es im Allgemeinen – zumindest vorläufig – genügen, wenn die Gemeinde auf andere Weise von solchen Umweltauswirkungen erfährt. Dementsprechend greift der Änderungsentwurf zum Baugesetzbuch in diesem Zusammenhang auf eine weitere Informationsquelle zurück: Es verpflichtet die Behörden, die bereits am Planaufstellungsverfahren beteiligt wurden, die Gemeinde später zu unterrichten, »sofern nach den ihnen vorliegenden Erkenntnissen die Durchführung des Bauleitplans erhebliche Auswirkungen auf die Umwelt hat«. Je nach diesen Informationen muss die Gemeinde dann entscheiden, ob und welche weiteren Überwachungsmaßnahmen genutzt werden sollen.

---

17 Sicherlich ist die Möglichkeit unvorhergesehener Umweltfolgen allerdings größer, wenn man unter »Durchführung des Plans« generell die Entwicklung im Plangebiet während der Geltung des Plans versteht. Die Probleme, unvorhergesehene Umweltfolgen festzustellen, ergeben sich aber nur bei Umweltfolgen, die im Umweltbericht *auch ihrer Art nach* nicht angesprochen werden. Sie dürften deshalb nicht gegen die hier vertretene Ansicht sprechen.

2. Informationsquellen

Für eine sachgemäße Überwachung der Umweltfolgen, die sich aus der Realisierung des Plans ergeben, benötigt die Gemeinde zahlreiche Informationen, über die sie zum Teil selbst verfügt, die sie aber zum Teil auch bei verschiedenen anderen Institutionen anfordern muss.

2.1 Durchführung des Plans oder Programms

Was den Stand der Plan- oder Programmrealisierung betrifft, besitzt jede Kommune ihre eigenen Datengrundlagen. Soweit die Planrealisierung noch nicht systematisch beobachtet wird, empfiehlt es sich, für das Monitoring zu klären, wie die benötigten Informationen am effizientesten besorgt werden können.

2.2 Informationen über den Zustand der Umwelt und über die Umweltauswirkungen

Einen weiteren Ausgangspunkt für die Überwachung bilden die Informationen über den Zustand der Umwelt, den die Gemeinde bei der Aufstellung des Plans zugrunde gelegt hat. Diese Angaben müssen für das Monitoring selbstverständlich auf den neuesten Stand gebracht werden. Sofern die Kommune seinerzeit die für die Planung benötigten Informationen von anderen Stellen erhalten hat, lassen sich dort in aller Regel ebenfalls Angaben darüber erhalten, wieweit sie noch aktuell sind und in welcher Weise sie sich verändert haben.

Wichtige Grundlagen für die Überwachung der Pläne und Programme enthalten weiterhin möglicherweise

- die Ergebnisse der Kontrolle bestimmter *Vorhaben,* z.B. aufgrund der §§ 52 ff. BImSchG oder des § 4 Abs. 2 Nr. 1 WHG,
- die Ergebnisse der allgemeinen Umweltbeobachtung oder der Beobachtung bestimmter Umweltbestandteile (z.B. Luftgüte- und Wassergütemessungen).[18]

Zudem verpflichtet § 4 Abs. 3 ÄndE BauGB die Behörden – wie erwähnt – künftig, die Gemeinde über erhebliche Umweltauswirkungen zu unterrichten, die die Durchführung des Bauleitplans zur Folge hat.

Die einschlägigen Aussagen der *Landschaftsplanung* – die Beschreibung und die Bewertung des Zustands von Natur und Landschaft – lassen sich ebenfalls für die Überwachung der Raumordnungs- und Bauleitpläne verwenden, wenn die Pläne i.S. der §§ 14 ff. BNatSchG in einem gewissen zeitlichen Abstand nach den Gesamtplä-

---

18 Vgl. dazu Roder, a. a. O. (oben Fn. 11), S. 242 ff.

nen aufgestellt oder fortgeschrieben werden.[19] Allerdings ist es vorrangig Aufgabe der Landschaftsplanung, die Gesamtplanung *vorzubereiten.* Dagegen dient sie bisher nicht dem Zweck, die Auswirkungen der Realisierung der Pläne auf Natur und Landschaft auch zu überwachen. Dennoch können ihre Aussagen ebenfalls für das Monitoring genutzt werden: Insbesondere die Bestandsaufnahme und Bewertung des vorhandenen Zustands von Natur und Landschaft (§ 14 Abs. 1 Satz 2 Nrn. 1 und 3 BNatSchG) enthalten hierfür wichtige Informationen. Es ist natürlich am ehesten möglich, auf diese Angaben zurückzugreifen, wenn das Monitoring des Bauleitplans seinerseits im Zusammenhang mit der Neuaufstellung oder Fortschreibung eines solchen Plans stattfinden soll und aus diesem Anlass ebenfalls ein Landschaftsplan erstellt oder weiterentwickelt wird.

Ähnliches gilt für die Aussagen anderer Umweltplanungen, vor allem

– der Luftreinhaltepläne nach § 44 BImSchG,
– der Lärmminderungspläne nach § 47a BImSchG und
– der Bewirtschaftungspläne nach § 36b WHG in Verbindung mit Landesrecht.

Auch diese Pläne bauen ja jeweils auf einer Bestandsaufnahme der jeweiligen Situation und deren Bewertung auf.

Alle derartigen Informationen sind bisher nicht auf das Monitoring nach § 4c ÄndE BauGB zugeschnitten. Oftmals stehen sie beispielsweise nicht in dem Genauigkeitsgrad zur Verfügung, den die Gemeinde für die Überwachung benötigt, oder sie sind andererseits zu detailliert. Außerdem entsprechen die jeweils maßgeblichen geographischen Gebiete zumeist wohl nicht denen des Plans, dessen Umweltauswirkungen überwacht werden sollen. Projektkontrollen und Umweltbeobachtungen finden im Übrigen häufig zu anderen Zeitpunkten statt und betreffen andere Zeiträume als die, die im Rahmen des § 4c ÄndE BauGB festgelegt werden. Es ist also zumeist Sache der Kommunen, die zur Verfügung stehenden Informationen erst noch für die Zwecke der Überwachung aufzubereiten.

Deshalb wird jede Gemeinde *eigene Mechanismen* entwickeln müssen, um die Umweltauswirkungen der jeweiligen Pläne und Programme zu überwachen. Hierfür gibt es bereits eine ganze Reihe vom Beispielen[20], etwa die Ansätze der Städte Leip-

---

19 Vgl. A. Bunzel/F. Frölich/S. Tomerius, Überwachungspflicht für die kommunale Bauleitplanung – ein Ausblick, in: dies. (Hrsg.), Monitoring und Bauleitplanung – neue Herausforderungen für Kommunen bei der Überwachung von Umweltauswirkungen, Dokumentation der Fachtagung am 30. September und 1. Oktober 2003 in Berlin, Berlin (Deutsches Institut für Urbanistik) 2004, S. 135 ff., 137; kritischer Roder, a. a. O. (oben Fn. 11), S. 247.

20 A. Bunzel, F. Frölich und S. Tomerius weisen darauf hin, dass die Umweltverwaltungen in den Großstädten in der Regel bereits über Umweltinformationssysteme unterschiedlicher Art verfügen, um ihre Aufgaben wahrzunehmen (in: dies., a. a. O. [oben Fn. 19], S. 135 ff., 137).

zig[21] und Reutlingen.[22] Ein anspruchsvolles Konzept verfolgt auch Dortmund, das über eine eigene Umweltplanung verfügt.[23] Längerfristig könnte es sich empfehlen, in Absprache mit den staatlichen Institutionen eine Art einheitliches Umweltinformationssystem aufzubauen, das jede Kommune nutzen kann. In dieses System könnten die staatlichen Ämter bestimmte Informationen eingeben, so dass jede Kommune nur noch die ihr fehlenden Angaben ergänzen müsste.

Einen Ausgangspunkt für ein Monitoring-System auf kommunaler Ebene können auch die Umweltberichte bilden, die zahlreiche Gemeinden seit vielen Jahren auf freiwilliger Basis erstellen. Allerdings weisen diese Berichte von Stadt zu Stadt gegenwärtig große Unterschiede auf. Aufbau und Inhalt müssten wohl in jeder Kommune spezifisch an die Aufgabe der Überwachung der Umweltauswirkungen der Bauleitpläne angepasst werden.

V. Vereinfachungsmöglichkeiten auf der Ebene der Bauleitplanung

Aus den bisherigen Überlegungen ist deutlich geworden, dass das Monitoring zwar nichts grundlegend Neues ist, aber doch immer einen gewissen Aufwand erfordert. Deshalb stellt sich die Frage, ob und wieweit die erforderlichen Arbeiten mit anderen Aufgaben der Kommune koordiniert oder auf andere Weise vereinfacht werden können.

1. Monitoring und Überprüfung des Flächennutzungsplans nach § 5 Abs. 1 Satz 3 ÄndE BauGB

Einen ersten Ansatzpunkt bietet die neue Regelung des § 5 Abs. 1 Satz 3 ÄndE BauGB, die die Gemeinden – unabhängig von den Monitoring-Aufgaben – künftig verpflichtet, den Flächennutzungsplan spätestens 15 Jahre nach dessen erstmaliger oder erneuter Aufstellung zu überprüfen und daraufhin ggf. zu ändern, zu ergänzen oder neu aufzustellen. Diese Überprüfung verfolgt teilweise ähnliche Zwecke wie die Überwachung nach § 4c ÄndE BauGB, ist allerdings nicht allein auf die Umweltauswirkungen ausgerichtet, sondern generell auf die städtebaulichen Belange. Dennoch lässt sich – wie die Begründung zum Regierungsentwurf betont – auch das Monitoring i. S. des § 4c ÄndE BauGB in diesem Rahmen durchführen.[24]

---

21 J. Frenk, Überwachung der Umweltauswirkungen der kommunalen Bauleitplanung – Ansatzpunkte der Stadt Leipzig, in: A. Bunzel/F. Frölich/S. Tomerius, a. a. O. (oben Fn. 19), S. 87 ff.

22 R. Braxmaier, Überwachung der Umweltauswirkungen in den Handlungsfeldern »Flächennutzungsplanung« und »Bebauungsplanung« – Ansatz der Stadt Reutlingen, in: A. Bunzel/ F. Frölich/S. Tomerius, a. a. O. (oben Fn. 19), S. 99 ff.

23 U. Rath, Der Umweltplan Dortmund – Beispiel aus einer Großstadt, in: A. Bunzel/F. Frölich/ S. Tomerius, a. a. O. (oben Fn. 19), S. 47 ff.

24 BT-Drucks. 15/2250, S. 46 f.

2. Nutzung der Ergebnisse aus dem Monitoring der Bebauungspläne für das Monitoring des Flächennutzungsplans

Gerade weil der Flächennutzungsplan in weiten Bereichen nicht unmittelbar ausgeführt, sondern erst noch durch Bebauungspläne konkretisiert wird,[25] dürfte sich die Überwachung dieses Plans in der Praxis zusätzlich vereinfachen lassen: Das Planungssystem des Baugesetzbuchs erlaubt es im Grundsatz, die Informationen, die sich aus dem Monitoring der Bebauungspläne ergeben, zugleich für die Aufgabe zu nutzen, die Umweltfolgen des Flächennutzungsplans zu überwachen. Zwar kann auf das Monitoring auf der Ebene des Flächennutzungsplans nicht ganz verzichtet werden.[26] § 4c ÄndE BauGB betrifft sämtliche Bauleitpläne, nicht nur Bebauungspläne. Auch die Zwecke der Überwachung erfordern, dass sie für jeden Plan, der einer Umweltprüfung unterzogen wurde, durchgeführt wird. Das Monitoring der Bebauungspläne allein liefert nämlich keine ausreichenden Informationen für die Gemeinde, wenn es um den Flächennutzungsplan geht. Die Überwachung dieses letzteren Plans soll ja einen Überblick über *sämtliche erheblichen Umweltauswirkungen* ermöglichen, die seine Realisierung in einem bestimmten Zeitraum zur Folge hat. Durch das Monitoring der Bebauungspläne erhält die Kommune jedoch nur unterschiedliche Teilergebnisse, die sie erst noch zu einem Gesamtbild zusammenfügen muss Vielfach existieren außerdem nicht für das gesamte Gemeindegebiet Bebauungspläne, so dass die Umweltfolgen der Durchführung des Flächennutzungsplans für die Gebiete, für die es keinen Bebauungsplan gibt, auf andere Weise festgestellt werden müssen.

Immerhin können die Ergebnisse aus dem Monitoring der Bebauungspläne einen großen Teil der Informationen liefern, die die Gemeinde auch für die Überwachung der Umweltfolgen des Flächennutzungsplans benötigt. Für diese Zwecke lassen sie sich indessen erst nutzen, wenn die Gemeinde die Umweltauswirkungen des Bebauungsplans *einheitlich und jeweils in denselben Zeiträumen* überwacht. Geht es um die Ebene des Flächennutzungsplans, nützt es wenig, wenn Monitoring-Ergebnisse für bestimmte Bebauungsplangebiete ein halbes Jahr alt sind, für andere dagegen zwei, drei oder vier Jahre. Es empfiehlt sich also, dass die Kommune ein Überwachungskonzept für die gesamte Bauleitplanung entwickelt. Darin sollten vor allem einheitliche Zeitpunkte für diese Aufgabe festgelegt werden.

Ein weiterer Gesichtspunkt betrifft den Detaillierungsgrad der Überwachungsergebnisse. Die Resultate der Ebene der Bebauungsplanung dürften häufig zu sehr ins Einzelne gehen, als dass sie sich unmittelbar für das Monitoring des Flächennutzungsplans nutzen lassen. Da dieser Plan lediglich die Grundzüge der Entwicklung in

---

25 Von einer »unmittelbaren« Durchführung des Flächennutzungsplans lässt sich sprechen, wenn bestimmte Flächen in der im Plan dargestellten Weise genutzt werden, ohne dass dies einen Bebauungsplan erfordert.

26 A. Bunzel/F. Frölich/S. Tomerius, a. a. O. (oben Fn. 19), S. 138, halten es dagegen möglicherweise für ausreichend, wenn die Überwachung der Umweltauswirkungen eines Flächennutzungsplans durch die Umweltprüfungen auf der Ebene der Bebauungsplanung sichergestellt wird.

der Gemeinde ausweist, kann sich auch die Überwachung hierauf beschränken. Dementsprechend lassen sich die Monitoring-Ergebnisse der Bebauungspläne nicht unverändert übernehmen, sondern müssen überarbeitet (z.b. zusammengefasst oder verallgemeinert) werden.

Umgekehrt vermag die Überwachung der Umweltauswirkungen des Flächennutzungsplans die erforderlichen Arbeiten auf der Ebene der Bebauungspläne ebenfalls nicht zu ersetzen. Dies liegt vor allem daran, dass die Monitoring-Ergebnisse für den Flächennutzungsplan eher generell und pauschal formuliert sein werden, während es für die Bebauungspläne auf detailliertere Aussagen ankommt. Allerdings bilden die Resultate auf der Stufe des Flächennutzungsplans eine wichtige Informationsgrundlage für das Monitoring der Bebauungspläne.

3. Gemeinsames Monitoring für mehrere Bauleitpläne

Auf eine weitere Vereinfachungsmöglichkeit weist Matthias Roder[27] hin: Die Umweltfolgen müssen nicht für jeden Plan gesondert überwacht werden. Vielmehr erlauben Art. 10 der Richtlinie und § 4c ÄndE BauGB es, das Monitoring für mehrere Pläne gemeinsam durchzuführen, sofern dabei gewährleistet bleibt, dass die Umweltauswirkungen jedes Plans festgestellt und den verschiedenen Plänen zugeordnet werden. Gerade auf kommunaler Ebene lassen sich deswegen mehrere Vorgehensweisen denken: Die Gemeinde kann etwa eine Reihe von benachbarten Bebauungsplänen, die benachbarte Gebiete betreffen, gleichzeitig einem Monitoring-Prozess unterziehen und so größere Flächen innerhalb der Gemeindegrenzen zusammen betrachten. Auf diese Weise lassen sich die Ergebnisse auch besser für die Überwachung der Umweltauswirkungen des Flächennutzungsplans nutzen (vgl. oben 5.2).

Mehrere Nachbargemeinden können zudem vereinbaren, die Umweltfolgen ihrer Flächennutzungspläne gemeinsam zu beobachten. Dies kommt vor allem in Betracht, wenn sie ohnehin im Bereich der Bauleitplanung zusammenarbeiten, aber doch über getrennte Flächennutzungspläne verfügen.[28] Auch hier muss freilich im Rahmen der Ursachenanalyse geklärt werden, welche Auswirkungen auf welchen Plan zurückgehen.

VI. Besonderheiten beim Monitoring von Raumordnungsplänen

Was die Ebene der Raumordnung betrifft, gibt es bisher keine Vorschläge, um die Rahmenregelung des § 7 Abs. 10 ÄndE ROG im Landesplanungsrecht zu konkretisieren. Allerdings werden solche Vorschriften vermutlich ähnlich aussehen wie die

---

27 Roder, a. a. O. (oben Fn. 11), S. 232.
28 Haben sie einen gemeinsamen Flächennutzungsplan erstellt, so betrifft das Monitoring ohnehin die Gebiete aller beteiligten Gemeinden.

des § 4c ÄndE BauGB. Im Prinzip lassen sich deshalb die Überlegungen zum Monitoring der Bauleitpläne auch auf die Raumordnung übertragen.

1. Begriff »Durchführung«

Die landesweiten Raumordnungspläne oder -programme werden durch Regionalpläne und ggf. Fachpläne konkretisiert und verfeinert. Von »Durchführung« lässt sich überwiegend erst sprechen, wenn auch diese Regional- oder Fachpläne – eventuell nach weiterer Konkretisierung durch Bauleitpläne – durch konkrete Maßnahmen im Plangebiet realisiert werden. Dies geschieht vor allem über
–   Planfeststellungsverfahren für bestimmte Infrastrukturvorhaben und
–   die Genehmigung von Vorhaben auf der Grundlage von Bebauungsplänen oder der §§ 34, 35 BauGB.

Außerdem gehört auch die plankonforme Nutzung von Flächen, die nicht oder nicht mehr besonders zugelassen werden muss, zur Durchführung eines Raumordnungsplans.

Auch im Zusammenhang mit dem Monitoring der überörtlichen Gesamtpläne stellt sich die Frage, wie der Begriff »Durchführung« zu verstehen ist, ob und wieweit er also neben plankonformen Entwicklungen ebenfalls Abweichungen von den Planaussagen einschließt. Da die Raumordnungspläne jeweils für längere Zeiträume aufgestellt werden, ist nach ihrer Verabschiedung in der Regel mit Entwicklungen zu rechnen, die von den Planaussagen abweichen.

2. Instrumente und Informationsquellen

Auf der Ebene der Raumordnung spielt die Erfolgs- und Wirkungskontrolle bereits seit vielen Jahren eine deutlich größere Rolle als bei der Bauleitplanung. Die Umsetzung der Überwachungspflicht i.S. des Art. 10 der Richtlinie und des § 7 Abs. 10 ÄndE ROG wird deshalb hier sicherlich deutlich weniger Probleme aufwerfen. In diesem Zusammenhang ist vor allem auf die Raumbeobachtung hinzuweisen, also auf die verwaltungsinterne Berichterstattung über räumliche Entwicklungen, die systematisch und umfassend durchgeführt wird und sich auf Indikatoren stützt. Sie bildet in den meisten obersten Landesplanungsbehörden und in vielen Regionalplanungsbehörden eine Daueraufgabe.[29] Im Rahmen dieser Arbeiten wird auch die Entwicklung der Umwelt mitbetrachtet. Damit lässt sich die Raumbeobachtung offensichtlich jetzt auch für das Monitoring nach § 7 Abs. 10 ÄndE ROG nutzen. Sie kann neben anderen Informationsquellen auf Raumordnungskataster zurückgreifen, die dazu dienen, den Planungsträgern einen Überblick über die aktuelle Situation der

---

29 H.-P. Gatzweiler, Raumbeobachtung, in: Akademie für Raumforschung und Landesplanung, Handwörterbuch der Raumordnung, Hannover 1995, S. 741.

Flächennutzung, den Zustand der Umwelt und die raumbedeutsamen Planungen und Maßnahmen im jeweiligen Planungsraum zu geben.[30]

Viele Landesregierungen erstellen außerdem in regelmäßigen Abständen Raumordnungsberichte für die Landesparlamente. Diese Berichte geben einen Überblick über den Stand der Raumordnung und damit auch über die (erheblichen) Umweltauswirkungen der Planungen. Sie könnten künftig dazu dienen, auch die wichtigeren Ergebnisse des Monitoring nach § 7 Abs. 10 ÄndE ROG bekannt zu machen.

Die erforderlichen Informationen zur Raumbeobachtung, zur Erstellung und Fortschreibung der Kataster und Berichte erhalten die zuständigen Stellen unter anderem aufgrund der Pflicht zur gegenseitigen Unterrichtung (§ 19 ROG und Landesrecht). Insgesamt dürften sich die Aufgaben des § 7 Abs. 10 ÄndE ROG deswegen ohne größere Probleme mit Hilfe dieser schon bestehenden Instrumente bewältigen lassen.[31]

3. Vereinfachungsmöglichkeiten?

Auch auf der Ebene der überörtlichen Gesamtplanung stellt sich die Frage, wieweit die Überwachungsergebnisse der Gemeinden und die Resultate der staatlichen Behörden aus der Kontrolle von einzelnen Projekten zur Bewältigung der Monitoring-Aufgaben der Träger der Raumordnung beitragen können. Ähnlich wie bei der Bauleitplanung ließe sich auf den ersten Blick daran denken, ein abgestimmtes Monitoring-System für das gesamte Bundesland zu entwickeln, das insbesondere auf den Informationen der Gemeinden und der staatlichen Behörden beruht. Sofern diese Institutionen in einem abgestimmten Prozess die Ergebnisse ihrer eigenen Überwachung der Umweltfolgen aufgrund

- der Durchführung der Bauleitpläne und
- der Realisierung von Planfeststellungsbeschlüssen

jeweils zum selben Zeitpunkt an die Träger der Raumplanung weitergeben, wäre bereits ein großer Teil der Arbeiten auf der Ebene der Raumplanung geleistet.

Für die Praxis dürfte ein solches System allerdings zu komplex sein, als dass es sich realisieren ließe. Es erfordert eine umfassende Koordination der Träger der Raumplanung mit den Gemeinden und Behörden: Die Monitoring-Ergebnisse dieser Institutionen können nur für die Überwachung des landesweiten Raumordnungsplans und der Regionalpläne genutzt werden, wenn sie jeweils denselben Aktualitätsstand aufweisen. Im Gegensatz zur Ebene der Bauleitplanung, auf der sich die Situation wohl in den meisten Kommunen noch einigermaßen überschauen lässt, geht es hier um sehr viele unterschiedliche Teilentwicklungen und Akteure, für deren vielfältige

---

30 Vgl. dazu U. Höhnberg, Instrumente zur Verwirklichung von Raumordnung und Landesplanung, in: Akademie für Raumforschung und Landesplanung, Handwörterbuch der Raumordnung, Hannover 1995, S. 515.

31 R. Schreiber, Die Umsetzung der Plan-UP-Richtlinie im Raumordnungsrecht – eine Zwischenbilanz, in: UPR 2004, S. 50 ff., 54.

Überwachungsaktivitäten kaum ein einheitlicher Zeitplan entwickelt werden kann. Es empfiehlt sich deshalb eher, die gegenwärtige Raumbeobachtung für die Zwecke des Monitoring zu nutzen und sie, soweit erforderlich, so zu verändern, dass sie optimal für die Überwachungsaufgaben des § 7 Abs. 10 ÄndE ROG geeignet ist.

Auch praktisch zu verwirklichen ist dagegen die Möglichkeit, mehrere Regionalpläne, die für benachbarte Plangebiete aufgestellt wurden, einem gemeinsamen Monitoring zu unterziehen. Die Einzelheiten einer solchen Überwachung lassen sich im Rahmen der bestehenden Zusammenarbeit der Planungsträger vereinbaren.

VII. Fazit

Art. 10 der Richtlinie 2001/42/EG und die Regelungen zur Umsetzung dieser Norm im Baugesetzbuch und im Raumordnungsgesetz schreiben zwar Neuerungen vor, die für die Planungsträger oftmals mit zusätzlichem Arbeitsaufwand verbunden sind. Das Monitoring der Bauleit- und Raumordnungspläne bringt aber auch eine Reihe wichtiger Vorteile mit sich. Zum einen gewinnt der Planungsträger einen deutlich besseren Überblick über die Planrealisierung und die damit verbundenen Konsequenzen in der Umwelt. Zum anderen lässt sich erwarten, dass die Monitoring-Ergebnisse die Qualität künftiger Planungen verbessern. Im Übrigen trägt die Überwachung der Umweltfolgen der Pläne auch dazu bei, die Methodik der Umweltprüfung weiterzuentwickeln. Deswegen bietet die neue europarechtliche Vorgabe die Chance, dass die Umweltauswirkungen der jeweiligen Pläne künftig deutlicher und genauer als zuvor wahrgenommen werden. In anschließenden Planungsprozessen dürfte sich dies auch günstig auf die Rolle der Umweltbelange im Abwägungsprozess auswirken.

Die einzelnen Schritte bei der Überwachung der Umweltfolgen eines Plans sind weitestgehend dieselben, die auch bei der Planaufstellung erforderlich sind. Deswegen empfiehlt es sich, das Monitoring eines bestehenden Plans mit dessen Neuaufstellung oder Fortschreibung zu verbinden. Bei Plänen mit erheblicher Geltungsdauer (etwa zehn bis fünfzehn Jahre) genügt es allerdings nicht, die Umweltfolgen nur ein einziges Mal zu überwachen; vielmehr deutet § 4c ÄndE BauGB darauf hin, dass die Überwachung in kürzeren Zeitabständen stattfinden und auch wiederholt werden muss.

Um diese Aufgabe effektiv durchzuführen und zugleich den Aufwand in Grenzen zu halten, sollte das Monitoring bereits während der Aufstellung des betreffenden Plans – d.h. im Rahmen der Umweltprüfung – sorgfältig geplant werden. Dabei sollte die Gemeinde insbesondere die späteren Überwachungszeiträume und -maßnahmen genau festlegen. Zu klären ist weiter, welche Informationen in welchem Detaillierungsgrad benötigt werden und von welchen Institutionen sich diese Angaben erhalten lassen. In diesem Zusammenhang können auch anderweitige Pläne – etwa die Landschafts-, die Luftreinhalte-, die Lärmminderungs- und die wasserwirtschaftliche Planung – als Informationsquellen eine Rolle spielen.

Die Überwachung der Umweltfolgen eines bestimmten Plans kann häufig mit anderen Arbeiten koordiniert werden; auch dadurch ist es möglich, den Aufwand zu verringern. So lassen sich die Monitoring-Ergebnisse auf der Ebene der Bebauungspläne zugleich für die Überwachung der Umweltfolgen des Flächennutzungsplans nutzen. Dies setzt allerdings ein abgestimmtes Monitoring-System der Gemeinde voraus, das gewährleistet, dass die Umweltfolgen aller Bebauungspläne in demselben Zeitraum beobachtet werden. Nur so ist es anschließend auf der Ebene des Flächennutzungsplans möglich, auf Resultate zurückzugreifen, die gleichermaßen aktuell sind. – Die Gemeinde kann außerdem mehrere Bebauungspläne gemeinsam einem Monitoring-Prozess unterziehen. Ebenso ist es denkbar, dass benachbarte Kommunen die Umweltauswirkungen ihrer Flächennutzungspläne gemeinsam beobachten.

Für die Überwachung der Umweltfolgen der Raumordnungspläne steht als Instrument vor allem die Raumbeobachtung zur Verfügung. Hier dürfte das Monitoring deswegen auch in der Praxis keine erheblichen Probleme aufwerfen, selbst wenn die Raumbeobachtungssysteme der Länder heute noch nicht in allen Einzelheiten den Anforderungen des Art. 10 der Richtlinie 2001/42/EG entsprechen. Benachbarte Regionen können im Übrigen ebenfalls ein gemeinsames Monitoring ihrer Pläne vereinbaren.

Übersicht über die bisher erschienenen Titel

Flächennutzungsplanung im Umbruch?

1999. VIII, 170 Seiten. Kartoniert € 35,-

ISBN 3-452-24381-8

Nachhaltige städtebauliche Entwicklung

Anforderungen an die gemeindliche Bauleitplanung

2000. VIII, 178 Seiten. Kartoniert € 35,-

ISBN 3-452-24577-2

Bauleitplanung auf Bahnflächen?

2001. VII, 106 Seiten. Kartoniert € 29,-

ISBN 3-452-24873-9

Planung heute und morgen

Ausgewählte Problemfelder städtebaulicher Planung

2001. VII, 177 Seiten. Kartoniert € 35,-

ISBN 3-452-24894-1

Umweltprüfungen bei städtebaulichen Planungen und Projekten

2001. VIII, 186 Seiten. Kartoniert € 35,-

ISBN 3-452-25116-0

Fach- und Rechtsprobleme der Nachverdichtung und Baulandmobilisierung

2001. VIII, 162 Seiten. Kartoniert € 38,-

ISBN 3-452-24895-X

Umweltverträglichkeitsprüfung in der Bauleitplanung

Die Änderungen des BauGB und UVPG

2002. VII, 191 Seiten. Kartoniert € 39,–

ISBN 3-452-25117-9

Lärmschutz in der Bauleitplanung und bei der Zulassung von Bauvorhaben

2003. VII, 199 Seiten. Kartoniert € 38,–

ISBN 3-452-25395-3

Realisierung städtebaulicher Planungen und Projekte durch Verträge

2003. VIII, 147 Seiten. Kartoniert € 36,–

ISBN 3-452-25459-3

Großflächiger Einzelhandel und Windkraftanlagen in Raumordnung und Städtebau

2003. VIII, 178 Seiten. Kartoniert € 40,–

ISBN 3-452-25583-2

BauGB-Novelle 2004

Aktuelle Entwicklungen des Planungs- und Umweltrechts

2004. VIII, 169 Seiten. Kartoniert € 40,–

ISBN 3-452-25719-3

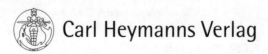

Carl Heymanns Verlag